黑土地保护法学习指南

农业农村部农田建设管理司
农业农村部耕地质量监测保护中心 编

中国农业出版社

北　京

图书在版编目（CIP）数据

黑土地保护法学习指南 / 农业农村部农田建设管理司，农业农村部耕地质量监测保护中心编. —北京：中国农业出版社，2022.10

ISBN 978-7-109-30119-1

Ⅰ.①黑…　Ⅱ.①农…　②农…　Ⅲ.①黑土－土地保护－土地法－中国－指南　Ⅳ.①D922.304

中国版本图书馆 CIP 数据核字（2022）第 184711 号

中国农业出版社出版

地址：北京市朝阳区麦子店街 18 号楼
邮编：100125
责任编辑：魏兆猛　史佳丽　黄　宇
责任校对：吴丽婷
印刷：北京中兴印刷有限公司
版次：2022 年 10 月第 1 版
印次：2022 年 10 月北京第 1 次印刷
发行：新华书店北京发行所
开本：787mm×1092mm　1/16
印张：12.5
字数：300 千字
定价：68.00 元

版权所有·侵权必究
凡购买本社图书，如有印装质量问题，我社负责调换。
服务电话：010 - 59195115　010 - 59194918

编写人员名单

（按姓氏笔画排序）

门　炜　　马常宝　　王观芳　　尤小龙　　卢　静
向　南　　杜晓伟　　李　荣　　李克锋　　李建兵
杨　宁　　杨　帆　　杨永明　　何　冰　　宋生辉
岳仲明　　胡　炎　　施春风　　袁晓奇　　贾　伟
郭永田　　崔　勇　　崔　萌　　梁志强　　谢建华
楼　晨

前　言

黑土是珍贵的自然资源，是大自然馈赠给人类的宝贵财富。得益于肥沃的黑土，东北地区成为我国重要的粮食生产基地。习近平总书记一直高度重视黑土地保护，将黑土耕地比喻为"耕地中的大熊猫"，强调把黑土地保护作为一件大事来抓，把黑土地用好养好。2021年4月，全国人大农业与农村委员会正式组织开展了黑土地保护立法研究论证工作，农业农村部全程深度参与。经过深入调查研究、广泛征求意见，以较短的时间形成了法律草案。2022年6月24日，历经三次审议，十三届全国人大常委会第三十五次会议全票通过了《中华人民共和国黑土地保护法》，成为"小快灵"立法的成功实践。作为第一部专门针对耕地保护的法律，《中华人民共和国黑土地保护法》的高效起草和顺利通过，充分体现了党和国家对黑土地这一珍贵稀缺资源的特殊保护，为严格保护和科学规划利用黑土地，更好发挥黑土地作为保障国家粮食安全"压舱石"作用提供了有力法治保障。

在全国人大有关单位的专业指导下，我们与全国人大参与立法工作的相关领导、专家一起对《中华人民共和国黑土地保护法》条文的内容和意义等进行了梳理，同时整理了国家层面及内蒙古、辽宁、吉林、黑龙江四省（自治区）出台的相关政策文件、地方法规、技术标准及典型案例，将其汇编成书，意在形成学习和贯彻黑土地保护法及相关政策、保护经验等内容的"一本通"，供参与黑土地保护相关工作的各级政府、部门、科研技术等相关单位、基层组织、企业、农业生产经营主体和关心黑土地保护的社会各界人士参阅。

由于编写时间有限，对法律相关内容的理解也难免存在不够深入和全面之处，欢迎读者给予批评指正。

本书编写组

2022年9月13日

目　录

第三部分　黑土地保护利用技术模式

第四部分　黑土地保护利用案例

第一部分

《中华人民共和国黑土地保护法》
全文及法条释义

中华人民共和国主席令第一一五号

《中华人民共和国黑土地保护法》已由中华人民共和国第十三届全国人民代表大会常务委员会第三十五次会议于 2022 年 6 月 24 日通过，现予公布，自 2022 年 8 月 1 日起施行。

中华人民共和国主席　习近平

2022 年 6 月 24 日

中华人民共和国黑土地保护法

第一条　为了保护黑土地资源，稳步恢复提升黑土地基础地力，促进资源可持续利用，维护生态平衡，保障国家粮食安全，制定本法。

第二条　从事黑土地保护、利用和相关治理、修复等活动，适用本法。本法没有规定的，适用土地管理等有关法律的规定。

本法所称黑土地，是指黑龙江省、吉林省、辽宁省、内蒙古自治区（以下简称四省区）的相关区域范围内具有黑色或者暗黑色腐殖质表土层，性状好、肥力高的耕地。

第三条　国家实行科学、有效的黑土地保护政策，保障黑土地保护财政投入，综合采取工程、农艺、农机、生物等措施，保护黑土地的优良生产能力，确保黑土地总量不减少、功能不退化、质量有提升、产能可持续。

第四条　黑土地保护应当坚持统筹规划、因地制宜、用养结合、近期目标与远期目标结合、突出重点、综合施策的原则，建立健全政府主导、农业生产经营者实施、社会参与的保护机制。

国务院农业农村主管部门会同自然资源、水行政等有关部门，综合考虑黑土地开垦历史和利用现状，以及黑土层厚度、土壤性状、土壤类型等，按照最有利于全面保护综合治理和系统修复的原则，科学合理确定黑土地保护范围并适时调整，有计划、分步骤、分类别地推进黑土地保护工作。历史上属黑土地的，除确无法修复的外，原则上都应列入黑土地保护范围进行修恢复。

第五条　黑土地应当用于粮食和油料作物、糖料作物、蔬菜等农产品生产。

黑土层深厚、土壤性状良好的黑土地应当按照规定的标准划入永久基本农田，重点用于粮食生产，实行严格保护，确保数量和质量长期稳定。

第六条　国务院和四省区人民政府加强对黑土地保护工作的领导、组织、协调、监督管理，统筹制定黑土地保护政策。四省区人民政府对本行政区域内的黑土地数量、质量、生态环境负责。

县级以上地方人民政府应当建立农业农村、自然资源、水行政、发展改革、财政、生态环境等有关部门组成的黑土地保护协调机制，加强协调指导，明确工作责任，推动黑土地保护工作落实。

乡镇人民政府应当协助组织实施黑土地保护工作，向农业生产经营者推广适宜其所经营耕地的保护、治理、修复和利用措施，督促农业生产经营者履行黑土地保护义务。

第七条 各级人民政府应当加强黑土地保护宣传教育，提高全社会的黑土地保护意识。

对在黑土地保护工作中做出突出贡献的单位和个人，按照国家有关规定给予表彰和奖励。

第八条 国务院标准化主管部门和农业农村、自然资源、水行政等主管部门按照职责分工，制定和完善黑土地质量和其他保护标准。

第九条 国家建立健全黑土地调查和监测制度。

县级以上人民政府自然资源主管部门会同有关部门开展土地调查时，同步开展黑土地类型、分布、数量、质量、保护和利用状况等情况的调查，建立黑土地档案。

国务院农业农村、水行政等主管部门会同四省区人民政府建立健全黑土地质量监测网络，加强对黑土地土壤性状、黑土层厚度、水蚀、风蚀等情况的常态化监测，建立黑土地质量动态变化数据库，并做好信息共享工作。

第十条 县级以上人民政府应当将黑土地保护工作纳入国民经济和社会发展规划。

国土空间规划应当充分考虑保护黑土地及其周边生态环境，合理布局各类用途土地，以利于黑土地水蚀、风蚀等的预防和治理。

县级以上人民政府农业农村主管部门会同有关部门以调查和监测为基础、体现整体集中连片治理，编制黑土地保护规划，明确保护范围、目标任务、技术模式、保障措施等，遏制黑土地退化趋势，提升黑土地质量，改善黑土地生态环境。县级黑土地保护规划应当与国土空间规划相衔接，落实到黑土地具体地块，并向社会公布。

第十一条 国家采取措施加强黑土地保护的科技支撑能力建设，将黑土地保护、治理、修复和利用的科技创新作为重点支持领域；鼓励高等学校、科研机构和农业技术推广机构等协同开展科技攻关。县级以上人民政府应当鼓励和支持水土保持、防风固沙、土壤改良、地力培肥、生态保护等科学研究和科研成果推广应用。

有关耕地质量监测保护和农业技术推广机构应当对农业生产经营者保护黑土地进行技术培训、提供指导服务。

国家鼓励企业、高等学校、职业学校、科研机构、科学技术社会团体、农民专业合作社、农业社会化服务组织、农业科技人员等开展黑土地保护相关技术服务。

国家支持开展黑土地保护国际合作与交流。

第十二条 县级以上人民政府应当采取以下措施加强黑土地农田基础设施建设：

（一）加强农田水利工程建设，完善水田、旱地灌排体系；

（二）加强田块整治，修复沟毁耕地，合理划分适宜耕作田块；

（三）加强坡耕地、侵蚀沟水土保持工程建设；

（四）合理规划修建机耕路、生产路；

（五）建设农田防护林网；

（六）其他黑土地保护措施。

第十三条 县级以上人民政府应当推广科学的耕作制度，采取以下措施提高黑土地质量：

（一）因地制宜实行轮作等用地养地相结合的种植制度，按照国家有关规定推广适度休耕；

（二）因地制宜推广免（少）耕、深松等保护性耕作技术，推广适宜的农业机械；

（三）因地制宜推广秸秆覆盖、粉碎深（翻）埋、过腹转化等还田方式；

（四）组织实施测土配方施肥，科学减少化肥施用量，鼓励增施有机肥料，推广土壤生物改良等技术；

（五）推广生物技术或者生物制剂防治病虫害等绿色防控技术，科学减少化学农药、除草剂使用量，合理使用农用薄膜等农业生产资料；

（六）其他黑土地质量提升措施。

第十四条 国家鼓励采取综合性措施，预防和治理水土流失，防止黑土地土壤侵蚀、土地沙化和盐渍化，改善和修复农田生态环境。

县级以上人民政府应当开展侵蚀沟治理，实施沟头沟坡沟底加固防护，因地制宜组织在侵蚀沟的沟坡和沟岸、黑土地周边河流两岸、湖泊和水库周边等区域营造植物保护带或者采取其他措施，防止侵蚀沟变宽变深变长。

县级以上人民政府应当按照因害设防、合理管护、科学布局的原则，制定农田防护林建设计划，组织沿农田道路、沟渠等种植农田防护林，防止违背自然规律造林绿化。农田防护林只能进行抚育、更新性质的采伐，确保防护林功能不减退。

县级以上人民政府应当组织开展防沙治沙，加强黑土地周边的沙漠和沙化土地治理，防止黑土地沙化。

第十五条 县级以上人民政府应当加强黑土地生态保护和黑土地周边林地、草原、湿地的保护修复，推动荒山荒坡治理，提升自然生态系统涵养水源、保持水土、防风固沙、维护生物多样性等生态功能，维持有利于黑土地保护的自然生态环境。

第十六条 县级人民政府应当依据黑土地调查和监测数据，并结合土壤类型和质量等级、气候特点、环境状况等实际情况，对本行政区域内的黑土地进行科学分区，制定并组织实施黑土地质量提升计划，因地制宜合理采取保护、治理、修复和利用的精细化措施。

第十七条 国有农场应当对其经营管理范围内的黑土地加强保护，充分发挥示范作用，并依法接受监督检查。

农村集体经济组织、村民委员会和村民小组应当依法发包农村土地，监督承包方依照承包合同约定的用途合理利用和保护黑土地，制止承包方损害黑土地等行为。

农村集体经济组织、农业企业、农民专业合作社、农户等应当十分珍惜和合理利用黑土地，加强农田基础设施建设，因地制宜应用保护性耕作等技术，积极采取提升黑土地质量和改善农田生态环境的养护措施，依法保护黑土地。

第十八条 农业投入品生产者、经营者和使用者应当依法对农药、肥料、农用薄膜等农业投入品的包装物、废弃物进行回收以及资源化利用或者无害化处理，不得随意丢弃，防止黑土地污染。

县级人民政府应当采取措施，支持农药、肥料、农用薄膜等农业投入品包装物、废弃物的回收以及资源化利用或者无害化处理。

第十九条 从事畜禽养殖的单位和个人，应当科学开展畜禽粪污无害化处理和资源化利用，以畜禽粪污就地就近还田利用为重点，促进黑土地绿色种养循环农业发展。

县级以上人民政府应当支持开展畜禽粪污无害化处理和资源化利用。

第二十条 任何组织和个人不得破坏黑土地资源和生态环境。禁止盗挖、滥挖和非法买卖黑土。国务院自然资源主管部门会同农业农村、水行政、公安、交通运输、市场监督管理等部门应当建立健全保护黑土地资源监督管理制度，提高对盗挖、滥挖、非法买卖黑土和其他破坏黑土地资源、生态环境行为的综合治理能力。

第二十一条 建设项目不得占用黑土地；确需占用的，应当依法严格审批，并补充数量和质量相当的耕地。

建设项目占用黑土地的，应当按照规定的标准对耕作层的土壤进行剥离。剥离的黑土应当就近用于新开垦耕地和劣质耕地改良、被污染耕地的治理、高标准农田建设、土地复垦等。建设项目主体应当制定剥离黑土的再利用方案，报自然资源主管部门备案。具体办法由四省区人民政府分别制定。

第二十二条 国家建立健全黑土地保护财政投入保障制度。县级以上人民政府应当将黑土地保护资金纳入本级预算。

国家加大对黑土地保护措施奖补资金的倾斜力度，建立长期稳定的奖励补助机制。

县级以上地方人民政府应当将黑土地保护作为土地使用权出让收入用于农业农村投入的重点领域，并加大投入力度。

国家组织开展高标准农田、农田水利、水土保持、防沙治沙、农田防护林、土地复垦等建设活动，在项目资金安排上积极支持黑土地保护需要。县级人民政府可以按照国家有关规定统筹使用涉农资金用于黑土地保护，提高财政资金使用效益。

第二十三条 国家实行用养结合、保护效果导向的激励政策，对采取黑土地保护和治理修复措施的农业生产经营者按照国家有关规定给予奖励补助。

第二十四条 国家鼓励粮食主销区通过资金支持、与四省区建立稳定粮食购销关系等经济合作方式参与黑土地保护，建立健全黑土地跨区域投入保护机制。

第二十五条 国家按照政策支持、社会参与、市场化运作的原则，鼓励社会资本投入黑土地保护活动，并保护投资者的合法权益。

国家鼓励保险机构开展黑土地保护相关保险业务。

国家支持农民专业合作社、企业等以多种方式与农户建立利益联结机制和社会化服务机制，发展适度规模经营，推动农产品品质提升、品牌打造和标准化生产，提高黑土地产出效益。

第二十六条 国务院对四省区人民政府黑土地保护责任落实情况进行考核，将黑土地保护情况纳入耕地保护责任目标。

第二十七条 县级以上人民政府自然资源、农业农村、水行政等有关部门按照职责，依法对黑土地保护和质量建设情况联合开展监督检查。

第二十八条 县级以上人民政府应当向本级人民代表大会或者其常务委员会报告黑

土地保护情况，依法接受监督。

第二十九条　违反本法规定，国务院农业农村、自然资源等有关部门、县级以上地方人民政府及其有关部门有下列行为之一的，对直接负责的主管人员和其他直接责任人员给予警告、记过或者记大过处分；情节较重的，给予降级或者撤职处分；情节严重的，给予开除处分：

（一）截留、挪用或者未按照规定使用黑土地保护资金；

（二）对破坏黑土地的行为，发现或者接到举报未及时查处；

（三）其他不依法履行黑土地保护职责导致黑土地资源和生态环境遭受破坏的行为。

第三十条　非法占用或者损毁黑土地农田基础设施的，由县级以上地方人民政府农业农村、水行政等部门责令停止违法行为，限期恢复原状，处恢复费用一倍以上三倍以下罚款。

第三十一条　违法将黑土地用于非农建设的，依照土地管理等有关法律法规的规定从重处罚。

违反法律法规规定，造成黑土地面积减少、质量下降、功能退化或者生态环境损害的，应当依法治理修复、赔偿损失。

农业生产经营者未尽到黑土地保护义务，经批评教育仍不改正的，可以不予发放耕地保护相关补贴。

第三十二条　违反本法第二十条规定，盗挖、滥挖黑土的，依照土地管理等有关法律法规的规定从重处罚。

非法出售黑土的，由县级以上地方人民政府市场监督管理、农业农村、自然资源等部门按照职责分工没收非法出售的黑土和违法所得，并处每立方米五百元以上五千元以下罚款；明知是非法出售的黑土而购买的，没收非法购买的黑土，并处货值金额一倍以上三倍以下罚款。

第三十三条　违反本法第二十一条规定，建设项目占用黑土地未对耕作层的土壤实施剥离的，由县级以上地方人民政府自然资源主管部门处每平方米一百元以上二百元以下罚款；未按照规定的标准对耕作层的土壤实施剥离的，处每平方米五十元以上一百元以下罚款。

第三十四条　拒绝、阻碍对黑土地保护情况依法进行监督检查的，由县级以上地方人民政府有关部门责令改正；拒不改正的，处二千元以上二万元以下罚款。

第三十五条　造成黑土地污染、水土流失的，分别依照污染防治、水土保持等有关法律法规的规定从重处罚。

第三十六条　违反本法规定，构成犯罪的，依法追究刑事责任。

第三十七条　林地、草原、湿地、河湖等范围内黑土的保护，适用《中华人民共和国森林法》、《中华人民共和国草原法》、《中华人民共和国湿地保护法》、《中华人民共和国水法》等有关法律；有关法律对盗挖、滥挖、非法买卖黑土未作规定的，参照本法第三十二条的规定处罚。

第三十八条　本法自 2022 年 8 月 1 日起施行。

《中华人民共和国黑土地保护法》释义

概　　述

习近平总书记高度重视黑土地保护，2020年7月22日在吉林考察时指出，一定要采取有效措施，保护好黑土地这一"耕地中的大熊猫"；2020年12月在中央农村工作会议上要求，把黑土地保护作为一件大事来抓，把黑土地用好养好。2022年6月24日第十三届全国人民代表大会常务委员会第三十五次会议审议并全票通过了《中华人民共和国黑土地保护法》（以下简称黑土地保护法），并于2022年8月1日施行。黑土地保护法为保护好黑土地提供了有力的法治保障。

一、立法背景和主要过程

党中央始终把解决好"三农"问题作为全党工作的重中之重。在世界百年之未有大变局中，稳住农业基本盘、守好"三农"基础是应变局、开新局的"压舱石"。以习近平同志为核心的党中央把保障粮食安全作为治国理政的头等大事，强调粮食安全是国家安全的重要基础，中国人的饭碗任何时候都要牢牢端在自己手中，饭碗主要装中国粮。2020年底中央经济工作会议指出，保障粮食安全，关键在于落实藏粮于地、藏粮于技战略，要解决好种子和耕地问题。随后召开的中央农村工作会议和2021年中央一号文件，对打好种业翻身仗、保护耕地尤其是黑土地提出了更加具体明确的要求。

全国人大农业与农村委员会坚持以习近平新时代中国特色社会主义思想为指导，深入贯彻习近平法治思想，认真学习中央经济工作会议和中央农村工作会议精神，紧紧围绕党和国家工作大局，谋划立法、监督、代表等各项工作。委员会深刻认识到，落实好党中央关于"三农"工作的要求，加强粮食安全保障相关立法十分迫切。委员会梳理了现有涉农法律和当前立法工作，认为现有《中华人民共和国土地管理法》（以下简称土地管理法）等法律法规规定了严格的耕地保护制度，但是缺乏针对黑土地特殊性的保护措施，有必要专门立法以加强对黑土地的保护。

十三届全国人大四次会议期间，全国人大农业与农村委员会收到关于制定黑土地保护法的议案和多件代表建议，代表们建议制定黑土地保护法，保护黑土地、留住黑土层，解决违法占用、违法开垦黑土地等问题。委员会提出对黑土地保护问题重点加以研究，提高议案办理质量和效率。委员会及时组织召开研究论证会，中央和国务院有关部门、专家学者参加会议并发言，普遍认为要加强黑土地保护的法治保障；委员会进一步赴黑龙江、吉林、辽宁、内蒙古等省份调研，地方普遍强烈呼吁，为了保障国家的粮食安全和生态安全、建立统筹协调工作机制等，有必要在国家层面开展黑土地保护立法。委员会及时向全国人大常委会领导同志报告有关工作情况，多次提出黑土地保护立法的专门报告。全国人大常委会领导同志高度重视，作出批示要求积极推进相关立法，加快了立法工作进程。

黑土地保护法边研究论证边起草。经过广泛座谈、赴东北四省区深入实地调研，不断总结实践经验、听取意见建议、反复研究论证，草案趋于成熟。2021 年 12 月，黑土地保护法草案提请十三届全国人大常委会第三十二次会议审议。2022 年，黑土地保护法列入了全国人大常委会立法计划的重点立法项目，加快推进。全国人大常委会于 2022 年 4 月、6 月分别对黑土地保护法草案进行了二次审议和三次审议，并于 6 月 24 日全票审议通过。在审议期间，全国人大宪法和法律委员会、全国人大常委会法制工作委员会结合常委会审议意见进一步调查研究，通过多种方式广泛听取各方面意见，特别是来自基层一线的农民、村干部和科技工作者的意见，对草案进行完善。从审议和征求意见的情况看，各方普遍认为，黑土地保护法目的明确、重点突出、措施有力、针对性强，总体质量较高。

黑土地保护法的起草和通过，体现了全国人大常委会紧紧围绕党中央重大决策部署谋划工作，牢固树立法治思维推动国家治理体系和治理能力现代化，高效高质推进涉农相关立法，使立法工作更好围绕中心和大局、更好服务国家和人民；体现了发展全过程人民民主，代表的议案和建议加快推动了立法进程，五级人大代表的意见和建议对完善法律条文发挥了重要作用，广泛的调研凝聚了人民群众的智慧、反映了人民期盼；发挥全国人大立法主导作用，这部法律实现了当年研究论证当年完成起草当年提请审议，获得全国人大常委会委员全票通过，体现了立法高效率、高质量。

二、立法必要性和重要意义

（一）是深入贯彻落实习近平总书记重要指示和党中央决策部署的需要。习近平总书记高度重视黑土地保护，多次深情叮嘱要保护好黑土地。2016 年 5 月在黑龙江考察时说，"要采取工程、农艺、生物等多种措施，调动农民积极性，共同把黑土地保护好、利用好"；2018 年 9 月在东北三省考察时说，"要加快农业绿色发展，坚持用养结合，综合施策，确保黑土地不减少、不退化"；2020 年 7 月在吉林考察时说，"东北是世界三大黑土区之一，是'黄金玉米带''大豆之乡'，黑土高产丰产，同时也面临着土地肥力透支的问题。一定要采取有效措施，保护好黑土地这一'耕地中的大熊猫'"；2020 年 12 月在中央农村工作会议上指出，"要把黑土地保护作为一件大事来抓，把黑土地用好养好"。近年来的中央文件，多次强调黑土地保护：2020 年中央一号文件对推广黑土地保护有效治理模式、实施东北黑土地保护性耕作和保护工程等提出明确要求；《中华人民共和国国民经济和社会发展第十四个五年规划和 2035 年远景目标纲要》提出，实施黑土地保护工程，加强东北黑土地保护和地力恢复。习近平总书记将黑土地比喻为国宝"大熊猫"，这一论述具有深刻内涵和深远意义。黑土地是大自然赋予人类得天独厚的稀缺宝贵资源，具有优质性、稀缺性、易被侵蚀性等特点。多年来人为高强度开发利用，黑土层厚度变薄、有机质含量等下降，土壤酸化、沙化、盐渍化加剧，严重影响生态安全和农业可持续发展。要从造福子孙永续发展的高度认识黑土地保护的特殊性和战略意义，从藏粮于地、藏粮于技战略高度推进。制定黑土地保护法，将保护黑土地上升为国家意志，是贯彻落实习近平总书记和党中央关于黑土地保护要求的有力举措。

（二）是保障长远国家粮食安全的需要。粮食安全是"国之大者"，悠悠万事，吃饭为大。手中有粮、心中不慌。在百年变局和世纪疫情交织、国际形势错综复杂的背景下，粮食和重要农副产品的稳定供给是社会始终保持稳定的基础，是推动经济社会发展行稳致远的保障。耕地是粮食生产的命根子，黑土地是耕地中的"大熊猫"，土壤性状好、肥力高、水肥气热协调，粮食产量高、品质好。东北黑土区是我国重要的粮食生产基地，粮食产量约占全国的四分之一，粮食商品率高，是保障粮食市场供应的重要来源，是保障国家粮食安全的压舱石。黑土地在保障粮食安全、保障优质农产品供给上的作用不言而喻。制定黑土地保护法，规范黑土地保护、治理、修复、利用等活动，保护黑土地高产优质农产品产出功能，能够为保障国家粮食安全提供坚强法治保障。

（三）是维护生态系统平衡的需要。珍稀的黑土地自然资源，既不可再生，也不可替代。长期以来，由于保护和投入不够，加之风蚀、水蚀侵害，黑土地土壤有机质含量下降、土壤养分流失、水土流失严重、土地耕层构造劣化，黑土地"变薄、变硬、变瘦"。侵蚀沟发育发展，不仅造成耕地丧失，而且造成土地破碎。黑土地作为生态系统的重要组成部分，其自身生态遭到破坏还带来了其他环境问题，如河道淤积、洪涝灾害加剧、水利设施和道路被破坏等。人与自然应当和谐共生，保护自然则自然回报慷慨，掠夺自然则自然惩罚无情。制定黑土地保护法，保护好生态环境，维护好生态系统平衡，促进资源环境可持续，才能使黑土地永远造福人民。

（四）是完善黑土地保护体制机制的需要。近年来，党中央、国务院陆续采取了黑土地保护的一系列措施。2017年，经国务院同意，农业部、国家发展改革委等6部门联合印发了《东北黑土地保护规划纲要（2017—2030年）》（以下简称规划纲要）；2020年，经国务院同意，农业农村部和财政部联合印发了《东北黑土地保护性耕作行动计划（2020—2025年）》（以下简称行动计划）；2021年，经国务院同意，农业农村部、国家发展改革委等7部门联合印发了《国家黑土地保护工程实施方案（2021—2025年）》（以下简称实施方案）。这些举措对黑土地保护发挥了积极作用，但是政策具有阶段性特征，难以建立长期稳定的保护机制，还存在政策协同性不足、稳定投入机制未建立、责任主体不够明确等问题。虽然吉林省、黑龙江省制定了黑土地保护条例，内蒙古制定了耕地保养条例等，但是地方层面立法，难以形成上下联动、多方参与的保护机制。当前土地管理有关法律法规，在耕地保护方面主要解决一般性问题，数量保护措施严格、质量提升措施较少，对黑土地保护还缺乏针对性措施。综合施策、形成合力、久久为功保护好黑土地，需要全社会共同努力。制定黑土地保护法，有利于建立针对性、系统性的黑土地保护制度。

三、立法指导思想和总体思路

深入学习贯彻习近平新时代中国特色社会主义思想，深刻理解和准确把握习近平总书记关于黑土地保护的重要指示精神，牢固树立法治思维，坚持问题导向和目标导向，坚持"小快灵"立法，突出立法针对性、适用性、可操作性，着力保护黑土地中的耕地，促进资源可持续利用，维护生态系统平衡，保障国家粮食安全。

黑土地保护法起草中注重把握以下几点：一是明确责任。构建政府主导、农业生产经营者实施、公众参与的保护机制，建立共同负责、各负其责的责任体系。二是坚持用养结合。有的人提出，应该养地在先，不达标停止种地。我们的目的是要粮。既要改变生产经营方式，也要防止片面追求保护、削弱粮食生产能力和影响农民种粮积极性，促进形成绿色发展方式。三是尊重自然规律和科技规律。黑土地分布广阔，不同地域积温、降雨、蒸发、风力等条件不同，需要采取的技术措施也不同。保护黑土地要因地制宜，坚持从实际出发，不搞一刀切。四是保护好农民权益。农业生产经营者要合理利用和保护黑土地，让农民利益近期不受损、长远更有利，有利于国家粮食安全、生态安全。

四、着力构建针对性、系统性的黑土地保护制度

本次立法采取"小快灵"方式，突出了立法的针对性、适用性和可操作性。整部法律不分章，共三十八条，包括立法目的、适用范围、保护要求和原则、政府责任和协调机制、制定规划、资源调查和监测、科技支撑、数量保护措施、质量提升措施、农业生产经营者的责任、资金保障、激励政策、考核与监督、法律责任等内容。

（一）本法的适用范围。本法所称黑土地，是指黑龙江省、吉林省、辽宁省、内蒙古自治区（以下简称四省区）相关区域范围内具有黑色或者暗黑色腐殖质表土层，性状好、肥力高的耕地。一是本法规定的黑土地是具有黑色或者暗黑色腐殖质表土层，性状好、肥力高的耕地。当前森林法对林地、草原法对草地、湿地保护法对湿地等进行了规范，并且体现了保护优先、全面保护的原则，依照这些专门法律，能够对归属于林地、草地、湿地等用途的黑土地进行很好的保护。耕地是人们用来满足生产生活需要的土地，要在利用中保护，在保护中利用。处理好黑土地保护与利用的关系，重点和难点在耕地。本法突出立法针对性、适用性和可操作性，着力保护黑土地中的耕地。二是本法适用地域范围是东北四省区的相关区域。东北黑土区的范围涉及黑龙江省、吉林省、辽宁省，以及内蒙古自治区的呼伦贝尔市、兴安盟、通辽市、赤峰市（简称东四盟）。具体地域的确定要把握几点：国家层面统筹确定黑土地保护范围，按照本法第四条，国务院农业农村主管部门会同自然资源、水行政等有关部门科学合理确定黑土地保护范围并适时调整；按照最有利于全面保护、综合治理和系统修复的原则，确定黑土地保护范围，历史上属黑土地的，除确无法修复的外，原则上都应列入黑土地保护范围进行修恢复；注重调查和监测，通过调查和监测建立黑土地档案和质量动态变化数据库；编制黑土地保护规划，县级以上人民政府有关部门要制定黑土地保护规划，通过规划，各地要明确黑土地的保护范围，其中县级黑土地保护规划应当落实到黑土地具体地块并向社会公布。

（二）明确政府统筹协调的责任。统筹和协调是形成工作合力的关键。国务院和四省区人民政府加强对黑土地保护工作的领导、组织、协调、监督管理，统筹制定黑土地保护政策。四省区人民政府对本行政区域内的黑土地数量、质量、生态环境负责。县级以上地方人民政府应当建立农业农村、自然资源、水行政、发展改革、财政、生态环境等有关部门组成的黑土地保护协调机制，加强协调指导，明确工作责任，推动黑土地保护工作落实。

（三）加强黑土地保护规划。为加强黑土地保护的规划引领工作，规定县级以上人民

政府应当将黑土地保护工作纳入国民经济和社会发展规划；国土空间规划应当充分考虑保护黑土地及其周边生态环境，合理布局各类用途土地，以利于黑土地水蚀、风蚀等预防和治理；县级以上人民政府农业农村主管部门会同有关部门编制黑土地保护规划，明确保护范围、目标任务、技术模式、保障措施等；为了使法律实施更具有可操作性，明确县级黑土地保护规划应当落实到黑土地具体地块，并向社会公布。

（四）切实保障国家粮食安全。本法的重要立法目的之一是保障国家粮食安全。本法规定，国家保护黑土地的优良生产能力，确保黑土地总量不减少、功能不退化、质量有提升、产能可持续。为加强耕地用途管制，防止耕地"非农化"、防止"非粮化"，明确黑土地应当用于粮食和油料作物、糖料作物、蔬菜等农产品生产。土地管理法对耕地征占用的规定十分严格，尤其对永久基本农田的划定和占用规定了更为严格的制度。与土地管理相关法律制度相衔接，本法规定黑土层深厚、土壤性状良好的黑土地应当按照规定的标准划入永久基本农田，重点用于粮食生产，实行严格保护，确保数量和质量长期稳定；建设项目不得占用黑土地；确需占用的，应当依法严格审批，并补充数量和质量相当的耕地。

（五）加强黑土地保护的科技支撑。本法加强黑土地保护的科技支撑，针对黑土地的特点因地制宜采取适合的科技措施。一是加强科技研究。国家将黑土地保护、治理、修复和利用的科技创新作为重点支持领域；鼓励高等学校、科研机构和农业技术推广机构等协同开展科技攻关。二是加强科技推广。国家有关科技推广机构应当对农业生产经营者进行技术培训、提供指导服务；国家鼓励各类组织和人员开展黑土地保护相关技术服务。三是国家支持开展黑土地保护国际合作与交流。四是加强调查和监测，为科学保护黑土地提供基础技术支撑。五是注重因地制宜。针对水蚀、风蚀等突出问题，因地制宜采取具体技术措施，如秸秆覆盖、秸秆粉碎深埋等。

（六）突出黑土地养护。耕地是为粮食等农产品生产服务的，黑土耕地必须在利用中保护、在保护中利用。黑土地具有易被侵蚀的特点，不正确的利用方式容易导致黑土地"变薄、变硬、变瘦"。为保护黑土地健康和提升质量，本法突出规定了有针对性养护措施。一是综合施策，要综合采取工程、农艺、农机、生物等措施，保护黑土地的优良生产能力。二是加强黑土地农田基础设施建设。这是治理侵蚀沟，防范水蚀、风蚀，防止水土流失、土壤盐碱化等问题的重要措施。三是推广科学耕作制度。重点是实行轮作等用地养地相结合的种植制度，免（少）耕、深松等保护性耕作技术，通过秸秆覆盖、粉碎深（翻）埋、过腹转化等实行秸秆还田，科学施肥、用药等。这些是提高黑土地质量的重要措施。四是加强环境治理措施。重点是侵蚀沟治理、农田防护林建设、防沙治沙，以及黑土地周边林地、草原、湿地的保护修复和荒山荒坡治理等。本法聚焦于耕地保护，但是从山水林田湖草沙统筹治理的角度保护黑土地，注重提升自然生态系统涵养水源、保持水土、防风固沙、维护生物多样性等生态功能。五是对农业投入品的包装物、废弃物等进行回收以及资源化利用或者无害化处理。六是畜禽粪污应当就近还田利用。这是增施有机肥、促进黑土地绿色循环农业发展的措施。

（七）突出基层组织和农业生产经营者的保护责任。黑土地保护，重在落实，重在基层。一是县级人民政府的职责。县级人民政府要建立协调机制、制定黑土地保护规划、采取措施实施或者推广黑土地养护措施。为保障精准施策，县级人民政府的黑土地保护规划要落实到地块；要对本行政区域内的黑土地进行科学分区，因地制宜确定相关措施，制定和组织实施黑土地质量提升计划。二是乡镇人民政府的职责。乡镇人民政府应当积极协助组织实施黑土地保护工作，宣传、推广适宜的黑土地保护措施，督促农业生产经营者履行保护义务。三是土地发包方的责任。发包方要监督承包方依法合理利用和保护黑土地，制止损害黑土地等行为。四是农业生产经营者的义务。农业生产经营者具体实施黑土地保护措施，是黑土地保护的责任主体，也是直接受益者。农业生产经营者应当十分珍惜和合理利用黑土地，对于政府推广的黑土地保护措施要积极配合实施，同时要提高保护黑土地的自觉性和积极性。国有农场在推动农业农村现代化、推进生态文明建设方面具有重要作用，在黑土地保护中要发挥好示范作用，带动和引领各类主体加强黑土地保护。

（八）注重保护好农业生产经营者权益。农业生产经营者要合理利用和保护黑土地。国家实行用养结合、保护效果导向的激励政策，对采取黑土地保护和治理修复措施的农业生产经营者按照国家有关规定给予奖励补助；国家建立长期稳定的奖励补助机制。农业生产经营者未尽到黑土地保护义务的，应当对其进行批评教育，经批评教育仍不改正的，可以不予发放耕地保护相关补贴。

（九）建立健全黑土地保护资金投入机制。资金投入是黑土地保护的重要保障。一是财政投入。本法第三条规定，国家保障黑土地保护财政投入。县级以上人民政府应当将黑土地保护资金纳入本级预算；国家加大对黑土地保护措施奖补资金的倾斜力度；政府应当将黑土地保护作为土地使用权出让收入用于农业农村投入的重点领域；国家组织开展高标准农田、农田水利等建设活动，在项目资金安排上积极支持黑土地保护需要。二是国家鼓励粮食主销区参与黑土地保护，建立健全黑土地跨区域投入保护机制。粮食主销区与四省区之间要建立一种联系，共同参与黑土地保护。三是国家鼓励各类社会主体参与黑土地保护。社会资本可以投入黑土地保护活动，国家保护投资者的合法权益。国家鼓励开展黑土地保护相关保险业务。农民专业合作社、企业等要积极发展现代农业，从优质农产品经营中获得更多产出效益，从而有能力投入黑土地保护，形成良性循环，促进绿色农业发展。

（十）加强考核和监督。一是明确四省区人民政府对本行政区域内的黑土地数量、质量、生态环境负责。国务院对四省区人民政府黑土地保护责任落实情况进行考核，将黑土地保护情况纳入耕地保护责任目标。二是县级以上人民政府自然资源、农业农村、水行政等有关部门按照职责，依法对黑土地保护和质量建设情况联合开展监督检查。三是加强人大监督，黑土地保护情况要向人大报告。

（十一）明确法律责任。对国家机关工作人员截留、挪用或者未按规定使用黑土地保护资金，发现或者接到举报破坏黑土地的行为未及时查处等行为，根据情节轻重设定了法律责任。对非法占用或者损毁黑土地农田基础设施、违法将黑土地用于非农建设、盗挖滥挖和非法出售以及明知非法出售而购买黑土、建设项目占用而未实施耕作层剥离等行为设定了法律责任。本法法律责任的设定注重与有关法律做好衔接。如：对违法将黑土地用于非农建设的、盗挖滥挖黑土的，依据土地管理法律法规从重处罚；造成黑土地污染、水土流失的，依照污染防治、水土保持等有关法律法规从重处罚。林地、草原、湿地、河湖等范围内黑土的保护，适用森林法、草原法等有关法律；有关法律对盗挖、滥挖、非法买卖黑土未作规定的，参照本法进行处罚。

（十二）关于本法与土地管理等相关法律的关系。按照立法法，全国人大常委会制定的法律，特别规定与一般规定不一致的，适用特别规定。黑土地保护法是一部针对东北地区黑土耕地保护的专门法律，属于特别法。土地管理法、水土保持法、土壤污染防治法等法律对耕地管理、水土保持、土壤污染防治等内容作出了一般规定。黑土地保护法作出特别规定的，则适用特别规定；本法没有作出特别规定的，适用有关法律的一般规定。

释 义

第一条 为了保护黑土地资源，稳步恢复提升黑土地基础地力，促进资源可持续利用，维护生态平衡，保障国家粮食安全，制定本法。

【释义】本条是关于黑土地保护法立法宗旨（目的）的规定。

黑土地土壤性状好、肥力高、水肥气热协调，相较于其他土地的单位面积产出，同肥量更高、同量质更优，粮食产量高、品质好。因此，黑土地的重要性首先突出体现在粮食生产方面。全球黑土区粮食生产状况直接关系着世界粮食安全。东北黑土区是世界第三大黑土区，也是我国重要的粮食生产基地，粮食产量约占全国的四分之一，粮食商品率高，是保障粮食市场供应的重要来源，是保障国家粮食安全的压舱石。与此同时，黑土地营养物质含量较高、适宜大多数微生物生长发育，其生物多样性高于其他类型土壤，是天然的基因库，也是天然的吸碳宝地。

本条规定明确了本法的三方面主要立法目的：一是从资源存续和资源质量的角度规定要"保护黑土地资源，稳步恢复提升黑土基础地力"。黑土地作为一种宝贵的稀缺的自然资源，具有优质性、稀缺性、易被侵蚀性等特点。基础地力是指不施肥时靠农田本身肥力可实现的农产品产出支撑能力，土壤中有机质含量和质量对土壤理化性质和土壤肥力有着重要影响，是基础地力的关键指标，同时土壤容重、pH等土壤理化因素对土壤质地、作物生长环境等也有深刻影响。伴随人口增长、经济发展和高强度开发利用，黑土地出现"变薄、变硬、变瘦"等问题，数量流失和质量下降趋势都很明显。因此，有效保护珍贵的黑土地资源，既要控制数量不流失，也要逐步恢复提升黑土地基础地力。经过长期的农业生产实践，科学增施有机肥、秸秆还田等措施能够有效遏制黑土退化，提升土壤有机质含量，改善耕层结构，增加水养库容，实现耕作层加厚和土壤培肥的目标。二是从黑土地保护利用理念和过程的角度规定要"促进资源可持续利用，维护生态平衡"。当前，走可持续发展的道路已经成为世界各国的共同选择。黑土地作为一种稀缺资源，是大自然用了上万年积淀凝结而成，非人力所能创造，其本身的不可移动性、地域性、整体性、有限性是固有的，人类对它的依赖和永续利用程度的增加也是不可逆转的。长期以来，由于保护和投入不够，加之风蚀、水蚀侵害，黑土地土壤有机质含量下降、土壤养分流失、水土流失严重、土地耕层构造劣化，黑土地"变薄、变硬、变瘦"。侵蚀沟发育发展，不仅造成耕地丧失，而且造成土地破碎。黑土地作为生态系统的重要组成部分，其自身生态遭到破坏还带来了其他环境问题，如河道淤积、洪涝灾害加剧、水利设施和道路被破坏等。人与自然应当和谐共生，保护自然则自然回报慷慨，掠夺自然则自然惩罚无情。制定黑土地保护法，保护好生态环境，维护好生态系统平衡，促进资源环境可持续，才能使黑土地永远造福人民。要从造福子孙永续发展的高度认识黑土地保护的特殊性和战略意义，从藏粮于地、藏粮于技战略高度推进。三是从黑土地保护利用根本目的角度规定要"保障国家粮食安全"。粮食安全是"国之大者"，悠悠万事，吃饭为大。手中有粮、心中不慌。在百年变局和世纪疫情交织、国际形势错综复杂的背景下，粮食和重要农副产品的稳定供给是社会始终保持稳定的基础，是推动经济社会发展行稳致远的保障。耕地是粮食生产的命根子，黑土地是大自然赋予人类得天独厚的稀缺宝贵资源，是耕地中的"大熊猫"。习近平总书记高度重视黑土地保护，多次深情叮嘱要保护好黑土地。党中央、国务院高度关注黑土地保护工作，2020年中央一号文件对推广黑土地保护有效治理模式、实施东北黑土地保护性耕作和保护工程等提出明确要求。黑土耕地土壤性状好、肥力高、水肥气热协调，粮食产量高、品质好。东北黑土区是我国重要的粮食生产基地，粮食产量约占全国的四分之一，粮食商品率高，是保障粮食市场供应的重要来源，是保障国家粮食安全的压舱石。加强东北黑土地保护，采取综合性治理措施，有利于提升土壤有机质含量，提高黑土地综合生产能力，最终是为了多产粮、产好粮，夯实国家粮食安全基础。这是制定本法的根本目的。本条规定与本法其他条文规定之间是目的与手段的关系，本法的其他条文都是为实现立法目的而服务的。

第二条　从事黑土地保护、利用和相关治理、修复等活动，适用本法。本法没有规定的，适用土地管理等有关法律的规定。

本法所称黑土地，是指黑龙江省、吉林省、辽宁省、内蒙古自治区（以下简称四省区）的相关区域范围内具有黑色或者暗黑色腐殖质表土层，性状好、肥力高的耕地。

【释义】本条是关于黑土地保护法调整范围的规定。

法律的调整范围，也称为法律的适用范围、效力范围。法律的空间效力，称为法律适用的地域范围；法律对人、事的效力，即法律对什么主体和什么行为使用。此外，法律适用的时间效力，由本法第三十八条作出了规定。本条第一款规定了本法调整的行为范围，第二款对黑土地作了定义。

一、黑土地的特性。本法规定黑土地的特性是具有黑色或者暗黑色腐殖质表土层，性状好、肥力高的耕地。这个概念包含了两层意思：一是黑土地有特殊的性状，它具有黑色或者暗黑色腐殖质表土层，性状好、肥力高；二是指耕地。

"黑土"一词最早来自民间，是人们对黑色土壤的称呼，相应的地块称为"黑土地"。20世纪50年代我国土壤工作者开始对黑土的分类进行研究。80年代全国第二次土壤普查确定将黑土归为黑土土类，主要包括黑土、黑钙土、草甸土、白浆土、暗棕壤、棕壤。有的土壤工作者认为黑土土类还包括栗钙土等其他黑土类型，有的认为还应当包括水稻土，实施方案将水稻土也列入了黑土类型之一。黑土地是在东北地区特殊的气候、地理和植被条件下经历有机质大量积累过程而形成的，都具有黑色或者暗黑色腐殖质表土层，特别适宜农耕。

法律要调整特定的权利义务关系，法律概念在其调整范围内有着特定的含义。法律概念与一般通常意义上或者专家学者研究的概念有着紧密联系，但是法律概念的界定要服从于立法目的，服从于规范特定权利义务的需要。本法规定的黑土地有几个特点。一是对黑土地的特性进行了描述，即：具有黑色或者暗黑色腐殖质表土层，性状好、肥力高。土壤层次一般从下往上依次为基岩层、母质层、淀积层、淋溶层、腐殖质层、有机覆盖物。腐殖质层和有机覆盖物构成了表土层。从农耕角度来说，表土层的厚度、肥力、耕性等特点，决定了其适宜农作物生长的程度。黑土地性状好、肥力高，其在开垦前有机质含量高达 5%～8%，水稳性微团粒结构，疏松多孔，pH 6.5～7.0，水肥气热协调，养分水平高，具有高产优质农产品的生产性能。需要说明的是，这个概念没有列举土壤类型。土壤类型的列举是为了科学研究的需要，并且科学界对哪些类型的土地属于黑土认识不尽相同。法律对黑土地保护，更多是为了维护生态安全、保障国家粮食安全，不仅要考虑土地的自然属性，也要考虑耕作状况和现实需要。为了这个立法目的，应当尽量对黑土地予以保护，不必过分深究其科学上的土壤类型。二是本法规定的黑土地为耕地。土地管理法按照土地用途将土地分为农用地、建设用地和未利用地，农用地包括耕地、林地、草地等。保护黑土地，重点是处理好人与黑土地的关系，正确对待保护和利用的关系。当前森林法对林地、草原法对草地、湿地保护法对湿地等进行了规范，并且体现了保护优先、全面保护的原则，依照这些专门法律，能够对属于林地、草地、湿地的黑土地进行保护。耕地是人们种植农作物的土地，其特点就是利用土地使之满足生产生活需要，不可能通过放弃耕种、放弃利用而保护耕地，不可能采取保护优先的原则；而是要科学合理利用耕地，坚持可持续利用原则，在利用中保护，在保护中利用，要改变掠夺式、粗放式利用方式。处理好黑土地保护与利用的关系，重点和难点在耕地。本法突出立法针对性、适用性、可操作性，着力保护黑土地中的耕地。

二、黑土地所涉及的地域范围。本法所称黑土地，涉及的地域范围是黑龙江省、吉林省、辽宁省、内蒙古自治区四省区的相关区域范围。2017 年，规划纲要明确东北平原是世界三大黑土区之一，北起大兴安岭，南至辽宁省南部，西到内蒙古东部的大兴安岭山地边缘，东达乌苏里江和图们江，行政区域涉及辽宁、吉林、黑龙江以及内蒙古东部的部分地区。行动计划同样采用了这个概念。从行政区域看，黑土区的范围涉及黑龙江省、吉林省、辽宁省，以及内蒙古自治区的东四盟。

黑土地涉及的具体地域，要结合黑土地的分布情况来确定。综合法律条文的规定，需要把握几点：一是黑土地总体保护范围的确定主体是国务院有关部门。本法第四条规定，国务院农业农村主管部门会同自然资源、水行政等有关部门，科学合理确定黑土地保护范围并适时调整。二是按照最有利于全面保护、综合治理和系统修复的原则，确定黑土地保护范围。历史上属黑土地的，除确无法修复的外，原则上都应列入黑土地保护范围进行修恢复。三是注重调查和监测。本法第九条规定了黑土地调查和监测制度，要求建立黑土地档案，建立黑土地质量动态变化数据库。调查和监测是了解黑土层厚度、土壤性状、土壤类型等情况的手段，有助于确定黑土地的具体分布。四是编制黑土地保护规划。本法第十条规定县级以上人民政府有关部门要制定黑土地保护规划，规划要以调查和监测为基础、体现整体集中连片治理。通过规划，各地要明确黑土地的保护范围。

县级黑土地保护规划应当与国土空间规划相衔接,落实到黑土地具体地块,并向社会公布。

三、黑土地保护、利用和相关治理、修复等活动。与本法规定的黑土地相关的土地保护、利用和相关治理、修复等各类活动,都要遵守本法规定。保护、利用、治理、修复,是人与黑土地长期互动中形成的关系。保护是指采取有效措施保护和维护黑土地的安全稳定,减少可能对黑土地造成负面影响的因素;利用是指人们使用黑土地生产物质产品或者资源环境产品满足生产、生活需要的活动;治理是指采取改变土地不良性状、防止土地退化、恢复和提高土地生产力的措施;修复是指利用物理、化学和生物的方法将遭受破坏的黑土地恢复为可利用的状态,如因非法建设、盗挖滥挖、遭受污染等情形被破坏的黑土地,应当对其加以修复。

四、本法与土地管理等有关法律的关系。按照立法法,全国人大常委会制定的法律,特别规定与一般规定不一致的,适用特别规定。本法是一部针对东北地区黑土地中的耕地保护的专门法律,属于特别法。土地管理法、水土保持法、土壤污染防治法等法律对耕地管理、水土保持、土壤污染防治等作出了一般规定。本法突出保护,明确了保护责任,强化了保护政策、保护措施;注意做好与相关法律的衔接,如在土地调查时加强对黑土地的调查、黑土地保护情况纳入耕地保护责任目标、对相关违法行为加重处罚等;涉及耕地保护的一般性内容,本法不再重复,适用有关法律的一般规定。此外,本法明确,林地、草原、湿地、河湖等范围内黑土的保护,适用于森林法、草原法、湿地保护法、水法等有关法律。

第三条 国家实行科学、有效的黑土地保护政策,保障黑土地保护财政投入,综合采取工程、农艺、农机、生物等措施,保护黑土地的优良生产能力,确保黑土地总量不减少、功能不退化、质量有提升、产能可持续。

【释义】 本条是关于黑土地保护的总体政策要求。

黑土地保护是一项长期性、系统性工作,需要多措并举,更需要持续投入,久久为功。经国务院同意,农业农村部、国家发展改革委、科技部、财政部、自然资源部、水利部、国家林业和草原局、中国科学院等部门先后出台了规划纲要、行动计划、实施方案等黑土地保护政策,从近年来东北黑土区人民黑土保护意识的增强、措施的推广实施等方面看,当前采取的相关政策是科学的、有效的。2015 年,财政部专门设立东北黑土地保护利用专项资金,开展黑土地保护利用综合技术模式的集成和总结,并开展试点推广应用相关技术模式。2021 年,国家发展改革委设立东北黑土保护建设项目,进一步加强东北黑土区农田基础设施建设。今后还应当按照本法规定,尽快建立健全黑土地投入保障制度,引导社会各方参与,主要有:一是建立健全黑土地保护财政投入保障制度和长期稳定的奖励补助机制,明确各级财政在项目资金安排上应积极支持。二是建立健全黑土地跨区域投入保护机制。三是实行用养结合、保护效果导向的激励政策,按照国家有关规定对采取黑土地保护和治理修复措施的农业生产经营者给予奖励补助。四是鼓励和引导社会资本参与黑土地保护活动。五是国务院相关部门和东北四省区出台相关支持政策,协调安排相关项目,实施综合性措施,以达到较好的保护利用效果。

关于黑土地保护的主要措施，2016年习近平总书记在黑龙江考察调研时强调，要采取工程、农艺、生物等多种措施，调动农民积极性，共同把黑土地保护好、利用好。在实践中，开垦后的黑土由自然林草生态系统变为人工农田生态系统，利用多、投入少，加之土壤侵蚀，使黑土土壤有机质含量下降、理化性状及生态功能退化。主要体现为：受风蚀、水蚀、冻融侵蚀等影响黑土层"变薄"；受高强度利用及养分投入不足影响，土壤有机质含量不断下降黑土"变瘦"；受过去大马力机械不足、小马力机械作业碾压等影响，土壤出现犁底层、板结等状况而"变硬"。针对这些突出问题，需要多措并举开展保护治理。主要有：一是工程措施。实施高标准农田建设、小流域综合治理、大中型灌区配套、坡耕地综合整治和东北黑土区侵蚀沟综合治理等项目，配套完善黑土耕地灌排渠系、田间道路、农田输配电设施，便于大型农机作业，提高黑土耕地粮食综合生产能力。进行坡耕地改造，调整田块地表坡降，有效减少土壤侵蚀。二是农艺措施。通过实施粮豆轮作、有机肥还田、农作物秸秆还田等农艺措施，增加土壤有机质含量，改善土壤理化性状。三是农机措施。根据不同区域土壤状况和气候特点，开展深松深翻整地，少耕、免耕为主的保护性耕作，打破犁底层、降低土壤容重，降低土壤风蚀，改善耕地物理性状。四是生物措施。完善农田防护林网、种植生物篱带等，降低土壤风蚀和水蚀，改善农田生态。通过这些措施，保护黑土地优质高产农产品的生产能力。

关于黑土地保护的具体目标确定。2019年第三次修正的土地管理法第三十二条明确，"省、自治区、直辖市人民政府应当严格执行土地利用总体规划和土地利用年度计划，采取措施，确保本行政区域内耕地总量不减少、质量不降低"。2021年颁布的乡村振兴促进法第十四条明确，"省、自治区、直辖市人民政府应当采取措施确保耕地总量不减少、质量有提高"。综合考虑与这两部法律的有效衔接，本条提出"确保黑土地总量不减少、功能不退化、质量有提升、产能可持续"。

第四条　黑土地保护应当坚持统筹规划、因地制宜、用养结合、近期目标与远期目标结合、突出重点、综合施策的原则，建立健全政府主导、农业生产经营者实施、社会参与的保护机制。

国务院农业农村主管部门会同自然资源、水行政等有关部门，综合考虑黑土地开垦历史和利用现状，以及黑土层厚度、土壤性状、土壤类型等，按照最有利于全面保护、综合治理和系统修复的原则，科学合理确定黑土地保护范围并适时调整，有计划、分步骤、分类别地推进黑土地保护工作。历史上属黑土地的，除确无法修复的外，原则上都应列入黑土地保护范围进行修恢复。

【释义】本条第一款是关于黑土地保护的总体原则机制的规定；第二款是确定黑土地保护范围的具体原则和调整机制。

一、保护原则。一是统筹规划。土地管理法第十八条明确，"国家建立国土空间规划体系""经依法批准的国土空间规划是各类开发、保护、建设活动的基本依据"。本法要求将黑土地保护工作纳入国民经济和社会发展规划，明确县级以上人民政府有关部门制定黑土地保护规划，并与国土空间规划相衔接。黑土地保护应当依据国民经济和社会发展规划、国土空间规划和资源环境保护的要求，统筹保障黑土地用于农业生产，严格限制农用地转为建设用地，控制建设用地总量，对黑土地实行特殊保护。二是因地制宜。东北四省区黑土地面积分布广阔，情况差别较大，具体保护的措施也不同。应根据黑土地类型、水热条件、地形地貌、耕作模式等差异，科学区分水田、旱地、水浇地等耕地地类，实施差异化治理。三是用养结合。有的人提出，应该养地在先，不达标准停止种地。我们的目的是要粮。既要改变生产经营方式，也要防止片面追求保护、削弱粮食生产能力和影响农民种粮积极性，促进形成绿色发展方式。因此，应统筹东北黑土区粮食增产、农民增收和黑土地保护之间的关系，调整优化农业结构和生产布局，推广资源节约型、环境友好型技术，促进黑土在利用中保护、在保护中利用。四是近期目标与远期目标结合。在黑土地保护过程中，应处理好近期目标保国家粮食安全、远期目标促进绿色可持续发展的关系。完整、准确、全面贯彻新发展理念，必须着眼长远、尊重规律。既要发挥黑土地的优质生产能力，多产粮食和重要农产品，又要抓紧开展治理修复，让多年来透支的地力得到恢复和提升，还要推广科学的耕作方式，因地制宜开展保护性耕作，把黑土地保护好、利用好。我们既要保障当代人吃饭，也要为子孙后代着想，真正做到绿色、可持续发展。五是突出重点、综合施策。黑土地保护是系统性工程，必须统筹谋划，分步实施。当前，应以农田基础设施和耕地质量建设为重点，统筹土、肥、水、种及栽培等生产要素，综合运用工程、农艺、农机、生物等措施，确保黑土地保护取得实效。

二、保护机制。黑土地保护，重在落实。法律坚持黑土保护的公益性、基础性、长期性，发挥政府投入引领作用，以市场化方式带动社会资本投入，引导农村集体经济组织、农户、企业积极参与，形成政府主导、农业生产经营者实施、社会参与的黑土地保护建设长效机制。法律明确要求增强黑土地保护的协同性。县级以上地方人民政府建立有关部门组成的黑土地保护协调机制，加强协调指导，明确工作责任，建立共同负责、各负其责的责任体系，推动黑土地保护工作落实。一是县级人民政府的职责。县级人民政府要建立协调机制、制定黑土地保护规划、采取措施实施或者推广黑土地养护措施。为保障精准施策，县级人民政府的黑土地保护规划要落实到地块；要对本行政区域内的黑土地进行科学分区，因地制宜确定相关措施，制定和组织实施黑土地质量提升计划。二是乡镇人民政府的职责。乡镇人民政府应当积极协助组织实施黑土地保护工作，宣传、推广适宜的黑土地保护措施，督促农业生产经营者履行保护义务。三是土地发包方的责任。发包方要监督承包方依法合理利用和保护黑土地，制止损害黑土地等行为。四是农业生产经营者的义务。农业生产经营者具体实施黑土地保护措施，是黑土地保护的责任主体，也是直接受益者。农业生产经营者应当十分珍惜和合理利用黑土地，对于政府推广的黑土地保护措施要积极配合实施，同时要提高保护黑土地的自觉性和积极性。国有农场在推动农业农村现代化、推进生态文明建设方面具有重要作用，在黑土地保护中要发挥好示范作用。坚持农民主体地位，保护好农民利益，调动农民开展黑土地保护的积极性；注重发挥市场作用，引导社会力量参与黑土地保护，做到广泛参与、多元共治。

三、保护范围的确定与调整。黑土地是世界上少有的优质土地资源，由于长期高强度开发利用，加上风蚀、水蚀等侵害影响，导致黑土地面积减少、退化严重。保护好黑土地，重点和难点是处理好黑土耕地保护和利用的关系，科学确定本法保护的黑土地范围。为此,本法明确保护的是黑土耕地,并在"确保黑土地总量不减少"的原则基础上,进一步作出如下规定:一是,黑土地保护范围的确定和调整须由国家层面统筹把握,即国务院农业农村主管部门会同自然资源、水行政等有关部门共同开展,而不是仅由各地自行确定;二是,既要考虑黑土地利用的现实状况,又要考虑黑土地开垦历史等情况,历史上属黑土地的,除确无法修复的外,原则上都应列入黑土地保护范围进行修恢复,即以前被占用、破坏的黑土地,如果条件允许,还要恢复、增加。三是,要按照最有利于全面保护、综合治理和系统修复的原则,科学合理确定黑土地保护范围。除综合考虑黑土地开垦历史和利用现状外,还要根据黑土层厚度、土壤性状、土壤类型等因素科学确定。四是,黑土地保护范围确定后,不是一成不变的,要根据实际情况适时调整。五是,在明确由国家层面开展黑土地保护范围划定和调整工作的同时,还要求各地将黑土地保护规划落实到具体地块。上述规定,有利于各方面有计划、分步骤、分类别地推进黑土地保护工作,比较科学地界定了法律规范的对象和适用范围等基础性问题。

第五条 黑土地应当用于粮食和油料作物、糖料作物、蔬菜等农产品生产。

黑土层深厚、土壤性状良好的黑土地应当按照规定的标准划入永久基本农田,重点用于粮食生产,实行严格保护,确保数量和质量长期稳定。

【释义】 本条是关于黑土地用途的规定。

保障国家粮食安全是制定本法的根本目的。2022年中央一号文件提出,要"落实'长牙齿'的耕地保护硬措施""分类明确耕地用途,严格落实耕地利用优先序,耕地主要用于粮食和棉、油、糖、蔬菜等农产品及饲草饲料生产,永久基本农田重点用于粮食生产,高标准农田原则上全部用于粮食生产"。据此,为加强耕地用途管制、防止耕地"非农化"、防止"非粮化",结合黑土地实际,本条明确黑土地"应当用于粮食和油料作物、糖料作物、蔬菜等农产品生产"。

土地管理法实施条例对耕地征占用的规定十分严格,尤其对永久基本农田的划定和占用规定了更为严格的制度。国家实行永久基本农田保护制度。永久基本农田应当落实到地块,纳入国家永久基本农田数据库严格管理。永久基本农田经依法划定后,任何单位和个人不得擅自占用或者改变其用途。该条例同时规定,"保护黑土地等优质耕地""破坏黑土地等优质耕地的,从重处罚"。规划纲要明确,"将黑土耕地划为永久基本农田,并结合划定粮食生产功能区和重要农产品生产保护区,实行最严格的保护,实现永续利用"。据此,本法做了相关衔接性规定,明确将黑土层深厚、土壤性状良好的黑土地按照规定标准划入永久基本农田,重点用于粮食生产,实行严格保护,确保数量和质量长期稳定;建设项目不得占用黑土地;确需占用的,应当依法严格审批,并补充数量和质量相当的耕地。

第六条 国务院和四省区人民政府加强对黑土地保护工作的领导、组织、协调、监督管理,统筹制定黑土地保护政策。四省区人民政府对本行政区域内的黑土地数量、质量、生态环境负责。

县级以上地方人民政府应当建立农业农村、自然资源、水行政、发展改革、财政、生态环境等有关部门组成的黑土地保护协调机制,加强协调指导,明确工作责任,推动黑土地保护工作落实。

乡镇人民政府应当协助组织实施黑土地保护工作，向农业生产经营者推广适宜其所经营耕地的保护、治理、修复和利用措施，督促农业生产经营者履行黑土地保护义务。

【释义】 本条是关于各级人民政府黑土地保护职责的规定。

统筹和协调是形成工作合力的关键。国务院和四省区人民政府加强对黑土地保护工作的领导、组织、协调、监督管理，统筹制定黑土地保护政策。四省区人民政府对本行政区域内的黑土地数量、质量、生态环境负责。县级以上地方人民政府应当建立农业农村、自然资源、水行政、发展改革、财政、生态环境等有关部门组成的黑土地保护协调机制，加强协调指导，明确工作责任，推动黑土地保护工作落实。

一、国务院主要职责。一是做好顶层设计、坚持规划先行。2017年，规划纲要提出，力争到2030年，集中连片、整体推进，实施黑土地保护面积2.5亿亩[*]，基本覆盖主要黑土区耕地。2021年，实施方案明确实施黑土耕地保护利用面积1亿亩（含标准化示范面积1 800万亩）。二是建立东北黑土地保护部际协调及部省联动工作机制。由农业农村部、国家发展改革委、科技部、财政部、水利部、中国科学院、国家林业和草原局等组成部际协调机制，负责推动实施方案任务落实，协调黑土地保护相关政策，统筹安排年度任务，督促任务落实，跟踪实施效果，总结交流工作进展情况等。三是构建黑土地保护、管理监督体系。结合粮食安全省长责任制和省级政府耕地保护目标责任考核，建立黑土地保护考核机制，督促地方政府落实保护责任。国务院有关部门加强对东北黑土地保护的工作指导和监督考核，构建上下联动、协同推进的工作机制，确保东北黑土地保护落到实处、取得实效。同时，加快建设一批耕地质量监测网点，构建天空地数字农业管理系统，跟踪黑土地质量变化趋势，为加强黑土地保护提供科学依据。

二、四省区人民政府对本行政区域内的黑土地数量、质量、生态环境负责。主要职责：一是加强组织领导。根据规划纲要和行动计划，四省区人民政府应当建立由分管负责同志牵头，农业农村、发展改革、财政等部门负责同志组成的黑土地保护推进落实机制，加强协调指导，明确工作责任，推进措施落实。二是强化政策扶持。鼓励地方政府按照"取之于土，用之于土"的原则，加大对黑土地保护的支持力度。落实绿色生态为导向的农业补贴制度改革要求，继续在四省区支持开展黑土地保护利用。鼓励探索黑土地治理保护奖补措施，调动地方政府和农民保护黑土地的积极性。允许地方政府统筹中央对地方转移支付中的相关涉农资金，用于黑土地保护工作。结合高标准农田建设等现有投入渠道，支持采取工程和技术相结合的综合措施，开展土壤改良、地力培肥、治理修复等。三是推进科技创新。组织科研单位重点开展黑土保育、土壤养分平衡、节水灌溉、旱作农业、保护性耕作、水土流失治理等技术攻关。推进集成创新，结合开展绿色高产高效创建和模式攻关，集成组装一批黑土地保护技术模式。深入开展新型职业农民培训工程、农村实用人才带头人素质提升计划，着力提高种植大户、新型农业经营主体骨干人员的科学施肥、耕地保育水平，使之成为黑土地保护的中坚力量。四是强化监督监测。严格落实耕地保护制度，强化地方政府保护黑土地的责任。支持四省区人民政府

---

[*]　亩为非法定计量单位，1亩＝1/15公顷。——编者注

修订完善耕地保护地方性法规、规范，完善耕地质量标准和耕地质量保护评价指标体系，健全耕地质量监测网络，建设黑土地质量数据库。建立第三方评价机制，定期开展黑土地保护效果评价。

三、县级以上地方人民政府应当建立地方政府有关部门组成的黑土地保护协调机制。一是农业农村部门。牵头落实黑土地保护任务和协调机制运行，组织实施好高标准农田建设、畜禽粪污资源化利用、秸秆综合利用还田、深松整地、绿色种养循环农业、保护性耕作、东北黑土地保护利用等相关项目，开展黑土区耕地质量监测评价等工作。汇总黑土地保护工作情况。每年向地方人民政府报告黑土地保护情况。二是自然资源部门。制定农田防护林建设标准，指导地方加强黑土地农田防护林建设等。会同有关部门建立健全保护黑土地资源监督管理制度。对盗挖、滥挖和非法买卖黑土资源等行为进行督察和处理。三是水行政部门。负责统筹侵蚀沟治理、小流域综合治理、大中型灌区改造等项目，协同推进水利和农业有关项目建设，衔接配套实施，开展集中连片综合治理。落实国家黑土地保护工程中大中型侵蚀沟治理任务。四是发展改革部门。负责统筹协调预算内投资支持东北黑土地保护建设。通过支持高标准农田、畜禽粪污资源化利用整县推进等项目建设，积极推进黑土地保护利用。五是财政部门。负责统筹财政资金支持黑土地保护工程任务实施。通过现有渠道支持高标准农田建设、保护性耕作、深松整地、秸秆综合利用还田等黑土地保护相关工作。六是生态环境部门。开展黑土地退化过程与驱动机制、土壤培育与可持续利用研究，提高黑土地生态防护功能。

四、乡镇人民政府的职责。一是协助组织实施黑土地保护工作，协助实施黑土地保护奖补措施，调动农民保护黑土地的积极性。二是向农业生产经营者推广适宜其所经营耕地的保护、治理、修复和利用措施。三是督促农业生产经营者履行黑土地保护义务，发现不履行黑土地保护义务的行为，及时制止。

第七条　各级人民政府应当加强黑土地保护宣传教育，提高全社会的黑土地保护意识。

对在黑土地保护工作中做出突出贡献的单位和个人，按照国家有关规定给予表彰和奖励。

【释义】本条第一款是关于提高全社会黑土地保护意识的规定，第二款是关于对保护黑土地行为开展表彰和奖励的规定。

一、提高全社会黑土地保护意识。黑土地虽然主要分布在四省区，但其产出却体现在全国人民的餐桌上。因此，黑土地保护不仅仅是国家和四省区的事，也是每个人都关注的事。因此，各级人民政府都有责任有义务从保障国家粮食安全、保护中国人的大粮仓、确保中国人饭碗里装的是中国粮等角度出发，加强对黑土地保护的宣传教育。

进入新时期，近年来，国家在出台民法典，修改农村土地承包法、土地管理法时，都明确规定了国家对耕地实行特殊保护。世界黑土区中，我国是唯一在国家层面进行专门立法保护黑土地的国家，通过国家立法，提高全民保护黑土地的意识，为践行"长牙齿"的耕地保护硬措施营造更有利的社会环境。2021年，吉林省将每年7月22日确定为"吉林省黑土地保护日"。2022年，黑龙江省开展首个黑土地保护周活动。国家各重点媒体给予持续关注，各级人民政府有关部门通过媒体深度报道等灵活多样的方式向社会各类主体大力宣传黑土地保护相关工作。

二、表彰和奖励。对在黑土地保护工作中做出突出贡献的单位和个人给予表彰和奖励，是对工作努力、贡献突出、成果显著的有关单位和个人的一种肯定，有利于引导社会各方面更加积极、主动地投入到黑土地保护相关工作中去，为黑土地保护事业的发展进步做出贡献，也有利于提升全社会对黑土地保护相关工作成绩突出的单位和个人的认同。

在黑土地保护工作中做出突出贡献的单位和个人包括：一是直接从事黑土地保护工作的单位和个人，如各级人民政府农业农村主管部门及其工作人员；二是开展黑土地保护科学研究和提供技术支撑的单位和个人，如有关院校及其教师和学生、有关科研机构及其工作人员等；三是其他在黑土地保护工作中做出贡献的单位和个人。"做出贡献"的情形可以包括但不限于以下 7 种：1. 在开展侵蚀沟治理、农田防护林建设、沙化土地治理、肥沃耕层构建、农田生态环境修复等黑土地保护方面做出贡献的；2. 在黑土保育、土壤养分平衡、节水灌溉、旱作农业、保护性耕作、水土流失治理等技术研究中有发明创造的；3. 在推广黑土地保护的科学研究成果方面做出突出成绩和贡献的；4. 在黑土地保护监督管理工作中做出突出成绩和贡献的；5. 同违反本法的行为，特别是与盗挖、滥挖、非法出售黑土等行为进行斗争的；6. 在本法律规范研究、宣传、教育、培训等方面做出突出成绩和贡献的；7. 其他贡献。

按照国家有关规定给予表彰、奖励。即，表彰、奖励应当按照有关法律、法规、规章、规范性文件的要求进行，不得随意给予，以体现表彰、奖励的官方性、严肃性。除政府及其有关部门以外的其他单位和个人给予的奖励，不受本条规定条件的限制。目前，《国家科学技术奖励条例》《农业农村部表彰工作管理办法》《全国农业先进集体和先进个人评选表彰管理办法》等有关法规、规章对表彰、奖励的内容作出了规定，还需要各级政府及有关部门在更多的法规、规章、文件中针对黑土地保护有关工作的表彰、奖励作出更加细致、明确的规定。

表彰和奖励的主要方式包括：1. 通报表彰、奖励；2. 颁发奖状、奖牌、奖杯或奖章等；3. 颁发证书；4. 给予荣誉称号；5. 给予奖金或者实物奖励；6. 给予优惠政策；7. 其他表彰、奖励方式。

第八条 国务院标准化主管部门和农业农村、自然资源、水行政等主管部门按照职责分工，制定和完善黑土地质量和其他保护标准。

【释义】本条是关于制定完善黑土地保护相关技术标准的规定。

根据标准化法第五条"国务院有关行政主管部门分工管理本部门、本行业的标准化工作"，第十一条"对满足基础通用、与强制性国家标准配套、对各有关行业起引领作用等需要的技术要求，可以制定推荐性国家标准"，第十二条"对没有推荐性国家标准、需要在全国某个行业范围内统一的技术要求，可以制定行业标准。行业标准由国务院有关行政主管部门制定，报国务院标准化行政主管部门备案"等有关规定，国务院有关部门应当根据黑土地保护利用实际情况，制定黑土地保护的有关标准。如：完善永久基本农田划定技术标准，用于指导黑土耕地划入相关保护范围；制定完善耕地质量建设、监测、评价标准，增加指导黑土耕地质量提升的标准；完善农田工程建设相关标准，用于指导黑土区耕地基础设施建设；完善农田灌溉水质、农业投入品用量、土壤环境质量等标准，用于防止黑土耕地污染等；制定黑土地水土保护工程相关技术标准，用于指导水土流失治理等工作。同时，鼓励四省区因地制宜制定相关地方标准。2020年农业农村部组织制定了《东北黑土区旱地肥沃耕层构建技术规程》（NY/T 3694—2020），规定了适合东北黑土地6个土壤类型耕地的肥沃耕层构建技术，提出了农机与农艺相结合的农机具配备与使用、作业时间、作业流程及质量要求，为东北黑土地肥沃耕层构建提出了科学的、有针对性的解决方案。

第九条 国家建立健全黑土地调查和监测制度。

县级以上人民政府自然资源主管部门会同有关部门开展土地调查时，同步开展黑土地类型、分布、数量、质量、保护和利用状况等情况的调查，建立黑土地档案。

国务院农业农村、水行政等主管部门会同四省区人民政府建立健全黑土地质量监测网络，加强对黑土地土壤性状、黑土层厚度、水蚀、风蚀等情况的常态化监测，建立黑土地质量动态变化数据库，并做好信息共享工作。

【释义】本条是关于黑土地调查和监测制度的规定。

建立黑土资源调查和监测制度，定期对黑土数量、质量、分布等情况进行调查和监测，有利于及时了解掌握黑土地资源情况，是有效开展黑土地保护的最基础的工作。

关于调查。土地管理法第二十六条规定，"国家建立土地调查制度。县级以上人民政府自然资源主管部门会同同级有关部门进行土地调查"。土地管理法实施条例第四条明确了土地调查的内容，包括土地权属以及变化情况、土地利用现状以及变化情况和土地条件。本法则明确了四省区县级以上人民政府自然资源主管部门在会同有关部门开展土地调查时，在正常的土地调查内容之外，还应该同步开展黑土地类型、分布、数量、质量、保护和利用状况等情况的调查，建立黑土地档案。

关于监测。农业法第五十七条规定，"发展农业和农村经济必须合理利用和保护土地、水、森林、草原、野生动植物等自然资源"，县级以上人民政府应当"建立农业资源监测制度"。近年来，农业农村部门按照《耕地质量调查监测与评价办法》（农业部令2016年第2号）相关耕地质量监测要求，建立一定覆盖度的耕地质量长期定位监测点，监测点每5万亩左右设置1个，配合临时调查点，健全耕地质量监测网络。通过定点调查、田间试验、样品采集、检测化验、数据分析等，对耕地土层厚度、土壤理化性状、养分状况及耕地利用等情况开展动态监测，建立耕地质量动态变化数据库。建立健全黑土地质量监测网络，开展黑土地质量常态化监测，可以及时发现黑土地耕地质量存在的突出问题，摸清黑土地质量现状、基础贡献率和黑土地质量演变规律，及时了解掌握黑土地资源状况。

水土保持法第四十条明确，"县级以上人民政府水行政主管部门应当加强水土保持监测工作""国务院水行政主管部门应当完善全国水土保持监测网络，对全国水土流失进行动态监测"。

综上，本法提出，国务院农业农村、水行政等主管部门会同四省区人民政府建立健全黑土地质量监测网络，加强对黑土地土壤性状、黑土层厚度、水蚀、风蚀等情况的常态化监测，建立黑土地质量动态变化数据库，并突出强调了信息数据的共享。

第十条　县级以上人民政府应当将黑土地保护工作纳入国民经济和社会发展规划。

国土空间规划应当充分考虑保护黑土地及其周边生态环境，合理布局各类用途土地，以利于黑土地水蚀、风蚀等的预防和治理。

县级以上人民政府农业农村主管部门会同有关部门以调查和监测为基础、体现整体集中连片治理，编制黑土地保护规划，明确保护范围、目标任务、技术模式、保障措施等，遏制黑土地退化趋势，提升黑土地质量，改善黑土地生态环境。县级黑土地保护规划应当与国土空间规划相衔接，落实到黑土地具体地块，并向社会公布。

【释义】本条是关于黑土地保护相关规划衔接的规定。

一、黑土地保护应当坚持统筹规划、因地制宜、用养结合、近期目标与远期目标结合、突出重点、综合施策的原则，建立健全政府主导、农业生产经营者实施、社会参与的保护机制。其规划内容主要包括：一是保护的总体目标是确保黑土地总量不减少、功能不退化、质量有提升、产能可持续；二是规范和支持黑土地保护、利用和相关治理、修复等质量建设活动；三是采取工程、农艺、农机、生物等措施及其集成的保护和质量建设模式；四是黑土地保护的政策措施，包括黑土地保护财政投入政策、金融税收政策等；五是涉及黑土地保护的各方责任义务。

二、农业法第十五条规定，"县级以上人民政府根据国民经济和社会发展的中长期规划、农业和农村经济发展的基本目标和农业资源区划，制定农业发展规划"。土地管理法第十五条第一款规定，"各级人民政府应当依据国民经济和社会发展规划、国土整治和资源环境保护的要求、土地供给能力以及各项建设对土地的需求，组织编制土地利用总体规划"。县级以上人民政府应当将黑土地保护工作纳入国民经济和社会发展规划，国务院、东北四省区县级以上地方人民政府应制定黑土地保护规划。编制黑土地保护规划的责任主体是县级以上人民政府农业农村主管部门，编制规划的依据是黑土地调查反映的质量、数量和生态现状、问题以及调查、监测反映的黑土地质量退化演变趋势，规划编制应在黑土地整体集中连片治理框架下，明确保护范围、目标任务、技术模式等。

三、土地管理法第十八条规定，"国家建立国土空间规划体系""经依法批准的国土空间规划是各类开发、保护、建设活动的基本依据。已经编制国土空间规划的，不再编制土地利用总体规划和城乡规划"。突出"多规合一"情况下的各级国土空间规划应当充分考虑保护黑土地及其周边生态环境，合理布局各类用途土地，以利于黑土地水土流失的预防和治理，体现"统筹山水林田湖草系统治理""全方位、全地域、全过程开展生态文明建设"的系统思维、协同推进黑土地保护的理念。国务院农业农村主管部门会同自然资源、水行政等有关部门，综合考虑黑土地开垦历史和利用现状，以及黑土层厚度、土壤性状、土壤类型等，按照最有利于全面保护、综合治理和系统修复的原则，科学合理确定黑土地保护范围并适时调整，有计划、分步骤、分类别地推进黑土地保护工作。历史上属黑土地的，除确无法修复的外，原则上都应列入黑土地保护范围进行修恢复。县级黑土地保护规划应与国土空间规划相衔接，落实到黑土地具体地块，并向社会公示。

第十一条　国家采取措施加强黑土地保护的科技支撑能力建设，将黑土地保护、治理、修复和利用的科技创新作为重点支持领域；鼓励高等学校、科研机构和农业技术推广机构等协同开展科技攻关。县级以上人民政府应当鼓励和支持水土保持、防风固沙、土壤改良、地力培肥、生态保护等科学研究和科研成果推广应用。

有关耕地质量监测保护和农业技术推广机构应当对农业生产经营者保护黑土地进行技术培训、提供指导服务。

国家鼓励企业、高等学校、职业学校、科研机构、科学技术社会团体、农民专业合作社、农业社会化服务组织、农业科技人员等开展黑土地保护相关技术服务。

国家支持开展黑土地保护国际合作与交流。

【释义】本条是关于加强黑土地保护科技支撑的规定。

科学技术是第一生产力，要从根本上解决黑土地保护利用问题，必须向科技创新要方法、要答案。2020年7月，习近平总书记在吉林考察了黑土地保护利用"梨树模式"，并给予充分肯定，强调"要采取有效措施切实把黑土地这个'耕地中的大熊猫'保护好、利用好，使之永远造福人民"。

农业法第四十九条规定，国家"鼓励和引导农业科研、教育单位加强农业科学技术的基础研究和应用研究，传播和普及农业科学技术知识，加速科技成果转化与产业化，促进农业科学技术进步""国务院有关部门应当组织农业重大关键技术的科技攻关。国家采取措施促进国际农业科技、教育合作与交流，鼓励引进国外先进技术"。第五十二条规定，"农业科研单位、有关学校、农民专业合作社、涉农企业、群众性科技组织及有关科技人员，根据农民和农业生产经营组织的需要，可以提供无偿服务，也可以通过技术转让、技术服务、技术承包、技术咨询和技术入股等形式，提供有偿服务，取得合法收益。农业科研单位、有关学校、农民专业合作社、涉农企业、群众性科技组织及有关科技人员应当提高服务水平，保证服务质量"。实施方案提出，通过中央财政科技计划（专项、基金等）支持黑土地保护利用技术。将黑土地保护利用科技创新内容纳入"十四五"科技发展规划，突破黑土地保护和作物丰产高效协同技术瓶颈。组建土壤、水利、生态保护、农业等领域专家组成的黑土地保护技术指导专家团队，统筹设计黑土区高标准农田建设、林网配套、水利设施、侵蚀治理、耕作层培育等方案，协同推进耕地质量、数量、生态"三位一体"保护。联合中国科学院、中国农业科学院、中国农业大学及四省区相关科研教育机构，立足黑土区立地条件及气候特点，研究探索适宜品种、种植制度、田间管理、农机装备等产品技术装备配套，研发推广一批适用新技术、新产品、新装备。省级推广部门做好技术推广落地。

一、本法强化面向黑土地保护利用的科技攻关和创新体系建设。坚持黑土地保护利用的公益性、基础性、长期性，鼓励加强部门协同、部省联动、区域协同，统筹推动政策、项目、基地、人才、资金一体化配置，大力研发新技术、新品种、新装备、新产品，不断提高劳动生产率、土地产出率和资源利用率，实现黑土地的土壤改良、产能提高和持续利用。当前，高等学校、科研机构和农业技术推广机构等还没有形成有效的联合协作机制，产业需求不明、科技创新供给不足、技术落地不够等问题制约了科研与生产的有效衔接。黑土地保护、治理、修复和利用是一项系统工程，既需要科技力量形成有针对性的措施，更需要技术推广机构将技术措施推广到千家万户。县级以上人民政府应当鼓励和支持水土保持、防风固沙、土壤改良、地力培肥、生态保护等科学研究和科研成果推广应用，通过试验、示范、培训、指导以及咨询服务等方式，把相关科研成果运用到农业生产中去，真正为黑土地保护利用发挥作用。以法律形式明确国家重点支持黑土地保护、治理、修复和利用的科技创新，体现了国家对此项工作的高度重视，为推动实现黑土地保护相关工作高质量发展提供了法治保障。

二、对农业生产经营者保护黑土地进行技术培训、提供指导服务是各级耕地质量监测保护机构和农业技术推广机构的职责所在。通过开展耕地土壤改良、地力培肥、治理修复等技术产品的试验示范、效果评价、技术指导与培训等服务，让农业生产经营者认识黑土地保护利用的意义，了解掌握黑土地保护利用的技术措施，收获黑土地保护利用带来的效益，使他们能够自觉自愿承担起黑土地保护利用的义务，履行黑土地保护利用的责任。

三、国家鼓励企业、高等学校、职业学校、科研机构、科学技术社会团体、农民专业合作社、农业社会化服务组织、农业科技人员等开展黑土地保护相关技术服务。2018年，中共中央、国务院印发《乡村振兴战略规划（2018—2022年）》，要求健全基层农业技术推广体系，创新公益性农技推广服务方式，支持各类社会力量参与农技推广。2019年中央一号文件强调"强化创新驱动发展""培育一批农业战略科技创新力量""打造产学研深度融合平台"等。2019年9月6日，习近平总书记寄语全国涉农高校广大师生，要继续"以立德树人为根本，以强农兴农为己任"。规划纲要实施方案要求相关机构要为实施藏粮于技战略、加强黑土地保护提供技术服务。企业、高等学校、职业学校、科研机构、科学技术社会团体、农民专业合作社、农业社会化服务组织、农业科技人员等开展黑土地保护相关技术服务，可在农技推广体系为主体的基础上，积极探索适宜的服务模式，深入开展新型职业农民培训工程、农村实用人才带头人素质提升计划，着力提高种植大户、新型农业经营主体骨干人员的科学施肥、耕地保育水平，使之成为黑土地保护的中坚力量。

四、国家支持开展黑土地保护国际合作与交流。加强黑土地保护领域的对外合作与交流，是我国农业对外合作的重要组成部分，是统筹利用国际国内两个市场、两种资源、两类规则的必然要求，是提升我国农业国际竞争力的重要途径。黑土地保护利用是一项长期而艰巨的任务，学习国外先进经验，引进科学研究成果和高端人才，取他国之长，补我国之短，可以节约大量时间成本、资金成本，实现弯道超车、跨越式发展，尽快提升我国黑土地保护利用的整体水平。同时，还可以加强国际间合作，协同推进黑土地保护利用。

第十二条 县级以上人民政府应当采取以下措施加强黑土地农田基础设施建设：

（一）加强农田水利工程建设，完善水田、旱地灌排体系；

（二）加强田块整治，修复沟毁耕地，合理划分适宜耕作田块；

（三）加强坡耕地、侵蚀沟水土保持工程建设；

（四）合理规划修建机耕路、生产路；

（五）建设农田防护林网；

（六）其他黑土地保护措施。

【释义】本条是关于黑土地保护的农田基础设施建设措施的规定。

黑土地保护是一项系统工程，需要综合采取工程、农艺、农机、生物等多项措施。根据《国务院办公厅关于切实加强高标准农田建设提升国家粮食安全保障能力的意见》和《全国高标准农田建设规划（2025—2030年）》要求，加强东北黑土地农田基础设施建设应当主要采取下列措施：

一、适当增加有效灌溉面积，配套灌排设施，完善灌排工程体系。配套输配电设施，满足农田生产和管理需要。改造完善平原低洼区排水设施。提高水田灌溉设计保证率，使旱作区农田排水设计暴雨重现期达到5～10年一遇，水田区农田排水设计暴雨重现期达到10年一遇。

二、合理划分和适度归并田块，开展土地平整，使田块规模适度。通过填埋排水管道、客土回填、挖高填低等措施，修复沟毁耕地，合理划分适宜耕作田块。

三、加强江河源头区水源涵养，预防水土流失。在水土流失危害严重区域，加强以小流域为单元的综合治理，合理修筑水沟、排洪沟等坡面水系工程和谷坊、沟头防护等沟道治理工程，配套农田林网，形成完善的坡面和沟道防护体系，控制水土流失。推广生物篱带种植、环坡打垄、垄向区田、等高种植等坡耕地防治措施，推进水土流失的综合治理。

四、合理规划修建机耕路、生产路。机耕路路面宽度宜为4～6米，一般采用泥结石或砂石路面，暴雨冲刷严重地区可采用硬化路措施。生产路路面宽度一般不超过3米，一般采用泥结石或砂石路面。能够满足大型机械化作业要求，路面宽度根据当地农机具配备情况适当加宽，并修筑下田坡道等必要的附属设施。田间道路通达田块数量占田块总数的90%以上。

五、结合干沟（渠）和道路设计并配套建设、修复农田防护林网。

六、根据实际情况采取的其他工程性措施。

本条对现有相关政策要求进行了归纳，主要明确了田、土、水、路、林、其他等六方面的措施。

第十三条 县级以上人民政府应当推广科学的耕作制度，采取以下措施提高黑土地质量：

（一）因地制宜实行轮作等用地养地相结合的种植制度，按照国家有关规定推广适度休耕；

（二）因地制宜推广免（少）耕、深松等保护性耕作技术，推广适宜的农业机械；

（三）因地制宜推广秸秆覆盖、粉碎深（翻）埋、过腹转化等还田方式；

（四）组织实施测土配方施肥，科学减少化肥施用量，鼓励增施有机肥料，推广土壤生物改良等技术；

（五）推广生物技术或者生物制剂防治病虫害等绿色防控技术，科学减少化学农药、除草剂使用量，合理使用农用薄膜等农业生产资料；

（六）其他黑土地质量提升措施。

【释义】本条是通过推广科学耕作制度，以提升黑土地质量相关措施的规定。

黑土地保护是一项系统工程，需要综合采取工程、农艺、农机、生物等多项措施。通过推广科学耕作制度，提升黑土地质量应当主要采取下列措施：

一、因地制宜实行轮作等用地养地相结合的种植制度，按照国家有关规定推广适度休耕。黑土地被开垦为耕地后，频繁的人类生产活动对土壤产生了较大影响，长期高强度利用，使得地力持续透支、用养失调。轮作休耕的目的是优化种植结构，实现用养结合，防止地力过度消耗，让黑土地休养生息、恢复元气，促进可持续利用。从2016年起，国家逐步实施耕地轮作休耕制度试点，在东北黑土区重点推广以玉米与大豆轮作为主的种植模式，在黑龙江三江平原井灌稻区开展休耕。为有序推进耕地轮作休耕，中央财政主要采取直接发放现金或折粮实物补助的方式，将补贴资金落实到县乡、兑现到农户。实施方案提出，探索将轮作休耕制度落实情况与耕地地力补贴、轮作休耕补贴等发放挂钩机制。四省区县级以上人民政府应继续支持推广耕地轮作等用地养地相结合的种植制度，在适宜地区，以大豆为中轴作物，推进种植业结构调整，维持适当的迎茬比例以解决大豆土传病害，加快建立米豆薯、米豆杂、米豆经等轮作制度。推进常态化制度化实施，并履行休耕补贴资金监管职责，确保耕地轮作休耕政策落到实处。

二、因地制宜推广免（少）耕、深松等保护性耕作技术，推广适宜的农业机械。东北地区黑土富含腐殖质，土壤孔隙度较好、表层土质疏松，冬冻春融后土壤更疏松，表层黑土易随着融冰（雪）水流失。东北春季多大风，水蚀加上风蚀，造成黑土变薄、变硬，甚至有部分地区出现"破皮黄"（下部黄土裸露出来）。保护性耕作是以农作物秸秆覆盖还田、免（少）耕播种为主要内容的耕作技术，能够有效减轻土壤风蚀水蚀、增加土壤肥力、保墒抗旱能力，增强作物抵御春寒、夏旱、台风等不利天气因素的能力，有效提高农业生态和经济效益。2020年，行动计划提出，推广应用保护性耕作，以玉米生产保护性耕作为重点，促进黑土地保护和农业可持续发展。需要注意的是，免耕、条耕、垄作和覆盖耕作等保护性耕作技术均在大部分地表覆盖秸秆，播种机播种环境与常规种植不同，传统的播种机具难以高质量完成播种。高性能的免耕播种机及覆盖耕作机具的缺乏增加了东北黑土保护性耕作技术推广与应用的难度，四省区县级以上人民政府应支持因地制宜推广免（少）耕、深松等保护性耕作技术，推广适宜的农机具，确保作业质量。

三、因地制宜推广秸秆覆盖、粉碎深（翻）埋、过腹转化等还田方式。20世纪50年代实施大规模开垦以来，东北典型黑土区逐渐由林草自然生态系统演变为人工农田生态系统，由于长期高强度利用，土壤有机质消耗流失多，秸秆、畜禽粪肥等有机物补充回归少，导致有机质含量大幅降低，耕地基础地力下降。加之长期的小马力农机作业，翻耕深度浅，耕作层厚度低于20厘米的耕地面积占比逐渐增加。通过秸秆覆盖还田能够有效固土保墒；通过秸秆粉碎深（翻）埋和有机肥深混还田等方式，能够增加耕作层厚度，提高耕作层土壤有机质及养分含量，改良土壤障碍层，构建肥沃耕层，增强土壤储水能力及提高作物水分利用效率等；通过秸秆过腹转化，能够提高秸秆资源过腹还田利用率，推动种养废弃物的资源化利用，减少资源浪费和环境污染，反哺提高黑土耕地质量。近年来，四省区县级以上人民政府因地制宜推广秸秆还田方式，如在适宜地区推广免耕和少耕秸秆覆盖还田技术类型的"梨树模式"，增加秸秆覆盖还田比例。在其余地区，改春整地为秋整地，旱地采取在秋季收获后实施秸秆机械粉碎翻压或碎混还田，推广一年深翻两年（或四年）免耕播种的"龙江模式"，黑土层与障碍层梯次混合、秸秆与有机肥改良集成的"阿荣旗模式"；水田采取秋季收获时直接秸秆粉碎翻埋还田，或春季泡田搅浆整地的"三江模式"。

四、组织实施测土配方施肥，科学减少化肥施用量，鼓励增施有机肥料，推广土壤生物改良等技术。过量施用化肥短时间内能提升农作物产量，但长此以往会造成土壤结构变差、酸化、微生物活性降低，作物生长发育受限等问题。测土配方施肥是以土壤测试和肥料田间试验为基础，根据作物需肥规律、土壤供肥性能和肥料效应，在合理施用有机肥料的基础上，有针对性地补充作物所需的营养元素，做到各种养分平衡供应，合理控制化肥施用量，减轻土壤压力、减少环境污染。四省区县级以上人民政府应组织实施测土配方施肥，科学减少化肥施用量；鼓励增施有机肥料，实施有机肥还田，利用大中型机械，结合秸秆粉碎还田、有机肥抛撒，开展深翻整地。在粪肥丰富的地区建设粪污贮存发酵堆沤设施，以畜禽粪便为主要原料堆沤有机肥并施用。因地制宜推广土壤生物改良等技术。

五、推广生物技术或者生物制剂防治病虫害等绿色防控技术，科学减少化学农药、除草剂使用量，合理使用农用薄膜等农业生产资料。农户为增加农作物产量、防治病虫害，有加大农药使用量的趋势，原来的人工除草也改为施用除草剂。过量用药导致黑土耕地土壤微生态遭到严重破坏，土壤微生物活性降低，耕地质量下降。推广生物防治、物理防治等非化学绿色防控技术，能够减少化学农药使用，提升黑土区生态环境的可持续性。四省区县级以上人民政府应推广绿色防控技术，尽量提倡以虫治虫、以菌抑菌，推广应用生物农药、高效低毒低残留农药及新型高效植保机械，推行精准施药，开展病虫害统防统治，在稳定生态结构前提下实现生物防治，促进农业生产的绿色发展。

六、其他黑土地质量提升措施。黑土耕地出现的"薄、瘦、硬"问题由多种因素导致，四省区县级以上人民政府应以优化耕作制度为基础，坚持分类施策、分区治理，坚持统筹政策、协同治理。因地制宜探索黑土地保护利用综合技术模式，在集成科技示范的同时，总结推广效果好、操作简便、成本适当的黑土地保护技术，支持鼓励研究探索适宜品种、种植制度、田间管理、农机装备等产品技术装备配套，研发推广一批适用新技术、新产品、新装备，以破解生产难题，提升黑土地质量。

第十四条 国家鼓励采取综合性措施，预防和治理水土流失，防止黑土地土壤侵蚀、土地沙化和盐渍化，改善和修复农田生态环境。

县级以上人民政府应当开展侵蚀沟治理，实施沟头沟坡沟底加固防护，因地制宜组织在侵蚀沟的沟坡和沟岸、黑土地周边河流两岸、湖泊和水库周边等区域营造植物保护带或者采取其他措施，防止侵蚀沟变宽变深变长。

县级以上人民政府应当按照因害设防、合理管护、科学布局的原则，制定农田防护林建设计划，组织沿农田道路、沟渠等种植农田防护林，防止违背自然规律造林绿化。农田防护林只能进行抚育、更新性质的采伐，确保防护林功能不减退。

县级以上人民政府应当组织开展防沙治沙，加强黑土地周边的沙漠和沙化土地治理，防止黑土地沙化。

【释义】本条是关于黑土地农田生态环境保护的规定。

水土流失是黑土地退化的主要原因素。根据第一次全国水利普查成果，东北黑土区水土流失面积 25.29 万千米²，占土地总面积的 24.55%。水土流失类型以水力侵蚀为主，间有风力侵蚀，北部有冻融侵蚀。造成东北黑土区侵蚀沟发生发展的原因，既有自然因素，也有不合理的生产活动扰动破坏等人为因素。

一、关于侵蚀沟治理。东北黑土区侵蚀沟治理专项规划（2016—2030 年）（以下简称《侵蚀沟治理规划》）提出，抓住东北黑土区水土流失综合治理的关键，以治理侵蚀沟为主线，以治理和控制水土流失、保护黑土资源为目标，制定东北黑土区侵蚀沟综合治理方略和布局，工程、植物措施科学配置，遏制侵蚀沟扩张，实现耕地资源的可持续利用与生态环境的可持续发展。东北黑土区侵蚀沟主要分布于漫川漫岗区、低山丘陵地区，地形起伏，植被稀疏且分布不均，是沟蚀危害的集中区和易发区。《侵蚀沟治理规划》要求，因地制宜制定各分区侵蚀沟治理策略，科学合理配置治理措施，突出漫川漫岗和低山丘陵地区治理重点。到 2030 年，治理区侵蚀沟得到基本治理，水土流失得到有效控制，土地利用状况和生产生活条件得到改善。在近期治理的基础上，逐步扩大治理区域，累计治理侵蚀沟 10.63 万条，累计治理侵蚀沟长度 5.61 万千米，累计治理与控制水土流失面积 2.64 万千米²。

二、关于农田防护林建设保护。农田防护林对黑土地的保护作用主要在于减缓土壤侵蚀和改善农田微环境。农田防护林带能够降低风速，在一定程度上提高土壤含水量，从而防止或者减轻土壤风蚀。同时，农田防护林有助于形成利于农业生产的农田微环境，促进土壤有机质累积及氮、磷养分库容增加，减轻土壤盐渍化。农田防护林的布局影响其整体的防护效果，四省区县级以上人民政府应统一制定农田防护林建设计划，既体现防护效果，又不过分占用耕地，同时有序推进防护林木抚育、更新，实现动态保护和持续优化。据中国科学院 2021 年发布的《东北黑土地白皮书（2020 年）》，东北地区农田防护林防护效应不足 20%，距离 50% 的防护要求还有很大差距，通过强化农田防护林建设促进黑土地保护还有很大潜力可挖。

三、关于防沙治沙。"沙化"是指土壤的物质组成中较小颗粒的减少、有机质的损失、较粗大（沙）物质相对集中的过程。黑土地沙化问题主要集中在松辽平原风沙区，吉林西部还同时伴有土壤盐渍化问题。土壤沙化会导致黑土地生产能力下降、面积减小，危害农田生态系统健康，因此要将黑土地沙化治理纳入地区乃至全国防沙治沙整体布局。

第十五条 县级以上人民政府应当加强黑土地生态保护和黑土地周边林地、草原、湿地的保护修复，推动荒山荒坡治理，提升自然生态系统涵养水源、保持水土、防风固沙、维护生物多样性等生态功能，维持有利于黑土地保护的自然生态环境。

【释义】本条是关于黑土地生态环境修复的规定。

黑土地是自然生态环境的重要组成部分，加强黑土地保护离不开对整体自然生态环境的保护。山水林田湖草沙是一个生命共同体，各要素既有各自内在的结构、功能和变化规律，又与其他要素相互影响。林地、草原、湿地具有涵养水源、调蓄洪水、促进水土保持、防风固沙、调节局地气候、维护生物多样性、促进固碳等重要生态功能，林地的滥砍滥伐、湿地和草原的过度开垦以及地下水超采灌溉等会导致水、土、气候、生态环境失衡，加剧极端气候，降低黑土地对干旱和洪涝等灾害的缓冲能力，引起黑土地水土流失、土壤沙化、产量下降等不良后果。加强黑土地生态环境保护，促进林地、草原、湿地等的保护修复，本质上也是在维护黑土地的稳定性和生产力，促进黑土地永续利用，保持东北农业可持续发展。因此，加强黑土地保护不是独立的，而应该与粮食安全保障、生态环境保护和社会经济发展相协调，由县级以上人民政府系统谋划、统筹实施，多管齐下、多措并举。坚持山水林田湖草沙系统治理，以黑土地保护为抓手带动东北地区整体自然生态环境的改善，同时又反过来以整体自然环境的提升促进黑土地保护，相辅相成、相互促进。

第十六条 县级人民政府应当依据黑土地调查和监测数据，并结合土壤类型和质量等级、气候特点、环境状况等实际情况，对本行政区域内的黑土地进行科学分区，制定并组织实施黑土地质量提升计划，因地制宜合理采取保护、治理、修复和利用的精细化措施。

【释义】本条是关于黑土地质量提升计划的规定。

一、科学分区保护黑土地。黑土地地处温带大陆性季风气候区，地貌类型多样，自南而北跨越了暖温带-中温带-寒温带3个不同的自然地带，从东到西横穿湿润-亚湿润-亚干旱3个不同的自然地区，黑土地保护应针对主要问题确定限制因素，根据所处地带的自然条件，打破行政界限的束缚，科学分区，细化保护提升耕地质量的措施，增强黑土地保护的针对性和操作性。

二、充分利用调查和监测数据科学分区。从2015年开始，各级农业农村主管部门结合实施东北黑土地保护利用试点，在四省区建立了170多个标准化耕地质量长期定位监测点，采集土样1.8万个。依靠监测数据，组织专家编制了《东北黑土地保护利用试点项目区耕地质量监测报告（2015—2017年）》，对东北黑土地保护利用试点项目区耕地质量变化情况进行了系统分析和全面评价。黑土地保护应以评价结果为依据，结合土壤类型和质量等级、气候特点、环境状况等情况，对黑土地进行科学分区，提出适宜的重点推广技术模式，制定实施方案。

三、县级人民政府的职责。县级人民政府是制定并组织实施本行政区域内黑土地质量提升计划的主角，它们的作用不可替代。一方面，县级人民政府了解当地实际情况，对于地方上有哪些优势、可以制定什么样的黑土地质量提升计划，比较清楚；另一方面，县级人民政府是黑土地质量提升的主要受益者，具有潜在动力，有必要激发它们的活力。县级黑土地质量提升计划应以补齐当地黑土耕地质量短板、明确黑土耕地质量提升重点和主攻方向为目标，提出本行政区域黑土地质量提升计划，包括发展现状、总体要求、区域重点、主要任务、重点工程、保障措施等，为黑土耕地质量提升提供指导和工作依据。

第十七条 国有农场应当对其经营管理范围内的黑土地加强保护，充分发挥示范作用，并依法接受监督检查。

农村集体经济组织、村民委员会和村民小组应当依法发包农村土地，监督承包方依照承包合同约定的用途合理利用和保护黑土地，制止承包方损害黑土地等行为。

农村集体经济组织、农业企业、农民专业合作社、农户等应当十分珍惜和合理利用黑土地，加强农田基础设施建设，因地制宜应用保护性耕作等技术，积极采取提升黑土地质量和改善农田生态环境的养护措施，依法保护黑土地。

【释义】本条是关于农业生产经营主体黑土地保护义务的规定。

黑土地保护是一项复杂的系统工程，国家和各级政府高效有力的保护政策的落地执行，相关科研院所研究成果的转化实施最终都离不开农业生产经营者的具体生产经营活动。

伴随现阶段我国农业生产经营主体的不断丰富发展，特别是近些年新型农业生产经营主体类型的多元，在黑土地上开展农业生产经营活动的主体也呈现出多元化发展的状态。为此，本法分层次着重就国有农场的黑土地保护义务、农村集体经济组织等发包方对承包方黑土地保护义务履行的监督职责，以及各类农业生产经营主体应当对黑土地采取的养护措施和保护义务作出了规定。

一、国有农场的黑土地保护义务。国有农场是在特定历史条件下为承担国家使命而建立的，是我国以公有制为主体、多种所有制经济共同发展的基本经济制度在农业农村领域的重要体现，是农业农村不断发展取得巨大成就的保障。国有农场是国家投资建立的农业经济组织，为社会主义全民所有制的农业企业。一般采用比较先进的生产技术和装备，在"一业为主，多种经营"方针的指导下，因地制宜地实行农、林、牧、副、渔全面发展，农工商综合经营。国有农场的主要任务是：扩大耕地面积，为国家提供商品粮和其他农副产品；积累经验，培养人才，在实现农业现代化过程中起示范作用；支持和帮助农民发展农业生产，成为农村先进技术和良种推广、农产品加工、运输、销售的服务中心。边疆省区的国有农场还负有屯垦戍边和帮助少数民族繁荣经济、文化的任务。经过多年的艰苦创业和不懈建设，以及不断深化改革，国有农（林、牧、渔）场的整体实力显著提升，发挥的功能作用日益突出，是关键时刻国家能够抓得住、用得上的重要力量。国有农场是发展壮大国有农业经济，发挥质量兴农带动引领作用的重要力量。

四省区是我国国有农场所在的重要区域，其农业生产经营规模化水平比较高，综合生产能力强，科技成果应用、物质装备条件、农产品质量安全水平、农业对外合作等均为全国前列。同时，国有农场始终贯彻落实新发展理念，兼顾经济效益、社会效益和生态效益，着力促进绿色发展，保护好黑土地是其义不容辞的责任。因此，本法分三个层次对国有农场的黑土地保护责任作出规定：一是明确国有农场对其经营管理范围内的黑土地加强保护，即国有农场是其经营管理范围内黑土地保护的第一责任人，应当按照本法及国家有关政策规定，认真履行好黑土地保护责任。二是充分发挥示范作用。国有农场具有其他农业生产经营主体不具备的技术管理能力和物质装备条件，同时还拥有一大批有技术、懂科学、会经营的科研及管理人员，不仅应当做好自身的黑土地保护工作，还应当充分发挥其综合实力强、经营范围广的优势，做好示范带动，引领其他农业生产经营主体共同保护好黑土地。三是国有农场的黑土地保护义务的履行，应当依法接受监督检查。为保证黑土地保护义务的履行落到实处，本法规定了违反本法相关内容的法律责任，同时还规定，拒绝、阻碍对黑土地保护情况依法进行监督检查的，由县级以上地方人民政府有关部门责令改正；拒不改正的，处二千元以上二万元以下罚款。

二、发包方对承包方依法履行黑土地保护义务的监督责任。本款内容主要是进一步明确农村集体经济组织、村民委员会和村民小组等的黑土地保护相关职责，也是对农村土地承包法中发包方和承包方合理利用承包地责任和义务规定的细化和落实。农村土地承包法规定，农民集体所有的土地依法属于村农民集体所有的，由村集体经济组织或者村民委员会发包；已经分别属于村内两个以上农村集体经济组织的农民集体所有的，由村内各农村集体经济组织或者村民小组发包。村集体经济组织或者村民委员会发包的，不得改变村内各集体经济组织农民集体所有的土地的所有权。国家所有依法由农民集体使用的农村土地，由使用该土地的农村集体经济组织、村民委员会或者村民小组发包。发包方和承包方均可依法享有相应权利，也应当依法履行相应义务。就与土地利用和保护相关的内容而言，发包方享有发包本集体所有的或者国家所有依法由本集体使用的农村土地、监督承包方依照承包合同约定的用途合理利用和保护土地、制止承包方损害承包地和农业资源的行为，以及法律、行政法规规定的其他权利。承包方则相应承担：维持土地的农业用途，未经依法批准不得用于非农建设，依法保护和合理利用土地，不得给土地造成永久性损害，以及法律、行政法规规定的其他义务。农村土地承包法作为主要规范调整农村土地承包法律关系的专项法律，对涉及承包地保护的内容作出了原则性及指引性规定。但就黑土地这一特殊类型的土地资源应当有更加具体、有针对性的规范。据此，在本法起草和制定的过程中，为了进一步明确承包方和发包方在黑土地保护上的权利和义务，本法进一步明确了发包方对承包方依法履行黑土地保护义务的监督责任。在这里，强调了在依法发包的基础上，合同约定的法律效力。同时也明确指出了涉及黑土区的承包合同应当对合理使用黑土地资源、保护黑土地作出约定，防止承包方损害黑土地行为的出现。

三、各类农业生产经营主体保护黑土地的义务和应当采取的措施。我国农业生产经营中的各类生产经营主体，如农村集体经济组织、农业企业、农民专业合作社、农户等，包括但不限于列举的各类经营主体，均应当在从事农业生产经营过程中珍惜和合理利用黑土地。本款在明确这一基本要求的基础上，同时明确了各经营主体应当采取的具体措施，即加强农田基础设施建设，因地制宜采取保护性耕作技术，积极采取提升黑土地质量和改善生态环境的养护措施。通过以上法定措施的采取，实现依法保护黑土地。

根据本法规定，县级以上人民政府应当将黑土地保护工作纳入国民经济和社会发展规划。国土空间规划应当充分考虑保护黑土地及其周边生态环境，合理布局各类用途土地，以利于黑土地水蚀、风蚀等的预防和治理。县级以上人民政府农业农村主管部门会同有关部门编制黑土地保护规划的过程中，对保护范围、目标任务、技术模式，以及保障措施等都作出了明确规定，进而达到实现遏制黑土地退化趋势、提升黑土地质量、改善黑土地生态环境的目标。各类农业生产经营主体应当在自身开展农业生产经营的过程中，认真落实规划中的各项内容，同时按照本法第十二、十三、十四条有关规定，加强黑土地农田基础设施建设，因地制宜采取科学耕作措施，改善黑土地生态环境。行动计划也明确提出，要重点推广秸秆覆盖还田免耕、少耕两种保护性耕作技术类型。各地可结合本地区土壤、水分、积温、经营规模等实际情况，充分尊重农民意愿，创新完善和推广适宜本地区的具体技术模式，不搞"一刀切"。在具体应用中，应尽量增加秸秆覆盖还田比例，增强土壤蓄水保墒能力，提高土壤有机质含量，培肥地力；采取免耕少耕，减少土壤扰动，减轻风蚀水蚀，防止土壤退化；采用高性能免耕播种机械，确保播种质量。根据土壤情况，可进行必要的深松。

第十八条 农业投入品生产者、经营者和使用者应当依法对农药、肥料、农用薄膜等农业投入品的包装物、废弃物进行回收以及资源化利用或者无害化处理，不得随意丢弃，防止黑土地污染。

县级人民政府应当采取措施，支持农药、肥料、农用薄膜等农业投入品包装物、废弃物的回收以及资源化利用或者无害化处理。

【释义】 本条是关于黑土地上科学使用投入品，治理农业面源污染方面的规定。

健全以绿色生态为导向的农业政策支持体系，建立绿色低碳循环的农业产业体系，要加强农业面源污染防治，实现投入品减量化、生产清洁化、废弃物资源化、产业模式生态化。农业法第五十四条规定，"农业生产经营组织和农业劳动者应当保养土地，合理使用化肥农药，增加使用有机肥料，提高地力，防止土地的污染、破坏和地力衰退"。乡村振兴促进法第三十五条规定，"各级人民政府应当采取措施加强农业面源污染防治，推进农业投入品减量化、生产清洁化、废弃物资源化、产业模式生态化，引导全社会形成节约适度、绿色低碳、文明健康的生产生活和消费方式"。第三十九条规定，"国家对农业投入品实行严格管理，对剧毒、高毒、高残留的农药、兽药采取禁用限用措施。农产品生产经营者不得使用国家禁用的农药、兽药或者其他有毒有害物质，不得违反农产品质量安全标准和国家有关规定超剂量、超范围使用农药、肥料、农用薄膜等农业投入品"。

党的十八大以来，我国将生态文明建设纳入中国特色社会主义事业总体布局，生态文明建设的战略地位更加明确。2015年，"创新、协调、绿色、开放、共享"的发展理念提出后，我国更加密集出台了农业绿色发展相关的政策文件，着力构建支撑农业绿色发展的技术体系，大力推动生态文明建设和农业绿色发展。近年来，在绿色发展理念和系列政策文件指导下，大力发展高效节水农业，推进化肥、农药减量增效，农作物秸秆综合利用，畜禽粪污资源化利用，高毒农业投入品使用日益规范，我国农村生态环境逐步向好，重点领域取得初步成效。

《农药包装废弃物回收处理管理办法》第六条规定，农药生产者（含向中国出口农药的企业）、经营者和使用者应当积极履行农药包装废弃物回收处理义务，及时回收农药包装废弃物并进行处理。第十条规定，农药生产者、经营者应当按照"谁生产、经营，谁回收"的原则，履行相应的农药包装废弃物回收义务。《农业农村部办公厅关于肥料包装废弃物回收处理的指导意见》明确肥料生产者、销售者和使用者是肥料包装废弃物回收的主体，按照"谁生产、谁回收，谁销售、谁回收，谁使用、谁回收"的原则，落实生产者、销售者、使用者收集回收义务，确保不随意弃置、掩埋或焚烧。鼓励农业生产服务组织、供销合作社、再生资源企业等开展肥料包装废弃物回收。《农用薄膜管理办法》

第十六条规定，农用薄膜生产者、销售者、回收网点、废旧农用薄膜回收再利用企业或其他组织等应当开展合作，采取多种方式，建立健全农用薄膜回收利用体系，推动废旧农用薄膜回收、处理和再利用。

据此，本条分别规定了农业投入品生产者、经营者和使用者的责任，以及县级人民政府应当采取的措施。即农业投入品的生产者、经营者和使用者应当依法对农药、肥料、农用薄膜等农业投入品的包装物、废弃物进行回收以及资源化利用或者无害化处理，不得随意丢弃，防止黑土地污染。农药、肥料的生产者、经营者应当按照"谁生产、经营，谁回收"的原则，履行相应的农药、肥料的包装废弃物回收义务。农用薄膜生产者、经营者可以采取多种方式履行农用薄膜包装废弃物回收。县级人民政府应当采取措施，支持农药、肥料、农用薄膜等农业投入品包装物、废弃物的回收以及资源化利用或者无害化处理。对投入品的控制和农业面源污染的控制是多方主体的共同责任，需要各主体严格按照法律规定履行相关责任和义务。若违反本法及相关法律规定，造成黑土地污染、水土流失的，分别依照污染防治、水土保持等有关法律法规规定从重处罚。

第十九条 从事畜禽养殖的单位和个人，应当科学开展畜禽粪污无害化处理和资源化利用，以畜禽粪污就地就近还田利用为重点，促进黑土地绿色种养循环农业发展。

县级以上人民政府应当支持开展畜禽粪污无害化处理和资源化利用。

【释义】本条是对畜禽粪污无害化处理和资源化利用的规定。

一、畜禽粪污无害化处理和资源化利用。黑土地被开垦为耕地后，由于长期高强度利用，土壤有机质消耗流失多，秸秆、畜禽粪肥等有机物补充回归少，导致有机质含量大幅降低，耕地基础地力下降。加快畜禽粪污资源化利用，增施有机肥，可以增强黑土微生物活力，提升土壤有机质含量，提高黑土地综合生产能力，有利于提升黑土区资源利用的可持续性。2020年，我国有畜禽养殖场户8 000多万个，全国每年畜禽粪污产生量约38亿吨，综合处理畜禽粪污和推进化肥减量，可以减少农业面源污染，有利于提升黑土区生态环境和农业发展的可持续性。

畜牧法、畜禽规模养殖污染防治条例等相关法律法规对畜禽粪污无害化处理和资源化利用作出了规定，支持建设畜禽粪污收集、贮存、处理和利用设施，推行畜禽粪污养分平衡管理，促进农用有机肥利用和种养结合发展。2017年，国务院办公厅印发《关于加快推进畜禽养殖废弃物资源化利用的意见》，要求以畜牧大县和规模养殖场为重点，以沼气和生物天然气为主要处理方向，以农用有机肥和农村能源为主要利用方向，加快构建种养结合、农牧循环的可持续发展新格局。

二、畜禽粪污就地就近还田利用。针对黑土耕地出现的"薄、瘦、硬"问题，国家黑土地保护工程着重实施土壤侵蚀治理、农田基础设施建设、肥沃耕作层培育等综合措施。其中，肥沃耕作层培育就是实施有机肥还田和推行种养结合，利用大中型动力机械，结合秸秆粉碎还田、有机肥抛撒，开展深翻整地。在粪肥丰富的地区建设粪污贮存发酵堆沤设施，以畜禽粪便为主要原料堆沤有机肥并施用；推进种养结合，按照以种定养、以养促种原则，推进养殖企业、农民专业合作社、大户与耕地经营者合作，促进畜禽粪肥还田，种养结合用地养地。实施方案要求，通过肥沃耕作层培育，旱地耕作层厚度要达到 30 厘米，水田耕作层厚度要达到 20～25 厘米，土壤有机质含量达到当地自然条件和种植水平的中上等。

规划纲要提出，积造利用有机肥，控污增肥。建设有机肥生产积造设施。在城郊肥源集中区，规模畜禽场（养殖小区）周边建设有机肥工厂，在畜禽养殖集中区建设有机肥生产车间，在农村秸秆丰富、畜禽分散养殖的地区建设小型有机肥堆沤池（场），因地制宜促进有机肥资源转化利用。推进种养结合，发展种养配套的混合农场，推进畜禽粪便集中收集和无害化处理。积极支持发展奶牛、肉牛、肉羊等草食畜牧业，实行秸秆"过腹还田"。

粪肥增施可以促进耕地质量有效提升，粪肥就地就近利用逐渐成为主流，据统计，2020 年全国年施用面积超过 4 亿亩次，为耕地提供有机质 5 500 万吨。与 2015 年相比，新增粪污还田利用 1.6 亿猪当量，减少化肥（折纯）用量 120 万吨。以畜禽粪污为主要原料的商品有机肥产量达到 3 300 万吨，占全国商品有机肥产量的 70%。同时，畜禽粪污就地就近还田利用可以构建种地养猪、粪便肥田的良性循环，打通种养循环梗阻，形成稳定成熟的种养结合机制，加快修复农田生态环境，建设资源节约型、环境友好型农业，促进生产与生态协调，推动农业绿色发展。

三、支持开展畜禽粪污无害化处理和资源化利用。县级以上人民政府农业农村主管部门负责畜禽养殖废弃物综合利用的指导和服务，并由地方人民政府落实属地管理责任。一是健全工作机制，督促指导畜禽养殖场户切实履行主体责任。建立企业投入为主、政府适当支持、社会资本积极参与的运营机制。完善以绿色生态为导向的农业补贴制度，充分发挥市场配置资源的决定性作用，引导和鼓励社会资本投入，培育发展畜禽养殖废弃物资源化利用产业。特别是畜牧大县要科学编制种养循环发展规划，推动畜禽粪污无害化处理和资源化利用。二是探索建立中央指导、地方组织、各类新型农业经营主体承担建设任务的项目实施机制，构建政府、企业、社会共同参与的多元化投入机制。采取政府购买服务方式，发挥财政投入的杠杆作用，鼓励第三方社会服务组织参与有机肥推广应用。推行 PPP 模式，在集中养殖区吸引社会主体参与建设与运营"粮-沼-畜""粮-肥-畜"设施。通过补助、贷款贴息、设立引导性基金以及先建后补等方式，撬动政策性金融资本投入，引导商业性经营资本进入，调动社会化组织和专业化企业等社会力量参与的积极性。三是畅通种养结合路径，推广堆沤肥还田、液体粪污贮存还田等技术模式，推动粪肥低成本还田利用。探索实施规模养殖场粪污处理设施分类管理，推动建立符合我国实际的粪污养分平衡管理制度，指导养殖场户建立粪污处理和利用台账，种植户建立粪肥施用台账，健全覆盖各环节的全链条管理体系，开展粪污资源化利用风险评估和风险监测，科学指导粪肥还田利用。通过支持在田间地头配套建设管网和储粪（液）池等方式，解决粪肥还田"最后一公里"问题。鼓励沼液和经无害化处理的畜禽养殖废水作为肥料科学还田利用。规范病死畜禽无害化处理，健全无害化处理体系。

第二十条 任何组织和个人不得破坏黑土地资源和生态环境。禁止盗挖、滥挖和非法买卖黑土。国务院自然资源主管部门会同农业农村、水行政、公安、交通运输、市场监督管理等部门应当建立健全保护黑土地资源监督管理制度，提高对盗挖、滥挖、非法买卖黑土和其他破坏黑土地资源、生态环境行为的综合治理能力。

【释义】 本条是关于禁止破坏黑土地资源和生态环境的规定。

根据土地管理法、土地管理法实施条例、基本农田保护条例等法律法规，国家对耕地实行特殊保护，使用土地的单位和个人必须严格按照土地利用总体规划确定的用途使用土地，任何单位和个人不得擅自改变耕地用途；耕地应当优先用于粮食和棉、油、糖、蔬菜等农产品生产，严格控制耕地转为林地、草地、园地等其他农用地，确需将耕地转为林地、草地、园地等其他农用地的，应当优先使用难以长期稳定利用的耕地；禁止占用耕地进行建窑、建坟、挖砂、采石、采矿、取土等非农业工作。此外，任何单位和个人不得改变或者占用基本农田，禁止任何单位和个人在基本农田保护区内进行其他破坏活动，禁止任何单位和个人占用基本农田发展林果业和挖塘养鱼。

黑土资源珍贵、稀缺且不可再生。但近年来，一些不法分子在利益的驱动下非法盗采、贩卖黑土资源，对黑土地造成破坏，严重危害粮食安全，也给黑土地保护工作带来新的挑战。本法规定任何组织和个人不得破坏黑土地资源和生态环境，任何盗挖、滥挖和非法买卖黑土的行为都被法律所禁止。为明确行政监管责任，齐抓共管保护好黑土地，法律明确由国务院自然资源主管部门牵头，会同农业农村、水行政、公安、交通运输、市场监督管理等部门建立健全保护黑土地资源监督管理制度，共同打击盗挖、滥挖、非法买卖黑土和其他破坏黑土地资源、生态环境的行为。

第二十一条 建设项目不得占用黑土地；确需占用的，应当依法严格审批，并补充数量和质量相当的耕地。

建设项目占用黑土地的，应当按照规定的标准对耕作层的土壤进行剥离。剥离的黑土应当就近用于新开垦耕地和劣质耕地改良、被污染耕地的治理、高标准农田建设、土地复垦等。建设项目主体应当制定剥离黑土的再利用方案，报自然资源主管部门备案。具体办法由四省区人民政府分别制定。

【释义】 本条是关于建设项目不得占用黑土地和剥离黑土利用的规定。

一、建设项目不得占用黑土地。十分珍惜、合理利用土地和切实保护耕地是我国的基本国策。非农业建设必须节约使用土地，可以利用荒地的，不得占用耕地；可以利用劣地的，不得占用好地。这是非农业建设用地的基本原则，也是保护耕地的必要措施。因此，各级人民政府和建设单位在建设项目规划选址、工程设计等方面，要采取措施，尽量避免占用耕地，如果必须占用耕地的，要尽量避免占用优质耕地。各级人民政府要严格把关，可以利用荒地和劣质耕地的，不得批准占用优质耕地。黑土地是大自然赋予人类得天独厚的稀缺宝贵资源，具有优质性、稀缺性、易被侵蚀性等特点，是"耕地中的大熊猫"，更应当严格保护，避免被占用，优先用于粮食生产。

目前，耕地转为非耕地的主要方式是城市建设和村镇建设，以及能源、交通、水利等基础设施建设需要占用耕地。为控制耕地转为非耕地，我国实行了最严格的用途管制制度，包括：一是通过制定国土空间规划，限定建设可以占用土地的区域；二是制定并分解下达土地利用年度计划，控制各类建设占用耕地规模；三是建立农用地转用审批制度，各项建设需要占用耕地的，要经过有批准权限的人民政府批准。通过这些手段，严格限制耕地转为非耕地。

本法第五条还规定，黑土层深厚、土壤性状良好的黑土地应当按照规定标准划入永久基本农田，重点用于粮食生产，实行严格保护，确保数量和质量长期稳定。所以，对于划入永久基本农田的黑土地，要依照土地管理法相关规定，严格控制非农业建设占用。

二、确需要占用的，应当依法严格审批。土地管理法、土地管理法实施条例规定，建设占用土地，涉及农用地转为建设用地的，应当办理农用地转用审批手续。农用地转用是指农用地按照土地利用总体规划，经过审查批准后转为建设用地的行为，又称农用地转为建设用地。农用地转用审批按照项目是否占用永久基本农田实行分级审批。永久基本农田转为建设用地的，由国务院批准。因此，只要建设项目用地涉及占用永久基本农田的，整个项目的农用地转用都需要报国务院审批。在土地利用总体规划确定的城市和村庄、集镇建设用地规模范围内，为实施该规划而将永久基本农田以外的农用地转为建设用地的，按国务院规定，依照土地利用年度计划，分批次由原批准土地利用总体规划的机关或者其授权的机关批准。在已批准的农用地转用范围内，具体建设项目用地可以由市县人民政府批准。在土地利用总体规划确定的城市和村庄、集镇建设用地规模范围外，将永久基本农田以外的农用地转为建设用地的，由国务院或者国务院授权的省、自治区人民政府批准。临时使用土地和紧急使用土地的，依照有关规定办理。

此外，需要强调的是，对于划入永久基本农田的黑土地占用涉及农用地转用或者土地征收的，要依照土地管理法相关规定，严格控制非农业建设占用。国家能源、交通、水利、军事设施等重点建设项目确实难以避让的，必须经国务院批准。也就是说无论占用多大面积，只要是涉及占用划入永久基本农田的黑土地都应当报国务院审批，地方政府无权审批。

三、补充数量和质量相当的耕地。建设项目经过严格审批，占用黑土地后，如不及时有效补充，黑土地面积会不断减少，无法保证总量动态平衡，将严重影响我国粮食安全。因此，各类建设项目必须坚持占用多少就补充多少。目前，国家实行占用耕地补偿制度。非农业建设经批准占用耕地的，按照"占多少，垦多少"的原则，由占用耕地的单位负责开垦与所占用耕地的数量和质量相当的耕地。任何建设占用耕地都必须履行开垦耕地的义务，无论是国家重点工程、城市建设，还是乡镇企业、农村村民建住宅占用耕地，都必须履行耕地开垦义务，即使是国家投资的能源、交通、水利、国防军工等大中型建设项目，也与其他项目一样，没有特殊待遇。

开垦耕地应当开垦与所占用耕地的数量和质量相当的耕地，不能占好地补劣地，导致粮食生产能力下降。地方人民政府必须严格落实监管责任，做好补充耕地的验收工作。对于没有条件开垦的，或者开垦的耕地不符合要求的，建设单位应当按照四省区相关规定，缴纳耕地开垦费。耕地开垦费必须专款用于耕地开垦，不能挪作他用。按照中央有关占补平衡文件要求，四省区可制定差别化的耕地开垦费标准，对经依法批准占用永久基本农田的，缴费标准按照当地耕地开垦费最高标准的两倍执行。

四、剥离黑土的再利用。耕地耕作层是指经农业生产活动长期影响和改造，土壤不断熟化，耕性得到改善，肥力得到提高而形成的适用于农作物生长的表土层。耕地耕作层是耕地的精华和不可再生的资源，是耕地最为核心的部分，需要加强保护，珍惜利用。

黑土地耕作层厚度一般为 20～30 厘米，植物根系最为密集，养分含量丰富，拥有大量的有机物质和微生物，是精华中的精华。为了保护耕地耕作层，使其得到最大限度的利用，土地管理法中有剥离耕作层并重复利用的规定。但是将耕地耕作层用于开垦耕地，往往受当地的自然条件和开垦耕地成本的影响，因此，依照土地管理法规定，县级以上地方人民政府可以要求占用耕地的单位将所占用耕地耕作层的土壤用于新开垦耕地、劣质地或者其他耕地的土壤改良。

随着经济社会的发展，我国对环境资源的保护越来越严格，对耕地保护提出更高要求。县级以上地方人民政府要切实按照党中央部署，要求占用耕地单位剥离耕作层并再次利用，以增加耕作层厚度、改善土壤结构。为更加严格保护黑土地耕作层，本法规定建设项目占用黑土地的，应当按照规定的标准对耕作层的土壤进行剥离，作出强制性规范，并要求剥离的黑土应当就近用于新开垦耕地和劣质耕地改良、被污染耕地的治理、高标准农田建设、土地复垦等。

建设占用耕地耕作层土壤剥离利用实施方案一般由剥离实施主体按照耕地耕作层剥离相关技术规范编制，报自然资源主管部门备案。为因地制宜地做好相关工作，本法授权四省区制定黑土地耕作层土壤剥离利用的具体办法。

第二十二条 国家建立健全黑土地保护财政投入保障制度。县级以上人民政府应当将黑土地保护资金纳入本级预算。

国家加大对黑土地保护措施奖补资金的倾斜力度，建立长期稳定的奖励补助机制。

县级以上地方人民政府应当将黑土地保护作为土地使用权出让收入用于农业农村投入的重点领域，并加大投入力度。

国家组织开展高标准农田、农田水利、水土保持、防沙治沙、农田防护林、土地复垦等建设活动，在项目资金安排上积极支持黑土地保护需要。县级人民政府可以按照国家有关规定统筹使用涉农资金用于黑土地保护，提高财政资金使用效益。

【释义】本条是关于黑土地保护投入的规定。

黑土地是我国极为宝贵的资源，是我国粮食安全的"压舱石"，是耕地中的"大熊猫"。黑土地保护是一项公益性、长期性的基础工作，需要政府履行保护职能，将黑土地保护相关资金纳入本级预算予以安排。国家在安排资源生态保护、农业生产等类别奖励补助资金时，应当考虑黑土资源的稀缺性和在保障粮食生产上的重要作用，加大倾斜力度。在符合相关资金安排条件时，优先安排黑土区域。

2020 年，中共中央办公厅、国务院办公厅印发《关于调整完善土地出让收入使用范围优先支持乡村振兴的意见》，提出提高土地出让收入用于农业农村比例，加强土地出让收入用于农业农村资金的统筹使用。允许各地根据乡村振兴实际需要，打破分项计提、分散使用的管理方式，整合使用土地出让收入中用于农业农村的资金，重点用于高标准农田建设、农田水利建设、农村土地综合整治、耕地及永久基本农田保护等建设支出，以及与农业农村直接相关的山水林田湖草生态保护修复、以工代赈工程建设等。四省区也应当将黑土地保护作为土地使用权出让收入支出的重点支持内容。

黑土地保护涉及农田基础设施建设、生态保护治理、科学耕作和养分投入等多方面内容，需要系统谋划、多项措施配合实施。近年来，随着国家对黑土地保护重视程度的不断加大，各有关部门及四省区按照"各炒一盘菜、共做一桌席"的思路，统筹政策项目和资金，协同推动国家黑土地保护工程任务落实。虽然通过机制创新，提升了资金使用效益，但受制于有限的资金量，与黑土地保护的任务、目标还有巨大差距，亟须长期稳定足额的资金投入。

县级以上人民政府应加强领导，落实责任，加大投入，建立科学合理的黑土地保护财政保障机制。将黑土地保护所需经费纳入各级财政预算，保障相关保护性措施的实施。

目前高标准农田、农田水利、水土保持、防沙治沙、农田防护林、土地复垦等相关涉农资金分块管理、分项目下达的情况较为普遍。本法明确县级人民政府在实施相关涉农项目过程中，可以按照国家相关项目和资金使用要求，统筹安排资金，重点用于黑土地保护相关措施，提高资金使用效率，放大保护效果。

第二十三条 国家实行用养结合、保护效果导向的激励政策，对采取黑土地保护和治理修复措施的农业生产经营者按照国家有关规定给予奖励补助。

【释义】 本条是关于对农业生产经营主体开展黑土地保护和治理修复实行激励的规定。

国家鼓励各类社会主体参与黑土地保护。引导农业生产经营者合理利用和保护黑土地，让保护黑土地的农业生产经营者利益近期不受损、长远更有利。国家实行用养结合、保护效果导向的激励政策。黑土是世界公认的最肥沃的土壤。由于高强度的开发利用，黑土耕地长期透支，面临耕层变薄、变瘦、变硬等突出问题。为保障黑土地长久的可持续生产能力和生态功能，必须采取措施，在利用黑土地的同时，养护好黑土地。黑土地保护激励政策鼓励承担保护任务的农村集体经济组织和农户，因地制宜采取用养结合的技术措施，政府有关部门对用养结合技术措施的实施效果进行评价，确定奖励补助的发放对象和标准。2017年，《中共中央 国务院关于加强耕地保护和改进占补平衡的意见》提出，积极推进中央和地方各级涉农资金整合，综合考虑耕地保护面积、耕地质量状况、粮食播种面积、粮食产量和粮食商品率，以及耕地保护任务量等因素，统筹安排资金，按照"谁保护 谁受益"的原则，加大耕地保护补偿力度。鼓励地方统筹安排财政资金，对承担耕地保护任务的农村集体经济组织和农户给予奖补。如《山东省耕地保护激励办法》每年激励20个县（市、区），由县（市、区）政府全部用于激励本辖区内耕地保护工作成效突出的乡镇，受激励的乡镇政府将不低于70%奖励资金用于激励本辖区内承担耕地保护具体任务成效突出的农村集体经济组织。黑土地保护的相关奖励补贴政策可以参照现行他省经验，由四省区人民政府自行确定。

第二十四条 国家鼓励粮食主销区通过资金支持、与四省区建立稳定粮食购销关系等经济合作方式参与黑土地保护，建立健全黑土地跨区域投入保护机制。

【释义】 本条是关于粮食主销区参与黑土地保护的规定。

一、粮食主销区与四省区经济合作的实践。东北黑土区粮食产量约占全国粮食产量的四分之一，粮食商品率高，是粮食市场供应的重要来源，而且品质好，均为优质农产品。长期以来，很多省（自治区、直辖市）通过多种方式与四省区加强合作，坚持政府推动、长期合作、企业自主、市场运作,一般来说,主销区政府为了保障粮食市场供给,稳定当地粮食市场价格,与相关主产区地方政府签订发展合作协议,建立稳定的粮食基地,以保障向主销区供应粮食。具体由主销区粮食企业实施,积极投资和建设主产地粮食生产、收购、仓储、加工、物流等项目。主销区政府有的以直接资金投入粮食基地所在地,支持其发展当地粮食产业和加强黑土地保护;有的向粮食企业注资,支持粮食企业参与发展粮食产业和加强黑土地保护。

粮食主销区与四省区加强合作,能够充分发挥四省区产地资源优势和销售地市场、技术、资金优势,有利于主销区获得稳定的粮食供应,也有利于四省区粮食生产、仓储、加工等方面的水平提升。

二、国家鼓励粮食主销区参与黑土地保护。粮食安全是关系国民经济发展、社会稳定和国家自立的全局性重大战略问题。保障国家粮食安全,需要全社会共同努力,各地区都有责任;保护黑土地,需要各方发挥合力。本法第四条规定,建立健全政府主导、农业生产经营者实施、社会参与的保护机制。保护好黑土地,既要中央支持、相关地方政府努力、农业生产经营者积极实施,也需要主销区的积极参与。

粮食主销区与四省区不仅是一种购销关系,还要建立一种联系,共同参与黑土地保护。主销区参与黑土地保护的方式,可以是资金支持、建立稳定的粮食购销关系等,也可以依法探索多种经济合作方式。主销区要增强保护黑土地资源的主观能动性,如在有关粮食经济合作活动中充分贯彻落实好本法关于黑土地保护的有关规定,依法支持主产区实施黑土地保护有关措施等。

本条规定建立健全黑土地跨区域投入保护机制,体现了鼓励主销区等其他地区投入黑土地保护的导向。国家积极指导和促进建立健全跨地区投入保护机制,有关地方政府之间可以探索黑土地保护投入的稳定合作机制,粮食经营企业要积极投入黑土地保护工作。

第二十五条 国家按照政策支持、社会参与、市场化运作的原则,鼓励社会资本投入黑土地保护活动,并保护投资者的合法权益。

国家鼓励保险机构开展黑土地保护相关保险业务。

国家支持农民专业合作社、企业等以多种方式与农户建立利益联结机制和社会化服务机制,发展适度规模经营,推动农产品品质提升、品牌打造和标准化生产,提高黑土地产出效益。

【释义】 本条是关于支持鼓励社会主体、新型农业经营主体参与黑土地保护,保障提升黑土地产出效益的规定。

自 2015 年起,国家陆续发布关于实施黑土地保护利用的有关政策文件,黑土地保护利用自此上升为国家行动,四省区积极贯彻落实文件部署,各地因地制宜探索出适合当地农业生产条件的黑土地保护利用模式,取得一定成效。规划纲要、行动计划、实施方案陆续出台,但是黑土耕地退化趋势尚未得到有效遏制。已经实施综合性治理措施的黑土耕地面积占比较低,坡耕地水土流失仍较重,耕作层变薄和侵蚀沟问题仍然突出,土壤有机质含量下降趋势仍未扭转,局部酸化盐渍化问题仍然存在,要实现规划纲要确定的到 2030 年实施黑土耕地保护 2.5 亿亩目标，还需要多措并举，持续推进，久久为功。因此，有必要调动各方面参与黑土地保护利用的积极性，汇聚起保护利用黑土地的强大合力。

一、鼓励社会资本参与黑土地保护利用的各项活动。县级以上人民政府应当将黑土地保护工作纳入国民经济和社会发展规划，采取财政支持、金融扶持等措施，按照市场化原则，鼓励各类社会资本参与黑土地保护利用的科技研发、机械制造、技术产品推广等，并保护社会资本在黑土地保护利用中的各项权益和合法收益。一是以高标准农田建设为平台，统筹实施大中型灌区改造、小流域综合治理、高标准农田建设、畜禽粪污资源化利用、秸秆综合利用还田、深松整地、绿色种养循环农业、保护性耕作、东北黑土地保护利用试点示范等政策，实行综合治理，形成政策合力。二是畅通机具鉴定渠道，继续通过农机购置补贴支持用于保护性耕作、精量播种、秸秆还田等相关农用机具。三是加大有机肥还田政策支持，有机肥田间贮存和堆沤用地按设施农业用地管理。鼓励企业发展种养循环农业，促进畜禽粪污资源科学还田利用。四是完善落实农业保险保费补贴政策，确保及时足额理赔。在黑土区推进稻谷、小麦、玉米完全成本保险和种植收入保险政策。五是探索将黑土耕地保护措施、轮作休耕制度落实情况与耕地地力补贴、轮作休耕补贴等发放挂钩机制。

二、鼓励保险机构开展黑土地保护相关保险业务。习近平总书记在 2020 年中央农村工作会议上指出，要扩大完全成本保险和收入保险范围。完全成本保险金额覆盖了物质与服务费用、人工成本和土地成本等农业生产总成本；收入保险金额体现农产品价格和产量，覆盖农业生产产值。随着农业产业升级，农业风险分散的需求将进一步加大，同时，还面临"扩面、增品、提标"的任务，财政保费补贴资源与需求之间的矛盾将日益突出，因而需要通过市场化的方式加以解决，农业保险需要逐步从政策性为主向商业性为主过渡。2021 年 8 月，财政部、农业农村部、银保监会共同印发了《关于开展三大粮食作物完全成本保险和收入保险试点工作的通知》，在 13 个粮食主产省份逐步开展试点。本法就是要鼓励保险机构结合四省区黑土地保护利用实际，增加保险品种，探索黑土地耕地险、产量险、收入险、价格险、农产品质量保证保险等险种，并扩大覆盖面，提高服务能力。

三、鼓励新型经营主体与农户建立利益联结机制和社会化服务机制，发展适度规模经营。发展多种形式适度规模经营，培育新型农业经营主体，是建设现代农业的前进方向和必由之路。一家一户的传统农业生产经营者，限于经济实力和科学素养，在掌握黑土地保护利用技术标准、操作使用大型农机具实施保护性耕作、科学化田间管理、应对市场风险等方面存在先天不足，发展现代农业面临诸多困难。家庭农场、专业大户、农民合作社等新型农业经营主体，是黑土地保护的主要实施者，鼓励新型农业经营主体与农户建立利益联结机制和社会化服务机制，发展适度规模经营，有利于黑土地保护利用。同时，通过土地的集约化管理，确保黑土地保护的政策措施能够落实落地，实现黑土地保护的严格监督管理，严禁掠夺式经营开发，将黑土地保护与农业生产经营有机结合，促进农业可持续发展。

第二十六条 国务院对四省区人民政府黑土地保护责任落实情况进行考核，将黑土地保护情况纳入耕地保护责任目标。

【释义】 本条是关于对省级人民政府黑土地保护责任落实情况考核的规定。

有效的考核是推动法律规定实施的重要手段。在党中央、国务院大幅削减各种考核的大背景下，本法明确规定了这项考核，更加凸显党和国家对黑土地保护的高度重视。黑土地保护责任落实的考核主体是国务院，被考核的对象是四省区人民政府。为确保考核任务责任落实落细落地，四省区人民政府可以比照国务院做法，分别组织对市、县级人民政府黑土地保护责任落实情况的考核，实现层层有责任、人人有意识，联动推进黑土地保护工作。

为确保考核具体有效，同时与已有考核相衔接，本法规定黑土地保护应纳入耕地保护责任目标。目前，国家层面关于耕地保护责任考核主要包括：一是省级党委政府粮食安全责任制考核（粮食安全省长责任制考核）。2015年，国务院办公厅印发《粮食安全省长责任制考核办法》，对建立粮食安全省长责任制考核机制作出全面部署。其中，考核内容涉及耕地保有量、基本农田保护、耕地质量保护与提升、耕地质量监测网络、耕地质量等级等情况。二是省级政府耕地保护责任目标考核。2018年，国务院办公厅印发《省级政府耕地保护责任目标考核办法》，坚持最严格的耕地保护制度和最严格的节约用地制度，以守住耕地保护红线，严格保护永久基本农田。其中，考核内容涉及耕地保有量、基本农田保护、耕地质量保护与提升、耕地质量监测网络、耕地质量等级情况等。四省区人民政府要将黑土地数量、质量、生态保护相关指标纳入相应的考核制度中，压实党委和政府的保护责任。

第二十七条 县级以上人民政府自然资源、农业农村、水行政等有关部门按照职责，依法对黑土地保护和质量建设情况联合开展监督检查。

【释义】 本条是关于相关部门开展黑土地保护和质量建设联合监督检查的规定。

一、对黑土地保护和质量建设情况进行监督检查的主体。2018年国务院机构改革进一步明确了自然资源、农业农村、水利主管部门在耕地保护方面的职能。自然资源部负责组织实施最严格的耕地保护制度，牵头拟订并实施耕地保护政策，负责耕地数量、质量、生态保护；组织实施耕地保护责任目标考核和永久基本农田特殊保护；完善耕地占补平衡制度，监督占用耕地补偿制度执行情况等。农业农村部负责指导农用地、渔业水域以及农业生物物种资源的保护与管理，负责耕地及永久基本农田质量保护工作；负责有关农业生产资料和农业投入品的监督管理等。水利部负责水土保持工作，拟订水土保持规划并监督实施，组织实施水土流失的综合防治、监测预报并定期公告等。因此，县级以上人民政府的自然资源、农业农村和水行政等部门依据各自职责对黑土地保护和质量建设情况开展联合监督检查，自然资源部门重点负责对黑土地数量保护的监督检查，农业农村部门重点负责对黑土地质量建设和保护的监督检查，水行政部门重点负责对黑土地水土流失的监督检查。联合监督检查是为了形成工作合力，同时避免频繁检查，浪费资源。

二、对黑土地保护和质量建设情况进行监督检查的主要内容。黑土地数量重点监督检查黑土地保有量、黑土地占用损毁情况、黑土地占补平衡情况等；黑土地质量建设重点监督检查高标准农田建设情况、培肥改良情况、保护性耕作情况、合理轮作情况、水土流失治理情况、黑土地质量监测点建设情况以及黑土地质量建设资金投入情况等。开展黑土地保护监督检查主要包括三种形式：一是考核监督检查，包括省级党委政府粮食安全责任制考核、省级政府耕地保护责任目标考核等综合性监督检查，重点考核各级政府黑土地保护责任落实情况。二是例行监督检查，由各级政府结合本区域实际情况，定期开展常规性的日常监督检查，确保黑土地保护措施落在日常。通过监督检查及早发现黑土地保护现存和潜在的问题，及时采取保护措施。三是专项监督检查，针对黑土地盗挖、滥挖和非法买卖，非法占用黑土地建房，黑土地质量退化严重，黑土地污染等重大问题，各级政府可开展专项监督检查，及时制止有关行为，防止事态加重，并通过监督检查，形成震慑力量，推动黑土地保护。

第二十八条　县级以上人民政府应当向本级人民代表大会或者其常务委员会报告黑土地保护情况，依法接受监督。

【释义】本条是关于四省区县级以上人民政府应向同级人民代表大会或其常委会报告黑土地保护情况的规定。

向本级人民代表大会或其常务委员会报告是实现人大对黑土地保护工作监督的重要途径。人大监督是宪法和法律规定的一项重要制度，是外部监督的一种重要手段。发挥人大监督在黑土地保护中的重要作用，有助于同级人民政府在黑土地保护工作中更好规范自身的行为，通过向人大报告也可适时调整工作中出现的问题。

各级政府需要向人大报告工作，听取政府工作报告是人大行使监督权的一种方式。各级人民代表大会常务委员会监督法第八条规定，各级人民代表大会常务委员会每年选择若干关系改革发展稳定大局和群众切身利益、社会普遍关注的重大问题，有计划地安排听取和审议本级人民政府、人民法院和人民检察院的专项工作报告。

本法第六条第一款规定，国务院和四省区人民政府加强对黑土地保护工作的领导、组织、协调、监督管理，统筹制定黑土地保护政策。四省区人民政府对本行政区域内的黑土地数量、质量、生态环境负责。第二款规定，县级以上地方人民政府应当建立农业农村、自然资源、水行政、发展改革、财政、生态环境等有关部门组成的黑土地保护协调机制，加强协调指导，明确工作责任，推动黑土地保护工作落实。本法第十条第一款规定，县级以上人民政府应当将黑土地保护工作纳入国民经济和社会发展规划。

政府向人大报告工作，不仅包括年度的人民代表大会，还包括人大常委会会议。所不同的是，在年度人民代表大会上报告的是政府全面的、主要的工作，平时在人大常委会会议上报告的是政府专项工作报告，人大可以通过听取和审议政府的黑土地保护情况专项工作报告，对黑土地保护工作中比较集中的问题提出意见或建议，这对于促进政府更好地改进工作大有裨益。

黑土地保护情况专项工作报告的意义在于，一方面汇报年度或半年的黑土地保护工作情况以及工作进度，让人大了解当地黑土地保护工作的具体情况、未来规划，以及本级政府在其中发挥的作用；另一方面，也要发挥人大监督的作用，人大在听取报告的同时可就群众集中反映的问题提出意见或建议。

第二十九条 违反本法规定，国务院农业农村、自然资源等有关部门、县级以上地方人民政府及其有关部门有下列行为之一的，对直接负责的主管人员和其他直接责任人员给予警告、记过或者记大过处分；情节较重的，给予降级或者撤职处分；情节严重的，给予开除处分：

（一）截留、挪用或者未按照规定使用黑土地保护资金；

（二）对破坏黑土地的行为，发现或者接到举报未及时查处；

（三）其他不依法履行黑土地保护职责导致黑土地资源和生态环境遭受破坏的行为。

【释义】 本条是关于有关部门不依法履行黑土地保护职责的法律责任的规定。

为了便于对黑土地保护监管部门的监督追责，本条对有关部门不依法履行黑土地保护职责的违法行为进行了列举。

一、本条规定的违法行为。一是截留、挪用或者未按照规定使用黑土地保护资金。加强黑土地保护资金的管理，提高黑土地保护资金的使用效率，有利于促进黑土地的保护。有关部门如果截留、挪用或者未按照规定使用黑土地保护资金，就要依照本条规定，结合情节轻重，对直接负责的主管人员和其他直接责任人员给予处分。这里所说的"截留"，是指将应拨付的黑土地保护资金，不及时拨付，影响到黑土地的保护。这里所说的"挪用"，是指不经合法批准，擅自将黑土地保护资金使用到其他方面，而未用于黑土地的保护。这里所说的"未按规定使用"，是指将拨付的黑土地保护资金，没有按照拨付时规定的用途方式等使用。二是对破坏黑土地的行为，发现或者接到举报未及时查处。国务院农业农村、自然资源等有关部门、县级以上地方人民政府及其有关部门在实施监督管理的过程中，发现有破坏黑土地的行为或者接到举报的，应当秉公执法，按照职责分工依法进行查处，不属于本部门执法职责范围的，应当按照程序移送有管辖权的部门。不依法查处，或者不按规定移送的，都属于未依法履行职责的行为，应当依法受到责任追究。三是其他不依法履行黑土地保护职责导致黑土地资源和生态环境遭受破坏的行为。主要是指国务院农业农村、自然资源等有关部门、县级以上地方人民政府及其有关部门，在履行本法规定的保护黑土地相关职责时，存在有法不依、执法不严、违法不究，以及滥用职权、玩忽职守、徇私舞弊等违法行为，导致黑土地资源和生态环境遭受破坏的，就要依照本条规定追究其法律责任。

二、本条规定了承担法律责任的形式。对于所列的三种情形，本条规定的法律责任主要是处分。处分是国家机关根据监察法、公务员法、公职人员政务处分法等有关法律，对因违纪违法应当承担纪律责任的公职人员给予的一种制裁。包括警告、记过、记大过、降级、撤职和开除六种。一般情况下，对直接负责的主管人员和其他直接责任人员给予警告、记过或者记大过；情节较重的，给予降级或者撤职处分；情节严重的，给予开除处分。

针对本条第一项规定的截留、挪用黑土地保护资金，在规定给予有关处分的同时，本法第三十六条明确，违反本法规定，构成犯罪的，依法追究刑事责任。也就是说，根据情节和对社会造成的危害后果，如截留、挪用黑土地保护资金的违法行为达到了刑法的定罪标准，就要依照刑法的规定追究其刑事责任。

三、实施本条规定处分的主体。实施本条规定处分的主体可以是任免机关，也可以是监察机关。国务院农业农村、自然资源等有关部门，县级以上地方人民政府及其有关部门的工作人员都属于公职人员。根据公务员法第六十一条规定，公务员因违纪违法应当承担纪律责任的，依照该法给予处分或者由监察机关依法给予政务处分。公职人员政务处分法第三条规定，监察机关应当按照管理权限，加强对公职人员的监督，依法给予违法的公职人员政务处分。对同一公职人员的同一违法行为，监察机关已经给予政务处分的，任免机关、单位不再给予处分；任免机关、单位已经给予处分的，监察机关不再给予政务处分。任免机关、单位应当依照管理权限，加强对公职人员的教育、管理监督，依法给予违法的公职人员处分。被处分的主体为国务院农业农村主管部门、自然资源等有关部门，县级以上地方人民政府及其有关部门的直接负责的主管人员和其他直接责任人员。

第三十条　非法占用或者损毁黑土地农田基础设施的，由县级以上地方人民政府农业农村、水行政等部门责令停止违法行为，限期恢复原状，处恢复费用一倍以上三倍以下罚款。

【释义】本条是关于非法占用或者损毁黑土地农田基础设施的法律责任的规定。

黑土地农田基础设施，主要包括灌溉、排水、除涝和防治盐渍灾害等设施，是保护黑土地资源、稳步恢复提升黑土地基础地力、促进资源可持续利用的重要基础设施。保护好黑土地农田基础设施，就是保护黑土地。非法占用或者损毁黑土地农田基础设施的，要承担本条规定的法律责任。

一、本条规定的违法行为。本条规定的要承担法律责任的违法行为包括两种：非法占用黑土地农田基础设施和损毁黑土地农田基础设施。根据本法和有关法律规定，占用农田基础设施，必须经具有相应审批权的主管部门审批后实施。未经批准或者采取欺骗手段骗取批准，非法占用黑土地农田基础设施的，即为本条规定的违法行为。损毁黑土地农田基础设施，使其不能正常地发挥原有的作用，就可能使黑土地受到影响，土壤可能被侵蚀、沙化和盐渍化等。非法占用或者损毁黑土地农田基础设施，就是间接地破坏黑土地，就要承担本条规定的法律责任。

二、本条规定的承担法律责任的形式。对于所列的两种情形，本条规定的法律责任包括责令停止违法行为、限期恢复原状和罚款。

一是责令停止违法行为。对非法占用或者损毁黑土地农田基础设施的，由县级以上地方人民政府农业农村、水行政等部门责令违法行为人立即停止违法行为。违法行为人应当立即停止非法占用的或者正在实施的损毁黑土地农田基础设施的违法行为。

二是限期恢复原状。对非法占用或者损毁黑土地农田基础设施的，由县级以上地方人民政府农业农村、水行政等部门责令违法行为人限期恢复原状。违法行为人应当按照规定的期限完成恢复，该搬走的搬走，该拆除的拆除，将非法占用的和损毁的黑土地农田基础设施，恢复到可继续使用的状态。这里规定的"恢复原状"，既可以由违法行为人自行恢复，也可以由有关部门代为恢复，但恢复费用由违法行为人承担。

三是罚款。对非法占用或者损毁黑土地农田基础设施的，由县级以上地方人民政府农业农村、水行政等部门处恢复费用一倍以上三倍以下罚款。按照本条规定，责令停止违法行为，限期恢复原状，属于行政命令，此处的"处"罚款，为"应当处"罚款，由行政机关根据恢复费用，在一倍以上三倍以下的幅度内予以处罚。县级以上地方人民政府农业农村、水行政等部门应当准确核算恢复原状所需费用，作为决定罚款数额的依据。

对于非法占用或者损毁黑土地农田基础设施，除本条规定了给予行政处罚外，按照本法第三十六条的规定，构成犯罪的，依法追究刑事责任。也就是说，根据情节和对社会造成的危害后果，违法行为如达到了刑法规定的定罪标准的，就要依照刑法的规定追究其刑事责任。

第三十一条 违法将黑土地用于非农建设的，依照土地管理等有关法律法规的规定从重处罚。

违反法律法规规定，造成黑土地面积减少、质量下降、功能退化或者生态环境损害的，应当依法治理修复、赔偿损失。

农业生产经营者未尽到黑土地保护义务，经批评教育仍不改正的，可以不予发放耕地保护相关补贴。

【释义】 本条是关于破坏黑土地的法律责任的规定。

一、将黑土地用于非农建设的法律责任。一是违法将黑土地用于非农建设的，依照土地管理等有关法律法规的规定追究法律责任。将黑土地用于非农建设的，即违法占用黑土地搞建设，因土地管理法等相关法律法规对包括黑土地在内的耕地用于非农建设的法律责任已经作了相关规定，本法未作重复规定。土地管理法第七十四条规定，买卖或者以其他形式非法转让土地的，由县级以上人民政府自然资源主管部门没收违法所得；对违反土地利用总体规划擅自将农用地改为建设用地的，限期拆除在非法转让的土地上新建的建筑物和其他设施，恢复土地原状，对符合土地利用总体规划的，没收在非法转让的土地上新建的建筑物和其他设施，可以并处罚款；对直接负责的主管人员和其他直接责任人员，依法给予处分；构成犯罪的，依法追究刑事责任。第七十五条规定，违反本法规定，占用耕地建窑、建坟或者擅自在耕地上建房、挖砂、采石、采矿、取土等，破坏种植条件的，或者因开发土地造成土地荒漠化、盐渍化的，由县级以上人民政府自然资源主管部门、农业农村主管部门等按照职责责令限期改正或者治理，可以并处罚款；构成犯罪的，依法追究刑事责任。第七十七条规定，未经批准或者采取欺骗手段骗取批准，非法占用土地的，由县级以上人民政府自然资源主管部门责令退还非法占用的土地，对违反土地利用总体规划擅自将农用地改为建设用地的，限期拆除在非法占用的土地上新建的建筑物和其他设施，恢复土地原状，对符合土地利用总体规划的，没收在非法占用的土地上新建的建筑物和其他设施，可以并处罚款；对非法占用土地单位的直接负责的主管人员和其他直接责任人员，依法给予处分；构成犯罪的，依法追究刑事责任；超过批准的数量占用土地，多占的土地以非法占用土地论处。第七十八条规定，农村村民未经批准或者采取欺骗手段骗取批准，非法占用土地建住宅的，由县级以上人民政府农业农村主管部门责令退还非法占用的土地，限期拆除在非法占用的土地上新建的房屋；

超过省、自治区、直辖市规定的标准，多占的土地以非法占用土地论处。第八十二条规定，擅自将农民集体所有的土地通过出让、转让使用权或者出租等方式用于非农业建设，或者违反本法规定将集体经营性建设用地通过出让、出租等方式交由单位或者个人使用的，由县级以上人民政府自然资源主管部门责令限期改正，没收违法所得，并处罚款。

《中华人民共和国土地管理法实施条例》第五十四条规定，依照土地管理法第七十四条的规定处以罚款的，罚款额为违法所得的 10％以上 50％以下。第五十五条规定，依照土地管理法第七十五条的规定处以罚款的，罚款额为耕地开垦费的 5 倍以上 10 倍以下；破坏黑土地等优质耕地的，从重处罚。第五十七条规定，依照土地管理法第七十七条的规定处以罚款的，罚款额为非法占用土地每平方米 100 元以上 1 000 元以下。第六十条规定，依照土地管理法第八十二条的规定处以罚款的，罚款额为违法所得的 10％以上 30％以下。

本条中的"土地管理等有关法律法规"，是比较笼统的表述，除了以上列举的土地管理法、土地管理法实施条例外，还包括其他涉及土地管理方面的法律法规。目前有关方面正研究制定耕地保护法、修改矿产资源法等法律，其中可能涉及耕地保护方面的内容，违反这些法律的规定，将黑土地用于非农建设的，应当依法予以处罚。此外，还应当遵守有关行政法规、地方性法规有关耕地保护的规定。

二是违法将黑土地用于非农建设的，应当依法从重处罚。因本法保护的黑土地，大多是性状好、肥力高的优质耕地，应当给予更严格的保护，对违法行为的处罚也应当更严厉。因此，在依照土地管理等相关法律法规的规定予以处罚时，应当从重处罚。从重处罚是指在有关法律法规规定的处罚种类和幅度范围内对违法者适用较重的处罚。

二、造成黑土地面积减少、质量下降、功能退化或者生态环境损害的法律责任。本条规定的责任主体比较广泛，包括相关建设项目主体、农业生产经营者以及其他相关违法主体，只要行为人违反法律法规的规定，造成黑土地面积减少、质量下降、功能退化或者生态环境损害，都应当依法承担相应的法律责任。造成黑土地面积减少，比如，根据本法第二十一条的规定，建设项目不得占用黑土地，确需占用的，应当依法严格审批，并补充数量和质量相当的耕地。如果相关建设项目未补充数量和质量相当的耕地，造成黑土地面积减少，应当承担法律责任。造成黑土地质量下降，比如长期掠夺性经营，使土壤用养失调、土壤理化性状恶化。造成黑土地功能退化，比如造成黑土地严重水土流失、荒漠化等。造成黑土地生态环境损害，比如违法向黑土地大量倾倒垃圾造成黑土地污染，应当承担法律责任。

本条规定的责任形式包括治理修复、赔偿损失，违法者应当依照相关法律法规的规定承担相应的责任。比如，民法典第一千二百二十九条规定，因污染环境、破坏生态造成他人损害的，侵权人应当承担侵权责任。第一千二百三十四条规定，违反国家规定造成生态环境损害，生态环境能够修复的，国家规定的机关或者法律规定的组织有权请求侵权人在合理期限内承担修复责任；侵权人在期限内未修复的，国家规定的机关或者法律规定的组织可以自行或者委托他人进行修复，所需费用由侵权人负担。

三、农业生产经营者未尽到黑土地保护义务的法律责任。本法第十七条规定，农村集体经济组织、农业企业、农民专业合作社、农户等应当十分珍惜和合理利用黑土地，加强农田基础设施建设，因地制宜应用保护性耕作等技术，积极采取提升黑土地质量和改善农田生态环境的养护措施，依法保护黑土地。耕地保护相关补贴涉及农业生产经营者的重要财产权益，应当慎重使用不予发放耕地保护相关补贴的措施。对农业生产经营者未尽到黑土地保护义务的，并非一律不予发放耕地保护相关补贴，应当以批评教育为主，争取其及时改正错误，依法履行黑土地保护相关义务。只有经批评教育仍不改正的，才可以不予发放耕地保护相关补贴。

第三十二条 违反本法第二十条规定，盗挖、滥挖黑土的，依照土地管理等有关法律法规的规定从重处罚。

非法出售黑土的，由县级以上地方人民政府市场监督管理、农业农村、自然资源等部门按照职责分工没收非法出售的黑土和违法所得，并处每立方米五百元以上五千元以下罚款；明知是非法出售的黑土而购买的，没收非法购买的黑土，并处货值金额一倍以上三倍以下罚款。

【释义】 本条是关于盗挖、滥挖、非法买卖黑土的法律责任的规定。

一、关于盗挖、滥挖黑土的法律责任。近年来，黑土被一些不法分子盯上，为了谋取利益，一些不法分子肆无忌惮地对黑土进行盗挖和滥挖。2021年，黑龙江省五常市发生一起盗采泥炭资源破坏耕地案件，当地有9万多米^{2}的黑土被盗挖。2022年5月，最高人民检察院发布典型案例时公布了对该案件的处理结果，盗挖黑土的四人被哈尔滨市中级人民法院以非法采矿罪判处有期徒刑及民事赔偿，并承担回填、修复等费用。只有严惩盗挖、滥挖黑土的不法行为，使违法者有所忌惮，才能遏制盗挖、滥挖黑土的行为。为此，本法第二十条规定，任何组织和个人不得破坏黑土地资源和生态环境；禁止盗挖、滥挖和非法买卖黑土。

对盗挖、滥挖黑土的处罚力度，应当结合实际，对违法分子形成足够威慑，使其不敢为、不能为。本法在制定过程中，对盗挖、滥挖黑土法律责任的规定经历了一个不断完善的过程。草案一审稿最初规定，盗挖、滥挖、非法出售黑土的，由县级以上人民政府自然资源等有关部门责令改正，限期恢复原状，没收违法所得，按破坏土地的质量等级、违法情节轻重等情况并处每立方米五百元至二千元的罚款。在草案审议过程中，有的意见提出，土地管理法等法律法规已经对盗挖、滥挖土地的法律责任作了规定，应当做好与相关法律的衔接。最终通过的黑土地保护法明确，违反本法规定，盗挖、滥挖黑土的，依照土地管理等有关法律法规的规定从重处罚。

土地管理法第七十五条规定，违反本法规定，占用耕地建窑、建坟或者擅自在耕地上建房、挖砂、采石、采矿、取土等，破坏种植条件的，或者因开发土地造成土地荒漠化、盐渍化的，由县级以上人民政府自然资源主管部门、农业农村主管部门等按照职责责令限期改正或者治理，可以并处罚款；构成犯罪的，依法追究刑事责任。土地管理法实施条例第五十五条规定，依照土地管理法第七十五条的规定处以罚款的，罚款额为耕地开垦费的五倍以上十倍以下；破坏黑土地等优质耕地的，从重处罚。根据土地管理法第三十条的规定，耕地开垦费应当按照省、自治区、直辖市的规定缴纳。实践中，各省制定的耕地开垦费标准不一，大约在每平方米二十元至一百三十元之间。可在法律法规规定的处罚种类和幅度范围内适用较重的处罚。

二、关于非法买卖黑土的法律责任。据相关媒体报道，在电商平台或社交平台等输入"黑土"等关键词，就会弹出很多出售东北黑土的商家，可零售可批发，零售价格普遍在每斤*4～20元左右，大量批发还可以优惠，有卖家甚至还打出"我们不是生产土，我们只是大自然的搬运工"的广告语。非法买卖黑土与盗挖、滥挖黑土紧密相关，往往是非法产业链的前后端，只有斩断后端的非法买卖环节，才能遏制前端的盗挖、滥挖行为。为此，本条对非法买卖黑土的法律责任作了专门规定。

本法关于非法买卖黑土法律责任的规定，经历了一个不断完善的过程。草案一审稿最初仅将非法出售黑土纳入禁止范围，对非法出售黑土的处罚措施作了明确规定，由县级以上人民政府自然资源等有关部门责令改正，限期恢复原状，没收违法所得，按破坏土地的质量等级、违法情节轻重等情况并处每立方米五百元至二千元的罚款。一审后，草案征求了有关部门、地方和社会公众的意见，根据全国人大常委会组成人员和地方、部门的意见，草案二次审议稿进一步加大了处罚力度，将非法出售黑土的罚款上限由每立方米"二千元"提高到"五千元"。二审后，草案又征求了社会各方面的意见，在全国人大常委会审议和征求意见过程中，有的常委委员和社会公众提出，非法购买与非法销售黑土都应当禁止和处罚。宪法和法律委员会经研究，建议采纳这一意见，将非法购买行为也纳入了禁止范围，将相关条文中的"非法出售黑土"改为"非法买卖黑土"，本条相应增加了非法购买的法律责任。

黑土的土壤类型较多，对是不是黑土、是什么类型的黑土等，有时仅从外观上难以作出准确判断；同时，市场上虚假宣传、鱼目混珠的情况也比较常见，要求普通购买者对黑土作出准确判断不符合实际。实践中，对交易的土壤是否属于黑土，出售者往往了解，购买者则未必知情。因此，对购买者的法律责任应当实事求是，适当提高违法处罚门槛。本条规定，购买者在明知的情况下仍然购买的，才予以处罚，在不知情的情况下购买的不予处罚。同时，本条也对非法出售者、购买者规定了不同的罚款数额，对出售者处每立方米五百元以上五千元以下罚款，对购买者处货值金额一倍以上三倍以下罚款。

第三十三条　违反本法第二十一条规定，建设项目占用黑土地未对耕作层的土壤实施剥离的，由县级以上地方人民政府自然资源主管部门处每平方米一百元以上二百元以下罚款；未按照规定的标准对耕作层的土壤实施剥离的，处每平方米五十元以上一百元以下罚款。

【释义】本条是关于未按照规定对耕作层土壤进行剥离的法律责任。

在确保建设项目如期落地的同时，为保护好珍贵的黑土地资源，实现优质耕地资源的永续利用，坚持"在保护中开发 在开发中保护"的原则，本法第二十一条规定，建设项目占用黑土地的，应当按照规定的标准对耕作层的土壤进行剥离。开展建设占用黑土耕作层土壤剥离利用工作是保护优质黑土耕地的重要举措，是新形势下落实最严格的耕地保护制度的具体途径，反之即可能造成黑土耕作层的破坏。根据本法规定，具体的违

---

*　斤为非法定计量单位，1斤＝1/2千克。——编者注

法情形包括两种：

一、未对耕作层的土壤实施剥离。建设项目占用黑土地，按照规定应当对耕作层的土壤实施剥离。耕作层土壤是耕地最精华的部分，未对耕作层的土壤实施剥离的行为使黑土难以再利用，直接对黑土耕地耕作层造成破坏。对此类行为，本条明确由县级以上地方人民政府自然资源主管部门予以处罚，按照破坏的耕作层面积计算，处每平方米一百元以上二百元以下罚款。

二、未按照规定的标准对耕作层的土壤实施剥离。为保护黑土资源，耕作层土壤剥离应当突出科学性，规范实施。实践中，地方政府及有关主管部门发布了一系列指导意见、技术规范等，对土壤剥离活动提出要求，明确标准。2013年9月，吉林省人民政府办公厅印发《关于推进建设占用耕地耕作层土壤剥离工作的意见》，提出建设占用耕地进行表土剥离的要求，明确剥离实施方法和基本要求；2015年，配套印发《建设占用耕地表土剥离技术规范》（DB22/T 2278—2015）；2019年，又出台《吉林省建设占用耕地表土剥离工作管理办法（试行）》。2021年7月，黑龙江省人民政府办公厅印发《关于建设占用耕地耕作层土壤剥离利用工作的指导意见（试行）》，配套印发《建设占用耕地耕作层土壤剥离利用技术规范》（DB23/T 2913—2021）。2022年3月，内蒙古自治区自然资源厅印发《关于规范自治区建设占用黑土耕地表土剥离管理工作的通知》，要求建设占用黑土耕地在申请用地前，应编制黑土耕地表土剥离实施方案，并明确建设占用黑土耕地表土剥离实施方案应包括项目概况、编制依据、土壤调查评价、表土剥离、表土存储保育、表土运输、剥离表土验收、投资估算、实施计划、保障措施、附件材料等内容。建设项目占用黑土地，如果未按照规定的标准对耕作层的土壤实施剥离的，就要依照本条规定由县级以上地方人民政府自然资源主管部门处每平方米五十元以上一百元以下罚款。

第三十四条 拒绝、阻碍对黑土地保护情况依法进行监督检查的，由县级以上地方人民政府有关部门责令改正；拒不改正的，处二千元以上二万元以下罚款。

【释义】本条是关于拒绝、阻碍对黑土地保护情况依法进行监督检查的法律责任的规定。

根据本法规定，县级以上地方人民政府应当建立农业农村、自然资源、水行政、发展改革、财政、生态环境等有关部门组成的黑土地保护协调机制；县级以上人民政府自然资源、农业农村、水行政等有关部门按照职责，依法对黑土地保护和质量建设情况联合开展监督检查。由人民政府有关部门依法开展监督检查，是加强黑土地保护的必要途径。为保障县级以上地方人民政府有关部门依法实施监督检查的权利，本条规定了拒绝、阻碍依法进行的监督检查行为的法律责任。这里所指的相关监督检查活动必须是依照法律法规等实施的行为，对于不符合法律法规规定的程序、条件和要求的监督检查行为，相对人有权予以拒绝。

县级以上地方人民政府有关部门依法实施监督检查，目的是确保黑土地相关保护义务有效落实、不被破坏。对拒绝、阻碍县级以上地方人民政府有关部门依法实施监督检查的，首先应责令改正，由被拒绝、阻碍的部门责令当事人改正或者停止违法行为，"责令改正"不属于行政处罚法规定的七种行政处罚范围，而是确保违法行为得以纠正的手段，以避免出现"以罚代管"。但是，对于拒不改正的，有关部门应当按照本条规定处以罚款，额度为二千元以上二万元以下。

第三十五条　造成黑土地污染、水土流失的，分别依照污染防治、水土保持等有关法律法规的规定从重处罚。

【释义】 本条是关于造成黑土地污染和水土流失违法行为的法律责任规定。

一、本条是衔接性规定。作为一部"小切口"立法，本法没有对所有损害、破坏黑土地行为的法律责任都作出详细规定，对于其他法律法规已经明确规定了法律责任的，如污染土地、造成水土流失的行为，本法作了衔接性规定，指引到适用于所有土地类型的土壤污染防治法、水土保持法、水土保持法实施条例，以及四省区制定的有关地方性法规予以处罚，并明确要求进行从重处罚，即在上述有关法律法规规定的处罚种类和幅度内，在数种处罚方式中选择较严厉的处罚方式，或者在某一处罚方式允许的幅度内选择上限或者接近于上限进行处罚。

二、造成黑土地污染的行为。根据土壤污染防治法等有关法律法规的规定，主要包括：向黑土地排放重金属或者其他有毒有害物质含量超标的污水、污泥，以及可能造成土壤污染的清淤底泥、尾矿、矿渣等的行为；农业投入品生产者、销售者、使用者未按照规定及时回收农业投入品的包装废弃物，或者未按照规定进行无害化处理的行为；将重金属或者其他有毒有害物质含量超标的工业固体废物、生活垃圾或者污染土壤用于土地复垦的行为；未按照土壤污染防治法的规定实施风险管控、修复活动，对土壤、周边环境造成新的污染的行为；土壤污染责任人或者土地使用权人未按照土壤污染防治法的规定采取风险管控措施、实施修复的行为等。上述行为，不论行为发生地在哪里，只要造成了黑土地污染的后果，都应当按照污染防治等有关法律法规的规定予以从重处罚。

三、造成黑土地水土流失的行为。这里不仅包括在黑土耕地上造成水土流失的行为，也包括在黑土耕地周边从事有关违法活动从而造成黑土耕地水土流失的行为，根据水土保持法、水土保持法实施条例等有关法律法规的规定，主要包括：在崩塌、滑坡危险区或者泥石流易发区从事取土、挖砂、采石等活动的行为；在禁止开垦坡度以上陡坡地开垦种植农作物，或者在禁止开垦、开发的植物保护带内开垦、开发的行为；毁林、毁草开垦造成水土流失的行为；在水土流失重点预防区和重点治理区从事铲草皮、挖树蔸等行为；在林区采伐林木不依法采取防止水土流失措施的行为；水土保持设施未经验收或者验收不合格将生产建设项目投产使用的行为；开办生产建设项目或者从事其他生产建设活动造成水土流失且不进行治理的行为等。上述行为，不论行为发生地在哪里，只要造成了黑土地水土流失的后果，都应当按照水土保持等有关法律法规的规定予以从重处罚。

第三十六条　违反本法规定，构成犯罪的，依法追究刑事责任。

【释义】 本条是关于刑事责任的规定。

本条是衔接性的规定，所有与黑土地保护有关的主体，无论其是黑土地生产经营者，还是政府及其有关部门的工作人员，以及盗挖、滥挖和非法买卖黑土的当事人，非法损毁黑土地农田基础设施的当事人，造成黑土地污染的当事人等，只要其行为违反了本法规定，且符合刑法规定的有关入罪条件的，就要根据刑法的有关规定按照法律程序追究相应的刑事法律责任。

与本法有关的犯罪行为主要包括：一是盗挖、滥挖黑土的，可能构成非法占用农用地罪、盗窃罪；在黑土地上盗挖、滥挖泥炭土的，可能构成非法采矿罪；非法买卖黑土、泥炭土的，可能构成掩饰、隐瞒犯罪所得、犯罪所得收益罪。二是非法占用黑土地，改变被占用土地用途，数量较大，造成黑土地大量毁坏的，可能构成非法占用农用地罪。三是故意损毁黑土地农田基础设施的，可能构成故意毁坏财物罪。四是造成黑土地污染的，可能构成污染环境罪。五是国务院有关部门、四省区各级人民政府及其有关部门工作人员截留、挪用或者未按照规定使用黑土地保护资金的，对破坏黑土地的行为，发现或者接到举报未及时查处的，以及有其他不依法履行黑土地保护职责导致黑土地资源和生态环境遭受破坏的行为的，可能构成贪污罪、挪用公款罪、滥用职权或者玩忽职守罪。六是拒绝、阻碍对黑土地保护情况依法进行监督检查的，可能构成妨害公务罪。

第三十七条 林地、草原、湿地、河湖等范围内黑土的保护，适用《中华人民共和国森林法》、《中华人民共和国草原法》、《中华人民共和国湿地保护法》、《中华人民共和国水法》等有关法律；有关法律对盗挖、滥挖、非法买卖黑土未作规定的，参照本法第三十二条的规定处罚。

【释义】本条是关于林地、草原、湿地、河湖等范围内黑土保护的法律适用问题的规定。

我国东北平原是世界三大黑土区之一。根据2015年国务院批准发布的《全国水土保持规划（2015—2030年)》，黑土区包括黑龙江和吉林两省全部、辽宁北部和内蒙古东部的244个县级行政区，面积为109万千米^2（16.35亿亩），其中耕地为2 892.3万公顷（4.34亿亩）。也就是说，除了耕地以外，还有大面积的黑土分布在林地、草原、湿地、河湖等范围内。据不完全统计，仅东北林地、草地中的黑土面积就有约6亿亩。这些黑土也是宝贵的土壤资源，同样需要加以保护。目前，我国森林法、草原法、湿地保护法、水法等有关法律已经对林地、草原、湿地、河湖等范围内黑土的保护作了规定。例如森林法第七十四条规定，违反本法规定，进行开垦、采石、采砂、采土或者其他活动，造成林木毁坏的，由县级以上人民政府林业主管部门责令停止违法行为，限期在原地或者异地补种毁坏株数一倍以上三倍以下的树木，可以处毁坏林木价值五倍以下的罚款；造成林地毁坏的，由县级以上人民政府林业主管部门责令停止违法行为，限期恢复植被和林业生产条件，可以处恢复植被和林业生产条件所需费用三倍以下的罚款。草原法第六十八条规定，未经批准或者未按照规定的时间、区域和采挖方式在草原上进行采土、采砂、采石等活动的，由县级人民政府草原行政主管部门责令停止违法行为，限期恢复植被，没收非法财物和违法所得，可以并处违法所得一倍以上二倍以下的罚款；没有违法所得的，可以并处二万元以下的罚款；给草原所有者或者使用者造成损失的，依法承担赔偿责任。湿地保护法第五十七条规定，违反本法规定开采泥炭的，由县级以上人民政府林业草原等有关主管部门按照职责分工责令停止违法行为，限期修复湿地或者采取其他补救措施，没收违法所得，并按照采挖泥炭体积，处每立方米二千元以上一万元以下罚款。水法第七十二条规定，有侵占、毁坏水工程及堤防、护岸等有关设施，毁坏防汛、水文监测、水文地质监测设施的；在水工程保护范围内，从事影响水工程运行和危害水工程安全的爆破、打井、采石、取土等活动行为之一，构成犯罪的，依照刑法的有关规定追究刑事责任；尚不够刑事处罚，且防洪法未作规定的，由县级以上地方人民政府水行政主管部门或者流域管理机构依据职权，责令停止违法行为，采取补救措施，处一万元以上五万元以下的罚款；违反治安管理处罚法的，由公安机关依法给予治安管理处罚；给他人造成损失的，依法承担赔偿责任。

根据本条规定，如果有上述破坏林地、草原、湿地、河湖等范围内黑土的行为，应当按照相应法律予以处理、处罚。需要注意的是，有关法律对盗挖、滥挖、非法买卖黑土未作规定的，有关部门可以参照本法第三十二条的规定处罚，即盗挖、滥挖黑土的，依照土地管理等有关法律法规的规定从重处罚；非法出售黑土的，没收非法出售的黑土和违法所得，并处每立方米五百元以上五千元以下罚款；明知是非法出售的黑土而购买的，没收非法购买的黑土，并处货值金额一倍以上三倍以下罚款。

第三十八条 本法自 2022 年 8 月 1 日起施行。

【释义】 本条是关于本法时间效力的规定。

法律的作用在于实施，法律的权威也在于实施，再好的法律只有宣传到群众中去，落实到工作中来，才能收到实实在在的效果。本法于 2022 年 6 月 24 日由第十三届全国人民代表大会常务委员会第三十五次会议通过，同日由中华人民共和国第一百一十五号主席令发布。法律的公布到正式实施通常要留出一定时间的过渡期。作为新制定的法律，正式实施前，应当留出一定的时间充分宣传，以便有关单位和人员充分掌握法律内涵，更好地守法执法，避免法律执行出现偏差，更好地保障人民群众权益；同时，考虑到我国当前黑土地保护工作的迫切需要，又需要本法尽快实施。为此，在充分考虑两方面因素的基础上，规定本法于 2022 年 8 月 1 日起施行。

《中华人民共和国黑土地保护法（草案）》
说明、审议及征求意见情况

关于《中华人民共和国黑土地
保护法（草案）》的说明

一、制定黑土地保护法的必要性

一是深入贯彻落实习近平总书记重要指示和党中央决策部署的需要。习近平总书记将黑土地比喻为国宝"大熊猫"，这一论述具有极其深刻的内涵。黑土地是大自然赋予人类得天独厚的稀缺宝贵资源，具有优质性、稀缺性、易被侵蚀性等特点。多年来人为高强度开发利用，黑土层厚度、有机质含量等下降，土壤酸化、沙化、盐渍化加剧，严重影响生态安全和农业可持续发展。要从造福子孙永续发展的高度认识黑土地保护的特殊性和战略意义，从藏粮于地、藏粮于技战略高度推进。制定黑土地保护法，将保护黑土地上升为国家意志，是贯彻落实习近平总书记和党中央关于黑土地保护要求的有力举措。

二是保障长远国家粮食安全的需要。民以食为天，粮以地为本。黑土地的土壤性状好、肥力高、水肥气热协调，相较于其他土地的单位面积产出，同肥不同量、同量不同质，粮食产量高、品质好。东北黑土区是我国重要的粮食生产基地，粮食产量约占全国的四分之一，粮食商品率高，是保障粮食市场供应的重要来源，是保障国家粮食安全的压舱石。制定黑土地保护法，有利于规范黑土地保护、治理、修复、利用等活动，保护黑土地高产优质农产品产出功能，为保障国家粮食安全提供坚强法治保障。

三是维护生态系统平衡的需要。珍稀黑土地自然资源，既不可再生，也无可替代。长期以来，由于保护和投入不够，加之风蚀、水蚀侵害，黑土层"变薄、变硬、变瘦"，侵蚀沟发育发展，水土流失日益严重，进而导致耕地破碎化、河道淤积、洪涝灾害加剧等生态环境问题。人与自然应当和谐共生，保护自然则自然回报慷慨，掠夺自然则自然惩罚无情。制定黑土地保护法，保护好生态环境，维护好生态系统平衡，促进资源环境可持续，才能使黑土地永远造福人民。

四是完善黑土地保护体制机制的需要。近年来，党中央、国务院通过制定保护规划和实施行动方案等措施保护黑土地，但是仍存在政策协同性不足、稳定投入机制未建立、责任主体不够明确等问题。有关省份的地方层面立法，难以形成上下联动、多方参与的保护机制。当前土地管理有关法律法规，在耕地保护方面主要解决一般性问题，缺乏针对黑土地特殊性的保护措施。综合施策、形成合力、久久为功保护好黑土地，需要全社会共同努力。制定黑土地保护法，有利于建立针对性、系统性的黑土地保护制度。

二、立法指导思想和总体思路

深入学习贯彻习近平新时代中国特色社会主义思想，深刻理解和准确把握习近平总书记关于黑土地保护的重要指示精神，牢固树立法治思维，坚持问题导向和目标导向，坚持"小快灵"立法，突出立法针对性、适用性、可操作性，着力保护黑土地中的耕地，促进资源可持续利用，维护生态系统平衡，保障国家粮食安全。

根据调研情况和黑土地保护面临的突出问题，起草中注重把握以下几点：一是明确责任。构建政府主导、农业生产经营者实施、公众参与的保护机制，建立共同负责、各负其责的责任体系。二是坚持用养结合。有的人提出，应该养地在先，不达标准停止耕种。我们的目的是要口粮安全。既要改变生产经营方式加以保护，也要防止削弱粮食生产能力和影响农民种粮积极性，促进形成绿色可持续发展方式。三是尊重自然规律和科技规律。黑土地分布广阔，不同地域积温、降雨、蒸发、风力等条件不同，需要采取的措施和技术路径也不同。保护黑土地要因地制宜，坚持从实际出发，不搞一刀切。四是保护好农民权益。合理利用和保护黑土地，要有利于农民利益近期不受损、长远更有利，有利于国家粮食安全、生态安全。

三、草案的主要内容

草案不分章，共三十七条，包括立法目的、适用范围、保护要求和原则、政府责任和协调机制、制定规划、资源调查和监测、科技支撑、数量保护措施、质量提升措施、农业生产经营者的责任、资金保障、奖补措施、考核与监督、法律责任等内容。

（一）本法的适用范围

保障国家粮食安全，处理好黑土地保护与利用的关系，重点和难点在耕地。草案明确本法所称黑土地，涉及的地域范围为黑龙江省、吉林省、辽宁省、内蒙古自治区的相关区域，土地特性为拥有黑色或者暗黑色腐殖质表土层，性状好、肥力高的优质耕地。这一规定也是具体落实习近平总书记关于保护"耕地中的大熊猫"的要求。

（二）加强政府的统筹和协调

统筹和协调是形成工作合力的关键。草案完善政府工作机制，明确国务院和省（自治区）人民政府应当加强领导、组织、协调、监督管理，县级以上人民政府应当建立黑土地保护协调机制；突出规划引领，县级以上人民政府应当以调查和监测为基础、体现集中连片治理、科学编制黑土地保护规划，县级规划应当落实到地块。为摸清黑土地底数和变化趋势，草案对开展黑土地调查和常态化监测作出了规定。

（三）加强黑土地保护的科技支撑

科技手段为黑土地保护提供重要支撑。草案加强黑土地保护科技创新、科研成果推广应用和技术服务；针对水蚀、风蚀、土壤质量下降等突出问题，明确应当综合采取工程、农艺、农机、生物等措施，规定了农田基础设施建设、提升土壤质量、加强环境治理的关键措施。为做到精准施策，草案规定对黑土地进行科学分区，因地制宜采用具体措施。

（四）强化农业生产经营者的保护责任和调动积极性

农业生产经营者应当保护黑土地，同时要让保护者不吃亏、种粮者收入有提高。草案明确农业生产经营者应当积极采用黑土地养护措施，国家应当建立用养结合、保护效果导向的奖补机制，鼓励支持采取黑土地保护和治理修复措施。

（五）加大黑土地保护投入

长期稳定的资金投入是黑土地保护的重要保障。草案规定，国家建立健全黑土地保护财政投入保障制度，加大奖补资金的倾斜力度，高标准农田建设等项目资金应当保障黑土地保护需要；县级人民政府可以按照国家有关规定统筹整合相关涉农资金；建立健全黑土地保护跨区域补偿机制，鼓励社会资金投入黑土地保护活动。

（六）加强考核和监督

压实黑土地保护责任，形成监督合力。草案规定，建立黑土地保护目标责任制和考核评价制度，黑土地保护情况纳入耕地保护责任目标；有关部门按照职责联合开展监督检查；加强人大监督，县级以上人民政府应当报告黑土地保护情况。

草案还对禁止盗挖、滥挖、非法出售黑土等内容作出规定。

草案注意与有关法律搞好衔接，一般性的耕地保护和土地污染有关问题，本法不再重复，只是针对相关违法行为的处罚作出衔接性规定。

全国人民代表大会宪法和法律委员会
关于《中华人民共和国黑土地保护法
(草案)》修改情况的汇报

全国人民代表大会常务委员会：

　　常委会第三十二次会议对黑土地保护法草案进行了初次审议。会后，法制工作委员会将草案印发黑龙江省、吉林省、辽宁省、内蒙古自治区的省市级人大和中央有关部门、全国人大代表、研究机构、有关企业等征求意见；在中国人大网全文公布草案，征求社会公众意见。宪法和法律委员会、农业与农村委员会、法制工作委员会联合召开座谈会，听取中央有关部门、四省（自治区）人大、全国人大代表、专家学者、基层干部、农民专业合作社、农业企业和农民等对草案的意见；法制工作委员会就草案的有关问题同有关方面交换意见，共同研究。宪法和法律委员会于3月24日召开会议，根据常委会组成人员审议意见和各方面的意见，对草案进行了逐条审议。农业与农村委员会、国家发展和改革委员会、司法部、农业农村部、财政部、自然资源部有关负责同志列席了会议。4月12日，宪法和法律委员会召开会议，再次进行了审议。现将黑土地保护法草案主要问题修改情况汇报如下：

　　一、有些常委会组成人员和部门提出，应进一步完善有关黑土地范围的规定，适应黑土地保护、治理、修复工作的需要，并做好本法与相关法律的衔接。宪法和法律委员会经研究，建议对草案作以下修改：一是，增加规定：黑土地保护规划应当科学确定黑土地的保护范围。二是，增加规定：从事黑土地保护、利用和相关治理、修复等活动，适用本法；本法没有规定的，适用土地管理法等有关法律的规定。三是，将第三十六条修改为：林地、草原、湿地、河湖等范围内黑土地的保护，适用森林法、草原法、湿地保护法、水法等有关法律的规定；有关法律对盗挖、滥挖、非法出售黑土未作规定的，参照本法第三十一条的规定处罚。

　　二、有的常委委员和部门建议，突出黑土地对粮食安全的保障作用。宪法和法律委员会经研究，建议增加规定：黑土地应当用于粮食和油料作物、糖料作物、蔬菜等农产品生产；划入永久基本农田的黑土地应当重点用于粮食生产。

　　三、有的常委委员建议，加强黑土地保护科技支撑和技术服务。宪法和法律委员会经研究，建议增加相关内容，规定：一是，鼓励高等学校、科研机构和农业技术推广机构等协同开展科技攻关。二是，国家鼓励企业、高等学校、职业学校、科研机构、科学技术社会团体、农民专业合作社、农业社会化服务组织、农业科技人员等开展黑土地保护相关技术服务。三是，县级以上人民政府应当推广科学的耕作制度。

　　四、有些常委委员和代表提出，做好黑土地保护工作既要发挥政府主导作用，也要注重发挥市场的作用，还要依靠基层组织和农民。宪法和法律委员会经研究，建议增加以下规定：一是，农村集体经济组织、村民委员会依法发包农村土地，监督承包方依照承包合同约定的用途合理利用和保护黑土地，制止承包方损害黑土地等行为。二是，农村集体经济组织、国有农场、农业企业、农民专业合作社、农户等应当十分珍惜和合理利用黑土地。三是，国家按照政策支持、企业和社会参与、市场化运作的原则，鼓励社会资本投入黑土地保护活动，并保护投资者的合法权益。

五、根据一些常委会组成人员和地方、部门的意见，宪法和法律委员会建议，完善法律责任，增强针对性，加大处罚力度，对草案有关规定作以下修改：一是，细化有关部门及其工作人员不依法履行黑土地保护职责的具体情形和法律责任。二是，明确规定：盗挖、滥挖黑土的，依照土地管理等有关法律法规的规定从重处罚。三是，将非法出售黑土的罚款上限由每立方米"二千元"提高到"五千元"。

还有一个问题需要汇报。草案第二十四条规定：国家鼓励粮食主销区通过资金支持、建立与主产区的稳定购销关系等方式参与黑土地保护，建立健全黑土地保护跨区域补偿机制。有关部门提出，黑土地保护涉及主体众多，利益关系比较复杂，实行跨区域补偿机制较难操作，且可能会弱化主销区的粮食生产责任，建议先在实践中开展探索，目前不宜在法律中作出规定。考虑到黑土地保护跨区域补偿机制是草案新设的一项制度，有关方面尚存在不同认识，据此，建议对草案这一规定暂不作改动，进一步听取意见。

此外，还对草案作了一些文字修改。

草案二次审议稿已按上述意见作了修改，宪法和法律委员会建议提请本次常委会会议继续审议。

草案二次审议稿和以上汇报是否妥当，请审议。

全国人民代表大会宪法和法律委员会

2022 年 4 月 18 日

全国人民代表大会宪法和法律委员会
关于《中华人民共和国黑土地保护法（草案）》审议结果的报告

全国人民代表大会常务委员会：

常委会第三十四次会议对黑土地保护法草案进行了二次审议。会后，栗战书委员长在黑龙江省开展有关执法检查时，对黑土地保护立法工作提出要求。法制工作委员会在中国人大网全文公布草案二次审议稿征求社会公众意见，并就草案的有关问题同有关方面交换意见，共同研究。宪法和法律委员会、法制工作委员会到地方进行了调研。宪法和法律委员会于5月16日召开会议，根据委员长会议精神、常委会组成人员审议意见和各方面的意见，对草案进行了逐条审议，农业与农村委员会有关负责同志列席了会议，同时书面征求了国家发展和改革委员会、司法部、财政部、自然资源部、农业农村部的意见。6月14日，宪法和法律委员会召开会议，再次进行了审议。宪法和法律委员会认为，为强化黑土地保护和治理修复，长远保障国家粮食安全，制定本法是必要的，草案经过审议修改，已经比较成熟。同时，提出以下主要修改意见：

一、有的常委委员提出，国家实行科学、有效的黑土地保护政策，不仅要采取工程、农艺、农机、生物等措施，还要保障财政投入。宪法和法律委员会经研究，建议采纳这一意见，将有关规定修改为"国家实行科学、有效的黑土地保护政策，保障黑土地保护财政投入，综合采取工程、农艺、农机、生物等措施"。

二、根据有关方面意见，黑土地保护范围不应仅以现状为标准，要综合考虑黑土地开发历史等因素，按照最有利于保护和修复的原则，在国家层面统筹确定，分类型、分步骤地加以保护和修复。宪法和法律委员会经研究，建议增加规定：国务院农业农村主管部门会同自然资源、水行政等有关部门，综合考虑黑土地开垦历史和利用现状，以及黑土层厚度、土壤性状、土壤类型等，按照最有利于全面保护、综合治理和系统修复的原则，科学合理确定黑土地保护范围并适时调整，有计划、分步骤、分类别地推进黑土地保护工作。历史上属黑土地的，除确无法修复的外，原则上都应列入黑土地保护范围进行修恢复。

三、有的常委委员建议充实水土流失预防和治理的有关规定。宪法和法律委员会经研究，建议增加以下内容：一是国家鼓励采取综合性措施，预防和治理水土流失；二是在对黑土地保护和质量建设情况联合开展监督检查的部门中增加水行政部门；三是明确造成黑土地水土流失的，依照水土保持有关法律法规的规定从重处罚。

四、农业与农村委员会提出，实践中，农垦国有农场承担着黑土地保护的重要责任，发挥了特殊的作用，本法应对此作出规定。宪法和法律委员会经研究，建议增加规定：国有农场应当负责其经营管理范围内的黑土地保护工作，充分发挥示范作用，并依法接受监督检查。

五、有的常委委员和社会公众提出，非法购买与非法销售黑土都应禁止和处罚。宪法和法律委员会经研究，建议采纳这一意见，将相关条文中的"非法出售黑土"改为"非法买卖黑土"，并增加相应法律责任。

六、草案二次审议稿第二十四条规定，国家鼓励粮食主销区通过资金支持、建立与主产区的稳定购销关系等方式参与黑土地保护，建立健全黑土地保护跨区域补偿机制。宪法和法律委员会根据常委会审议意见，并经同农业与农村委员会、国家发展和改革委员会、司法部、财政部、自然资源部、农业农村部研究，建议根据国家关于耕地保护和粮食主产区利益保护的原则要求，对草案作出完善，将"建立健全黑土地保护跨区域补偿机制"改为"建立健全黑土地跨区域投入保护机制"。

七、有的常委会组成人员建议进一步完善非法占用或者损毁黑土地农田基础设施的处罚标准。宪法和法律委员会经研究，建议采纳这一意见，将罚款数额由"一万元以上三万元以下"改为"恢复费用一倍以上三倍以下"。

此外，还对草案二次审议稿作了一些文字修改。

草案三次审议稿已按上述意见作了修改，宪法和法律委员会建议提请本次常委会会议审议通过。

草案三次审议稿和以上报告是否妥当，请审议。

全国人民代表大会宪法和法律委员会

2022 年 6 月 21 日

全国人民代表大会宪法和法律委员会
关于《中华人民共和国黑土地保护法
(草案三次审议稿)》修改意见的报告

全国人民代表大会常务委员会：

本次常委会会议于 6 月 22 日上午对黑土地保护法草案三次审议稿进行了分组审议。普遍认为，草案已经比较成熟，建议进一步修改后，提请本次常委会会议表决通过。同时，有些常委会组成人员和列席人员还提出了一些修改意见和建议。宪法和法律委员会于 6 月 22 日晚召开会议，逐条研究了常委会组成人员和列席人员的审议意见，对草案进行了审议。农业与农村委员会、司法部、农业农村部有关负责同志列席了会议，同时书面征求了国家发展和改革委员会、财政部、自然资源部的意见。宪法和法律委员会认为，草案是可行的，同时，提出以下修改意见：

一、有的常委委员提出，黑土地保护范围应当向社会公布。宪法和法律委员会经研究，建议采纳这一意见，明确县级黑土地保护规划应当落实到黑土地具体地块，并向社会公布。

二、有的常委委员建议增加黑土地保护国际合作的内容。宪法和法律委员会经研究，建议增加规定：国家支持开展黑土地保护国际合作与交流。

三、有的常委委员提出，保护黑土地不仅要科学减少化肥施用量和化学农药使用，还要科学减少除草剂使用。宪法和法律委员会经研究，建议采纳这一意见，增加相关内容。

四、根据一些常委委员的意见，宪法和法律委员会经研究，建议在草案规定四省区人民政府的黑土地生态环境保护责任的基础上，进一步规定：县级以上人民政府应当加强黑土地生态保护和黑土地周边生态环境治理修复；任何组织和个人不得破坏黑土地生态环境。

五、有的常委委员建议规定，国家鼓励保险机构开展黑土地保护相关保险业务。宪法和法律委员会经研究，建议采纳这一意见，增加相关内容。

有的常委会组成人员还对本法通过后的实施和宣传工作提出了很好的意见。宪法和法律委员会建议有关方面认真研究常委会组成人员的审议意见，抓紧制定和完善相关配套规定，积极做好宣传和解读，保证法律的有效实施。

经与有关方面研究，建议将本法的施行时间确定为 2022 年 8 月 1 日。

此外，根据常委会组成人员的审议意见，还对草案三次审议稿作了一些文字修改。

草案修改稿已按上述意见作了修改，宪法和法律委员会建议本次常委会会议审议通过。

草案修改稿和以上报告是否妥当，请审议。

全国人民代表大会宪法和法律委员会

2022 年 6 月 23 日

十三届全国人大常委会第三十二次会议
审议黑土地保护法草案的意见

2021年12月23日，十三届全国人大常委会第三十二次会议对黑土地保护法草案进行了审议。现将审议意见简报如下：

一、总的意见

有些常委会组成人员和列席人员提出，黑土地是我国的珍稀土地资源，对实施藏粮于地战略、保障国家粮食安全意义重大，制定黑土地保护法十分必要。草案贯彻落实习近平总书记重要指示精神和党中央决策部署，针对当前我国黑土地保护面临的主要问题，对黑土地保护的协调机制、科技支撑、资金保障、考核监督等作了规定，总体赞成。

有的常委会组成人员提出，我国黑土地面临的最大问题是黑土流失和有机质下降，应当实行保护与治理并重。有的常委委员提出，草案对防止水土流失和土地退化、保护耕作的支持力度较弱，建议进一步强化。有的常委委员提出，草案在保护与发展相结合、系统治理等方面还比较薄弱，建议对处理好粮食安全与黑土地保护的关系作出原则规定，并加强对黑土地、黄土地、南方红壤等土地保护的顶层设计。有的常委委员提出，要精准保护，不能泛化。有的常委委员提出，草案要找准定位，避免与相关法律重复或者冲突，充分体现"小切口"立法的特点，增强针对性和可操作性。有的常委委员提出，草案的一些规定还比较概括和笼统，应当多规定具体管理措施和有关方面的权利义务。有的专委会委员提出，黑土地保护要在技术措施、增产措施、增加腐殖层、开发管理等方面完善制度，尽量减少指导性条款，增加约束性条款，增强可操作性。有的常委委员提出，为了突出主题、便于普法宣传和索引使用，建议草案分章节规定。

二、关于适用范围

草案第二条规定，本法所称黑土地是指黑龙江省、吉林省、辽宁省、内蒙古自治区的相关区域范围内拥有黑色或者暗黑色腐殖质表土层，性状好、肥力高的优质耕地。

有些常委会组成人员提出，草案关于黑土地的定义范围过窄，建议进一步扩大。有的常委会组成人员建议将"优质耕地"改为"优质土地"或"适宜农耕的优质土地"，并明确规定，国家分区分类推进黑土地保护，既落实最严格的耕地保护制度，又促进资源可持续利用、维护生态系统平衡。有的常委会组成人员建议将"优质耕地"改为"土地"。有的常委委员提出，草案关于黑土地的定义不够精准，建议以第二次全国土壤普查结果为基础，将黑土类土壤纳入保护范围。有的常委委员建议删除"性状好、肥力高的优质耕地"的表述。有的常委委员提出，"相关区域范围"的表述不明确，建议删除。

有的常委会组成人员建议在"内蒙古自治区"后增加"以下简称省（自治区）"。有的常委委员建议明确本条及相关条文中的"地力"、"肥力"等词语的含义。有的常委委员建议增加一款：在中华人民共和国领域内从事与黑土地保护有关的治理、修复、利用等活动，适用本法。

三、关于统筹协调

1. 草案第五条第一款规定，省（自治区）人民政府对本行政区域内的黑土地数量、质量和生态安全负责。有的常委委员建议删去"生态安全"。有的常委委员建议增加"其主要责任人是本行政区域黑土地保护的第一责任人"的规定。

第二款规定，县级以上人民政府应当建立农业农村、自然资源等有关部门组成的黑土地保护协调机制。有的常委会组成人员和列席人员建议增加生态环境部门、住房城乡建设部门、林业和草原部门。有的常委委员建议明确本法由农业农村部门会同自然资源、生态环境、水利等部门负责实施。有的常委委员建议增加黑土地保护工作监管的规定，并充分发挥生态环境部门的作用。

2. 草案第六条第一款规定，国土空间规划应当合理布局各类用途土地，有利于黑土地水蚀、风蚀等灾害的预防和治理。有的常委会组成人员提出，水蚀、风蚀是黑土地退化的过程，还达不到灾害的水平，建议将"灾害"改为"退化过程"。

3. 草案第七条对黑土地的调查和监测作了规定。有的常委会组成人员建议将黑土地的"类型"纳入调查范围，在监测的部门中增加水利部门。有的常委委员建议将黑土地"人为破坏"情况纳入常态化监测的内容。

4. 草案第八条对制定黑土地质量标准等作了规定。有的常委委员建议将本条与第七条进行合并，将本条中的"县级以上人民政府应当制定黑土地质量提升计划"移至第十二条。有的专委会委员建议在制定黑土地质量标准的部门中增加林业和草原部门。

四、关于科技支撑

1. 草案第三条规定，保护黑土地的高产优质农产品产出功能，确保黑土地数量不减少、功能不退化、质量有提升、产能可持续。有的常委委员建议将"高产优质农产品产出功能"改为"优良生产能力"。有的常委委员建议删去"高产优质农产品产出功能"，将"土地数量"改为"土地面积"。有的常委委员提出，确保"功能不退化、质量有提升"可能难以做到，只要确保质量不下降即可。有的常委委员建议增加推动土地集约化利用的内容。

2. 草案第十条第一款规定，县级以上人民政府应当鼓励和支持土壤改良、地力培肥、水土保持、防风固沙等科学研究和科研成果推广应用。有的常委会组成人员建议将"水土保持"、"地力培肥"移至"土壤改良"、"防风固沙"的前面。有的常委委员建议增加规定：统筹相关高校、科研机构和农业技术推广单位等资源力量，协同开展科技攻关。有的常委委员建议增加鼓励和支持黑土地保护科研创新、完善科研体系、培养专门人才、加大经费投入、加强成果转化应用、提高科技供给能力的内容。有的常委委员建议增加加强国家级黑土地基础科学研究的规定。

3. 草案第十一条对加强农田基础设施建设规定了六项措施。有的常委会组成人员建议在第一项"加强农田水利工程建设，完善田间灌排体系"中增加"对无灌溉设施的黑土旱作耕地应建设排水设施以防止黑土退化"；第二项中的"平整田块田面"的提法不妥，东北黑土地大部分都是缓岗耕地，不需要也没有灌溉设施，平整田块田面会移走表层黑土，建议删去。有的常委会组成人员建议在第二项"平整田块田面"后增加"修复沟毁耕地"，在第四项"建设农田防护林网"后增加"修复损坏林带"。有的专委会委员建议在第一项中增加"加强黑土地区的旱地水利设施的规划和建设"。有的常委委员提出，应当增加江河水源的利用，减少地下水的利用。

4. 草案第十二条对提高黑土地质量规定了六项措施。有的常委会组成人员建议将本条修改为："县级以上人民政府应当因地制宜地集成下列技术，建立科学的农作制度，在保证粮食稳产增产下，同时提高黑土地质量：（一）轮作休耕：建立用地养地相结合的种植模式，按照国家有关规定适度休耕；（二）保护性耕作技术：采用少耕（如深松）、条耕和免耕等秸秆覆盖型保护性耕作技术，推广适宜的农机具；（三）秸秆还田技术：采用秸秆过腹转化方式进行还田，在水土流失风险很低、土壤障碍层明显和低温过湿地区，可采用秸秆粉碎翻埋还田技术；（四）科学施肥：实施测土配方施肥，科学减少化肥施用量，鼓励增施有机肥料；（五）病虫草害绿色综合防治技术：综合采用农艺措施、生物技术和生物制剂等病虫草害绿色防控技术，减少化学农药用量，合理使用农膜等农业生产资料；（六）其他黑土地质量提升措施。"有的常委委员建议将第二项中的"深松深耕"改为"深松耕"。

5. 草案第十三条第二款规定，县级以上人民政府应当开展侵蚀沟治理，实施沟岸加固防护。有的常委会组成人员提出，治理的对象不应只限于沟岸，应当实施沟头、沟岸、沟底加固防护，进行综合治理，尤其是要加强对沟头侵蚀的治理。

五、关于农业生产经营者的责任

1. 草案第十六条规定，农村集体经济组织、农民专业合作社等农业生产经营者应当保护和合理利用黑土地，乡镇政府应当向农业生产经营者宣传推广保护、治理等措施。有的常委委员建议增加"家庭农场"。有的常委委员建议在"宣传推广"后增加"普及"。有的常委委员提出，草案关于农业生产经营者和其他社会公众参与保护的举措较少，建议增加村委会的保护职责、媒体监督、公众举报控告等方面的内容。

2. 草案第十七条对包装废弃物和农用薄膜的回收等作了规定。有的常委委员提出，包装废弃物和农用薄膜的回收是共性问题，不是黑土地特有的，建议删除本条规定。

六、关于投入保障

1. 草案第二十二条第一款规定，国家建立健全黑土地保护财政投入保障制度。有的常委会组成人员建议增加设立黑土地保护专项基金的规定；有的常委会组成人员还建议将"财政投入"改为"财政长期稳定投入"。有的常委委员建议增加"建立多渠道财政资金投入机制"的规定。

2. 草案第二十四条规定，建立健全黑土地保护跨区域补偿机制。有的常委会组成人员提出，实践中一些种粮大户和农业生产经营者希望国家保持奖补政策并加大奖补力度，建议国务院及其有关部门抓紧制定奖补措施，合理确定补偿标准，争取与本法同步出台、同时实施。有的常委委员提出，黑土地的价值主要体现在粮食产品中，应当采取主产区认证、绿色产品认证、地理标识认证等方式，通过市场价格形成机制实现黑土地价值的利益化，建议删去"建立健全黑土地保护跨区域补偿机制"。有的常委委员建议增加耕地保护生态补偿、横向市场化补偿等生态补偿机制的内容。

3. 草案第二十五条规定，鼓励社会资金投入黑土地保护活动，推进农业标准化、品牌化建设。有的常委委员建议在"推进农业标准化、品牌化建设"前增加"支持农业规模经营主体"。有的常委委员提出，应当积极探索碳汇政策在提高黑土地有机质方面的作用。有的常委委员建议实施优质粮食工程，形成黑土地粮食品牌。

七、关于监督管理

1. 草案第九条规定，将黑土层深厚、土壤性状良好的黑土地划入永久基本农田。有的常委委员提出，本条规定的划入永久基本农田的黑土地范围过窄，建议进一步扩大。

2. 草案第十九条规定，禁止非法出售黑土。有的常委委员建议将"出售"改为"买卖"。有的常委委员建议删除"非法"。

3. 草案第二十条规定，建设项目原则上不得占用黑土地，确需占用的，应当剥离表土就近用于耕地改良、土地复垦等。有的常委委员建议删除"原则上"。有的常委会组成人员建议规定剥离的表土"也可用于被污染耕地的治理、农业生产、城市造林绿化建设等方面"，对林地、草原等其他地区的黑土表层剥离一并作出规范。有的常委会组成人员建议增加一款："对废弃的宅基地、工矿用地等进行及时复垦，补充耕地。"

4. 草案第二十八条规定，县级以上人民政府应当向本级人大或者常委会报告黑土地保护情况。有的常委委员提出，黑土地不是全国普遍存在的土壤类型，是否规定都向本级人大报告需要研究，建议删去这一规定。有的常委委员建议在报告的内容中增加"绩效管理情况"。

八、关于法律责任

1. 草案第二十九条对有关部门未依法履职的法律责任作了规定。有的常委会组成人员建议增加一款："相关工作人员玩忽职守、滥用职权、徇私舞弊，构成犯罪的，依法追究刑事责任，尚不构成犯罪的，依法给予处分。"

2. 草案第三十条对毁坏农田基础设施、损害黑土地等的法律责任作了规定。有的常委委员建议进一步理顺和明确民事、行政等责任，并分别表述。

3. 草案第三十一条对盗挖、滥挖、非法出售黑土的法律责任作了规定。有的常委委员提出，草案规定的法律责任偏轻，建议进一步强化。有的常委委员建议做好与湿地保护法的衔接。

九、其他意见

1. 有的常委委员建议将第一条立法目的中的"为了特殊保护宝贵、珍稀的黑土地资源"改为"为了加强黑土地保护"，将"宝贵、珍稀的黑土地资源"移至第二条作为黑土地定义的内容。有的常委委员建议将"稳步恢复提升黑土地基础地力"改为"保护和恢复黑土地地力"。有的常委委员建议在"制定本法"前增加"根据宪法"。

2.草案第四条规定，黑土地保护应当坚持统筹规划、因地制宜、用养结合、近期目标与远期目标结合、突出重点、综合施策的原则。有的常委会组成人员建议增加"生态优先"的原则。有的常委委员建议增加"保护优先"的原则，并增加一款："黑土地保护应当采取综合性治理措施，提高土壤有机质含量，改善土壤性状，保护、修复黑土地微生态系统，促进生产与生态相协调。"

3.草案第二十一条对保护宣传和奖励作了规定。有的常委会组成人员建议将本条移至第五条。有的常委委员建议将保护宣传的规定移至第六条。有的常委委员建议增加"加大农业生产经营者培训力度"的规定。

地方、中央有关部门和全国人大代表
对黑土地保护法草案的意见

2021 年 12 月 23 日，十三届全国人大常委会第三十二次会议对黑土地保护法草案进行了审议。会后，法制工作委员会将草案印发黑土地所在的黑龙江、吉林、辽宁、内蒙古 4 省（自治区）和相关较大市的人大，中央有关部门和全国人大代表、研究机构、企业等征求意见。现将主要意见简报如下：

一、关于黑土地的保护范围

草案第二条规定，本法所称黑土地是指黑龙江省、吉林省、辽宁省、内蒙古自治区的相关区域范围内拥有黑色或者暗黑色腐殖质表土层，性状好、肥力高的优质耕地。

一些部门、地方和企业提出，本条将保护对象限定为拥有黑色或者暗黑色腐殖质表土层的优质耕地，范围较窄。最高人民法院提出，"黑色或者暗黑色"的表述难以概括全部土壤类型，建议再作斟酌。沈阳农业大学、最高人民法院、有的全国人大代表建议明确黑土地的类型包括黑土、黑钙土、草甸土、暗棕壤、棕壤、白浆土、水稻土等。自然资源部建议将"优质耕地"改为"优质土地典型区域内的耕地"，与东北黑土地保护规划纲要等文件相衔接。中国农业大学、中国科学技术协会（以下简称中国科协）建议规定相关区域的范围由国务院农业农村等部门划定。国务院发展研究中心建议将"相关区域范围内拥有黑色或者暗黑色腐殖质表土层，性状好、肥力高的优质耕地"修改为"拥有黑色腐殖质土壤的优质耕地"；中国社会科学院法学研究所（以下简称社科院法学所）建议修改为"及其他拥有黑土地保有量的相关区域范围内拥有黑色或者暗黑色腐殖质表土层，可修复、性状好、肥力高、适宜农作物或者经济作物生长的土地"。中国科协建议将"耕地"改为"土地"。中国共产党中央委员会政策研究室（以下简称中央政研室）建议将草案中的"黑土"、"黑土层"等概念统一改为"表土"。司法部建议在"黑龙江省、吉林省、辽宁省、内蒙古自治区的相关区域"后增加简称为"黑土地保护地区"的表述，并在有关条文"县级以上人民政府"前增加"黑土地保护地区"。

二、关于加强部门统筹协调

1. 草案第五条第二款规定，县级以上人民政府应当建立农业农村、自然资源、水利等部门组成的黑土地保护协调机制。国家林业和草原局（以下简称林草局）、黑龙江建议增加林草部门；中国科协、国务院参事室和有的全国人大代表建议增加生态环境部门。黑龙江建议规定检察机关应当加强对黑土地资源的司法保护。国家发展和改革委员会（以下简称发改委）建议明确本条及有关条文中的"县级以上人民政府"仅适用于 4 省（自治区）还是全国。

2. 草案第六条第一款规定，国土空间规划应当充分考虑保护黑土地及其周边生态环境，山水林田湖草沙综合治理，有利于黑土地水蚀、风蚀等灾害的预防和治理。发改委建议明确国土空间规划是哪一级规划。中国科协、中国农业大学提出，水蚀、风蚀是黑土地退化的过程，还达不到灾害的水平，建议将"灾害"改为"退化过程"。水利部、中国科协建议增加"冻融侵蚀"。国务院发展研究中心建议将"山水林田湖草沙综合治理"改为"综合治理山水林田湖草沙"，将"有利于黑土地水蚀、风蚀等灾害的预防和治理"改为"预防和治理黑土地水蚀、风蚀等灾害"。

第二款对县级以上政府编制黑土地保护规划作了规定。沈阳市提出，本款已规定将黑土地保护工作纳入国民经济和社会发展规划，不宜再对编制黑土地保护规划作重复规定，建议删去。黑龙江提出，根据党中央有关国土空间规划的部署，专项规划应由相关主管部门组织编制，建议做好衔接。发改委建议明确黑土地保护规划的编制主体为县级以上人民政府有关部门。

3. 草案第七条第一款规定，国务院部署开展全国土地调查时，同步组织开展黑土地分布、数量等情况的调查，建立黑土地档案。自然资源部提出，只有十年一次的全国土地调查由国务院部署开展，年度土地调查由自然资源部开展，建议将"国务院部署开展全国土地调查时"修改为"县级以上人民政府自然资源主管部门会同同级有关部门开展土地调查时"。黑龙江建议将"土地调查"改为"国土调查"。中国科学院（以下简称中科院）建议将"农业利用现状"纳入调查范围。

第二款规定，国务院农业农村等部门会同省级政府加强对黑土层厚度等情况的常态化监测，建立黑土地质量动态变化数据库。黑龙江建议在监测部门中增加自然资源、水利部门。水利部建议增加水利部门，将"监测"改为"监测调查"，并将"侵蚀沟"纳入监测范围。中央政研室建议将"地下水位变化"纳入监测范围。辽宁建议将"黑土层厚度"改为"耕作层厚度"，并增加土壤微生物等能够反映土壤结构和活性的指标。中央政研室、中国科协、中国农业大学建议增加黑土地评价制度，定期开展质量评价。国务院参事室建议对黑土地档案和黑土地质量动态变化数据库进行整合。社科院法学所建议规定黑土地数量和质量状况应当定期向社会公开。

4. 草案第八条规定，国务院标准化主管部门和其他有关部门按照职责分工，制定黑土地保护领域相关标准；国务院农业农村主管部门应当会同自然资源、水利等主管部门制定黑土地质量标准。国家市场监督管理总局（以下简称市场监管总局）建议依照标准化法，将上述规定修改为："国务院标准化行政主管部门和农业农村、自然资源、水利等主管部门按照职责分工，制定和完善黑土地质量及黑土地保护领域标准。"自然资源部提出，土地管理法规定自然资源主管部门会同有关部门评定土地等级，"三定"方案明确自然资源部牵头拟定并实施耕地保护政策，建立统一的自然资源调查监测评价制度，建议将"国务院农业农村主管部门应当会同自然资源、水利等主管部门制定黑土地质量标准"，修改为"国务院自然资源主管部门会同农业农村、水利等主管部门制定黑土地等级评定标准"。

三、关于保护措施

1. 草案第三条规定，国家建立长期、稳定、有效、科学的黑土地保护政策，综合采取工程、农艺、农机、生物等措施，保护黑土地的高产优质农产品产出功能。社科院法学所建议将"长期、稳定、有效、科学"的顺序调整为"科学、有效、长期、稳定"。黑龙江提出，农艺措施已包含农机应用，建议删除"农机"。内蒙古建议删除"保护黑土地的高产优质农产品产出功能"；中国农业大学建议改为"保护黑土地的优良生产能力"；中国科协建议改为"保护黑土地的经济、生态、人文等功能"。

2. 草案第四条规定，黑土地保护应当坚持因地制宜、近期目标与远期目标结合等原则，建立健全政府主导、农业生产经营者实施、公众参与的保护机制。内蒙古建议将"近期目标与远期目标结合"改为"近期保护建设与长期保护利用相结合"，并增加"数量与质量并重"的原则。呼伦贝尔市建议在"农业生产经营者"后增加"社会化服务组织"。社科院法学所建议将保护原则、保护机制的规定分为两款。

3. 草案第十条第一款规定，县级以上政府应当支持土壤改良、地力培肥、水土保持、防风固沙等科学研究。中国科协、黑龙江建议增加保护知识产权的规定，中国科协还建议增加"秸秆综合利用"。

4. 草案第十一条对县级以上政府加强农田基础设施建设规定了六项措施。水利部建议删除第一项"完善田间灌排体系"中的"田间"。中国科协建议在第一项中增加"完善旱地排水体系"。中国农业大学、中国科协提出，第二项中的"平整田块田面"会移走表层黑土，建议删除。黑龙江建议在第二项中增加"便于农业机械化作业"，删除第六项"其他黑土地保护工程措施"中的"工程"。中央政研室建议在第五项"加强坡耕地、侵蚀沟水土保持工程建设"中增加"风蚀沙化土地"，在"建设"后增加"管护"。农业农村部建议增加一项："建设田间粪污贮存施用设施"。发改委、中国科协建议将本条及其他条文中的"县级以上人民政府"改为"县级以上地方人民政府"。

5. 草案第十二条对提高黑土地质量规定了六项措施。内蒙古、中国科协提出，秸秆覆盖免耕、粉碎翻埋还田等技术措施的优劣目前仍有争议，法律不宜作出具体规定，建议删除本条中的有关具体技术指导措施。中国农业大学、中国科协提出，第二项中的"深耕"是黑土地利用措施，不是保护措施，建议删除。中央政研室建议在第二项中的"推广适宜的农业机械"后增加"农机作业"。黑龙江建议在第一项增加"因地制宜"，将第二项中的"深松深耕"改为"秸秆覆盖、秸秆碎混翻压还田"，将第三项中的"秸秆覆盖免耕、粉碎翻埋、过腹转化"改为"秸秆直接、过腹转化、造肥"，将第四项中的"科学减少化肥施用量"改为"科学施用化肥"。北大荒农垦集团建议在第四项中增加"鼓励大豆接种根瘤菌"。沈阳市建议将第五项中的"农膜"改为"农用薄膜"。农业农村部、发改委建议增加规定：鼓励以就地就近还田利用为重点，推动畜禽粪污肥料化利用。

6. 草案第十三条第一款规定，国家鼓励采取综合性措施，防止黑土地土壤侵蚀、土地沙化和盐渍化。沈阳农业大学提出，"土壤"、"土地"为同一概念，建议删除"土地"。中国科协建议将"防止"改为"防治"。内蒙古建议增加加强黑土地生态环境保护的规定。水利部建议增加规定：国家支持在黑土地集中连片区域的河流、湖泊岸线建设高标准堤防、护岸、国土防护等工程，防止水流对黑土地的过度冲刷。

7. 草案第十四条规定，县级以上人民政府应当加强黑土地周边森林、草原、湿地保护修复。水利部建议增加"荒山荒坡"。

8. 草案第十五条规定，县级人民政府应当对黑土地进行科学分区、合理制定保护、治理、修复和利用的精细化措施。中央政研室建议将"县级人民政府"改为"县级以上人民政府"，在"精细化措施"前增加"技术路线、主推模式"。沈阳农业大学建议在"科学分区"前增加"质量评价"。有的全国人大代表建议建立分区分类保护机制，将黑土地分为重点保护区和一般保护区，采取不同的保护措施。

四、关于农业生产经营者的责任

1. 草案第十六条规定，农村集体经济组织、农民专业合作社等农业生产经营者应当保护和合理利用黑土地，乡镇政府应当宣传推广耕地保护、治理、修复和利用措施。中央农村工作领导小组办公室（以下简称中央农办）、中国工程院建议增加"家庭农场"。自然资源部建议将"耕地"改为"黑土地"。呼伦贝尔市建议增加建立农田管护机制的规定。沈阳农业大学建议将乡镇政府职责的规定移至第十五条。有的全国人大代表提出，草案对农业生产经营者、土地使用者、黑土地保护工程实施者的权利义务规定得不够，缺少针对黑土地的特殊性保护措施，建议充实完善。

2. 草案第十七条对农药、肥料等包装废弃物和农用薄膜的回收等作了规定。黑龙江建议在"肥料"后增加"除草剂"。中国工程院建议增加规定：禁止在黑土地周边五公里范围内建设有污染排放的工业企业，禁止向黑土地转移固体废物。

五、关于监督管理

1. 草案第九条规定，省（自治区）政府应当明确技术标准，将黑土层深厚、土壤性状良好的黑土地划入永久基本农田。自然资源部提出，基本农田保护条例规定，划定永久基本农田的技术规程由国务院自然资源主管部门会同国务院农业农村主管部门制定，建议将"应当明确技术标准"改为"应当依据国家制定的永久基本农田划定技术规程"。

2. 草案第十九条规定，禁止盗挖滥挖黑土资源，禁止非法出售黑土，具体办法和黑土资源目录由国务院自然资源主管部门会同农业农村、水利、公安、市场监督等部门制定。沈阳农业大学提出，为避免"黑土资源"与"黑土"混淆，建议将上述禁止性规定改为"禁止盗挖滥挖和非法出售黑土资源"。公安部建议在"黑土资源目录"后增加"检验方法与规程"，在部门中增加"最高人民法院、最高人民检察院"。自然资源部建议具体办法和黑土资源目录由国务院农业农村主管部门牵头制定。市场监管总局建议将"市场监督"改为"市场监管"。最高人民法院建议将本条修改为："禁止盗挖滥挖、非法买卖、违法加工运输黑土资源，具体办法由国务院自然资源主管部门会同最高人民法院、最高人民检察院、公安部等部门制定；黑土地资源目录、检验方法与规程由国务院自然资源主管部门会同农业农村、水利、市场监督等部门制定"。

3. 草案第二十条第一款规定，建设项目原则上不得占用黑土地，确需占用的，应当做好占补平衡，补充数量质量相当的耕地。中央农办提出，党中央已明确耕地主要用于粮食和棉、油、糖、蔬菜等农产品及饲草饲料生产，建议草案明确黑土地的主要用途管制要求和利用的优先顺序，并进一步细化黑土地占用管理的规定。水利部建议在"建设项目原则上不得占用黑土地"后增加"防洪排涝、水资源配置等水利工程除外"。内蒙古建议删除"原则上"。黑龙江建议将"做好占补平衡"改为"做到占补平衡"。最高人民检察院建议增加规定：无法补充的，应当按照规定缴纳耕地开垦费。

第二款规定，建设项目占用黑土地的，建设项目主体应当制定剥离表土的再利用方案，报自然资源主管部门备案后实施。自然资源部提出，表土剥离和再利用的主体除了建设项目主体，还包括地方政府，本条第三款已规定省政府制定剥离的具体管理办法，本款无须再对剥离的实施主体、备案等作出规定。司法部提出，再利用方案备案后实施的规定易造成事后监管变相为事前审批，建议研究。中科院建议增加剥离的表土用于"水稻育秧"的规定。

第三款规定，省（自治区）政府应当制定表土剥离等地方标准、技术规范和具体管理办法。市场监管总局提出，将"标准"和"技术规范"并列表述易引起歧义，建议删除"技术规范"，并规定具体管理办法由省政府制定，地方标准由标准化主管部门制定。

4. 草案第二十六条规定，国家建立黑土地保护目标责任制和考核评价制度，将黑土地保护情况纳入省（自治区）政府耕地保护责任目标，国务院对省（自治区）政府黑土地保护责任落实情况进行考核。自然资源部提出，国务院建立的省级政府耕地保护责任目标考核制度已涵盖黑土地，没必要再重复规定建立黑土地保护目标责任制和考核评价制度，建议将本条修改为："省（自治区）人民政府对本行政区域黑土地保护负总责，国务院将黑土地保护情况作为所在省（自治区）人民政府耕地保护责任目标考核重要内容。"黑龙江建议规定考核结果应当向社会公开。

5. 草案第二十七条规定，县级以上自然资源、农业农村等有关部门按照职责对黑土地保护和质量建设情况联合开展监督检查。自然资源部建议将自然资源、农业农村两个部门的表述顺序对调。水利部建议增加水利部门。

六、关于投入保障

1. 草案第二十二条规定，国家应当在项目资金安排上保障黑土地保护需要，县级政府可以按照国家有关规定统筹整合涉农资金用于黑土地保护。财政部提出，"加大投入"等表述不宜在法律中规定，以免固化支出、肢解预算、超出财政承受能力，也不宜"一刀切"地要求各地都将黑土地保护作为重点投入领域并加大投入力度，建议将本条与第二十三条合并修改为："国家建立健全黑土地保护财政投入制度，县级以上人民政府应当将黑土地保护所需经费纳入本级预算。"辽宁建议建立黑土地保护财政直接补贴机制，并明确补偿额度。黑龙江建议增加黑土地保护基金的规定，并在"涉农资金"后增加"生态环境损害赔偿金"。发改委建议将"保障"改为"积极支持"，将"统筹整合"改为"统筹使用"。

2. 草案第二十三条规定，对采取相关保护措施的农业生产经营者给予合理奖补。呼伦贝尔农垦集团建议建立黑土地保护专项奖补机制，将科研、人才培养、技术推广纳入其中，并增加黑土地保护专业人才培养的规定。中央政研室建议将"保护措施"改为"保护和治理修复措施"。

3. 草案第二十四条规定，建立健全黑土地保护跨区域补偿机制。发改委提出，跨区域补偿一般适用于保护对象明确、补偿和受偿主体清晰、利益关系紧密的领域，黑土地保护涉及主体众多，利益关系较为复杂，建议先开展探索，积累成熟经验后再考虑纳入法律。财政部提出，黑土地保护具有地域特征，跨区域补偿机制在实践中难以操作，可能会弱化主销区的粮食生产责任，建议删除"跨区域补偿"的表述。黑龙江建议细化跨区域补偿机制，或者授权国务院作出具体规定。内蒙古建议将跨区域补偿机制的规定移至本条句首。

七、关于法律责任

1. 草案第三十条第二款规定，农业生产经营者在生产中故意造成黑土地损害的，依法承担治理修复责任。内蒙古建议将"故意造成黑土地损害的"改为"造成黑土地损害或者掠夺式经营造成黑土地质量严重下降的"。中国科协建议将"承担治理修复责任"改为"承担土壤污染风险防控和治理修复责任"。国务院参事室建议增加丢弃农业投入品包装废弃物和农用薄膜的法律责任。

第三款规定，农业生产经营者未尽到黑土地保护责任的，可以不予发放耕地保护相关补贴。中央农办、内蒙古提出，这一规定直接涉及农民物质利益，建议进一步明确不予发放补贴的具体情形，防止自由裁量权过大，损害农民合法权益。财政部提出，耕地保护相关补贴均有明确的政策依据、发放方式、补贴对象等，不宜与黑土地保护责任挂钩，以免引起质疑和误读，产生不稳定因素，建议删除这一规定。中央政研室建议将"农业生产经营者"改为"黑土地所有者、承包者、经营者"。黑龙江建议规定取消一定数量的土地使用权或者承包权的处罚措施。内蒙古建议将"未尽到黑土地保护责任"中的"责任"改为"义务"。呼伦贝尔农垦集团提出，本条及其他相关条文关于相关组织和个人权利义务、主管部门管理职责的规定比较笼统，建议予以明确和细化。中国农业大学建议进一步明确本法中的民事、刑事责任。

2. 草案第三十一条规定，盗挖、滥挖、非法出售黑土的，由县级以上自然资源等部门责令改正，限期恢复原状，没收违法所得，并处每立方米五百元至二千元的罚款；逾期未恢复原状的，依法确定有法定资质的第三方开展恢复原状活动，所需费用由违法行为人承担。中央农办、国务院参事室提出，草案对破坏黑土地行为的处罚偏轻，建议进一步加大处罚力度。公安部建议增加非法收购黑土行为的法律责任。自然资源部建议在"自然资源等有关部门"前增加农业农村部门，将"没收违法所得"改为"没收盗挖、滥挖、非法出售的黑土和违法所得"，将"依法确定"改为"由作出处罚决定的部门确定"。司法部建议做好与土地管理法、土地管理法实施条例的衔接。

3. 草案第三十二条对未实施表土剥离的法律责任作了规定。黑龙江建议增加限期改正的规定，对逾期未改正的再予以处罚。社科院法学所建议进一步加大处罚力度。

4. 草案第三十三条对拒绝、阻挠监督检查的法律责任作了规定。黑龙江建议做好与治安管理处罚法的衔接。

5. 草案第三十六条规定，在林地、草地、湿地、河湖等其他土地上盗挖、滥挖、非法出售黑土的，依照有关专门法律的规定处罚。林草局提出，"在林地、草地、湿地、河湖等其他土地上盗挖、滥挖、非法出售黑土"的表述易引起歧义，建议修改为"盗挖、滥挖、非法出售林地、草地、湿地、河湖等其他土地上的黑土"；并增加一条：建设项目占用的黑土地为林地、草地、湿地的，应当按照本法规定进行表土剥离；违反表土剥离有关规定的，依照本法予以处罚。

八、其他意见

1. 司法部提出，有关部门正在研究起草耕地保护法，建议做好本法与耕地保护法的统筹协调。

2. 中国工程院、有的全国人大代表建议草案设置章节，使结构更清晰合理。

3. 黑龙江建议删除第一条"为了特殊保护宝贵、珍稀的黑土地资源"中的"特殊"，增加保障生态安全的内容。中国农业大学建议增加应对黑土地风蚀、水蚀的内容。社科院法学所建议将第一条修改为："为了保护黑土地，防止黑土地数量减少、质量降低、生态功能退化，促进黑土地可持续利用，维护国家粮食安全和生态安全，制定本法。"

4. 最高人民法院、社科院法学所建议增加组织和个人有权举报黑土地违法行为的规定。

5. 呼伦贝尔农垦集团、有的全国人大代表建议增加对破坏黑土地资源的行为可以提起公益诉讼的规定。

6. 黑龙江、有的全国人大代表建议增加黑土地保护周或保护日的规定。

宪法法律委、农业农村委、法工委座谈会对黑土地保护法草案的意见

2022年2月17日，宪法法律委、农业农村委、法工委联合召开座谈会，听取四省（自治区）人大、中央有关部门、全国人大代表、专家学者和基层党组织、企业、农民专业合作社、农民的意见。与会同志认为，贯彻落实习近平总书记重要指示精神和党中央决策部署，采取有效措施保护好黑土地这一"耕地中的大熊猫"，全国人大农业与农村委员会按照常委会工作要求加快立法进程，起草并提请审议黑土地保护法草案，对黑土地依法进行特殊保护，用好养好黑土地，保障国家粮食安全，十分必要、紧迫；草案规定具有较强的针对性和可操作性，建议修改完善后尽快出台。同时，提出一些意见建议，简报如下：

一、关于黑土地的保护范围

草案第二条规定，本法所称黑土地是指黑龙江省、吉林省、辽宁省、内蒙古自治区的相关区域范围内拥有黑色或者暗黑色腐殖质表土层，性状好、肥力高的优质耕地。

自然资源部有关同志提出，东北黑土地保护规划纲要等文件将黑土地的范围界定为"东北典型黑土区耕地"，建议草案做好衔接。生态环境部有关同志建议将"优质耕地"改为"优先保护的耕地"。沈阳农业大学有关学者建议删除"优质耕地"中的"优质"。沈阳农业大学有关学者、内蒙古自治区人大常委会有关同志建议列举黑土地的主要类型，包括黑土、黑钙土、草甸土、暗棕壤、棕壤、白浆土、水稻土等。北京市农林科学院有关学者建议在"腐殖质"前增加"深厚"的限制，将"耕地"改为"耕地资源"。吉林省人大有关同志提出，耕地只是黑土地的一种类型，建议将黑土地的定义扩大为黑土区域的所有适宜农业的土地，包括耕地、林地、草地等，实行整体保护。黑龙江省人大有关同志和有关全国人大代表提出，草案将黑土地的定义限定为优质耕地，范围较窄，建议将"优质耕地"改为"优质土壤"，将相关区域内的黑土地都纳入保护范围。中国科学院东北地理与农业生态研究所有关学者提出，草案规定的黑土地保护范围是合适的。

二、关于加强部门统筹协调

1. 草案第五条对县级以上人民政府建立有关部门组成的黑土地保护协调机制作了规定。发改委有关同志建议明确"县级以上人民政府"仅适用于四省（自治区）还是全国。北京市农林科学院有关学者建议将"协调机制"改为"协同机制"。内蒙古自治区人大、国家林草局有关同志建议增加林草部门。黑龙江省人大有关同志建议规定检察机关应当加强对黑土地的司法保护。

2. 草案第六条规定，国土空间规划应当充分考虑保护黑土地及其周边生态环境，县级以上人民政府应当科学编制黑土地保护规划。发改委有关同志建议明确国土空间规划

是哪一级规划，并明确黑土地保护规划的编制主体为政府有关部门。黑龙江省人大有关同志建议将"黑土地保护规划"改为"黑土地保护专项规划"。辽宁省人大有关同志建议明确黑土地保护规划应当依据国土空间规划制定。

3. 草案第七条第一款规定，国务院部署开展全国土地调查时，同步组织开展黑土地分布、数量等情况的调查。自然资源部有关同志提出，全国土地调查十年才开展一次，年度土地调查由自然资源部开展，建议将有关规定修改为"县级以上人民政府自然资源主管部门会同同级有关部门开展土地调查时"。黑龙江省人大有关同志建议将"土地调查"改为"国土调查"。

第二款规定，国务院农业农村等部门会同省级政府加强对黑土层厚度等情况的常态化监测。水利部有关同志建议在监测部门中增加水利部门，黑龙江省人大有关同志建议增加自然资源部门。中国科学院东北地理与农业生态研究所有关学者建议将"生态环境"纳入常态化监测的内容。有关全国人大代表建议将本条的两款分为三款或者合为一款。

4. 草案第八条规定，国务院农业农村主管部门应当会同自然资源、水利等主管部门制定黑土地质量标准。自然资源部有关同志提出，根据土地管理法评定土地等级的规定，建议将上述规定修改为："国务院自然资源主管部门会同农业农村、水利等主管部门制定黑土地等级评定标准。"

三、关于保护措施

1. 草案第三条规定，国家建立长期、稳定、有效、科学的黑土地保护政策，综合采取工程、农艺、农机、生物等措施，保护黑土地的高产优质农产品产出功能。有关全国人大代表建议增加综合施策、重大技术攻关、分区治理、协同推进等方面的内容，将"建立"改为"制定"或将"政策"改为"制度"。内蒙古自治区人大有关同志建议将"政策"改为"保护体系"，并删除"保护黑土地的高产优质农产品产出功能"。中国科学院东北地理与农业生态研究所有关学者提出，农艺措施已包含农机应用，建议删除"农机"。

2. 草案第十一条对县级以上政府加强农田基础设施建设规定了六项措施。黑龙江省人大有关同志建议在第二项中增加"便于农业机械化作业"，删除第六项"其他黑土地保护工程措施"中的"工程"。有关全国人大代表建议将第六项改为"其他加强黑土地农田基础设施保护建设措施"。北京市农林科学院有关学者建议增加沙化、盐碱化土地整治的规定。中国科学院东北地理与农业生态研究所有关学者建议增加规划和设计方面的要求。

3. 草案第十二条对提高黑土地质量规定了六项措施。黑龙江省人大有关同志建议在第一项中增加"因地制宜"，将第二项中的"深松深耕"改为"秸秆覆盖、秸秆碎混翻压还田"，将第三项中的"秸秆覆盖免耕、粉碎翻埋、过腹转化"改为"秸秆直接、过腹转化、造肥还田"，将第四项中的"科学减少化肥施用量"改为"科学施用化肥"。吉林省松原市民乐村有关同志建议将第三项"秸秆覆盖免耕、粉碎翻埋、过腹转化"改为"秸秆直接还田、堆沤还田以及过腹转化等"，在第四项中增加"指导农民科学施肥"。北京市农林科学院有关学者建议删除第四项"推广土壤生物改良技术"中的"生物"。发改委有关同志建议增加推进畜禽粪污资源化利用的规定。中国中化集团有关同志建议增加推进秸秆腐熟的规定。中国科学院东北地理与农业生态研究所有关学者建议增加推广有机肥积造和还田培肥技术的规定。辽宁省铁岭市北地村农民建议增加禁止秸秆焚烧的规定。有关全国人大代表建议增加种植适宜植物、顺坡垄改横垄、增施有机肥、优化种植结构、坡地退耕还林、发展林下经济等方面的规定。金丰公社农业服务公司有关同志提出，保护性耕作方案应当统筹推进，单纯强调保护、忽视产量的耕作方案难以为农民所接受，应当兼顾好耕地保护与粮食生产。

4. 草案第十三条对加强侵蚀沟的治理作了规定。中国科学院东北地理与农业生态研究所有关学者建议草案对侵蚀沟的治理措施仅作原则规定，以便为实践探索留出空间。黑龙江省巴彦县丰裕村有关同志建议增加支持村集体和农业经营者对侵蚀沟进行治理的规定。内蒙古自治区呼伦贝尔市东山屯村福海农机专业合作社有关同志建议进一步加强对侵蚀沟、沙化土地的治理。内蒙古自治区人大有关同志建议增加加强黑土地生态环境保护，防止黑土地盐渍化的规定。北京市农林科学院有关学者建议增加水资源管理的规定。水利部有关同志建议增加支持建设高标准堤防、护岸、国土防护等工程的规定。

四、关于农业生产经营者的责任

草案第十六条规定，农业生产经营者应当保护和合理利用黑土地，乡镇政府协助实施黑土地保护工作。农业农村部有关同志建议与农村土地承包法相衔接，增加在土地经营权流转时对黑土地质量作出要求的规定。沈阳农业大学有关学者建议将乡镇政府职责的规定移至第十五条。

草案第十七条规定，农业投入品生产者、销售者和使用者应当依法对农药、肥料等农业投入品的包装废弃物和农用薄膜进行回收。黑龙江省人大有关同志建议在"肥料"后增加"除草剂"。吉林省松原市宁江区大洼镇春风种植养殖合作社有关同志建议增加政府应当组织对农业投入品的包装废弃物进行回收利用的规定。中国中化集团有关同志建议建立农业投入品准入制度。有关全国人大代表建议增加不履行回收义务的处罚措施。辽宁省铁岭市铁岭县蔡牛镇北地村农民提出，应当按照"谁卖谁收"的原则，由销售者负责包装废弃物和农用薄膜的回收。

五、关于监督管理

1. 草案第九条规定，省（自治区）政府应当明确技术标准，将黑土层深厚、土壤性状良好的黑土地划入永久基本农田。自然资源部有关同志提出，基本农田保护条例规定，划定永久基本农田的技术规程由国务院自然资源主管部门会同农业农村主管部门制定，建议将"应当明确技术标准"改为"应当依据国家制定的永久基本农田划定技术规程"。辽宁省人大有关同志建议增加规定：已经发展的林果业或者挖塘养鱼的除外。

2. 草案第十九条规定，禁止盗挖滥挖黑土资源，禁止非法出售黑土，具体办法和黑土资源目录由国务院自然资源主管部门会同农业农村等部门制定。有关全国人大代表建议将上述禁止性规定修改为"禁止盗挖滥挖和非法出售黑土资源"。中国中化集团有关同志建议将"出售"改为"买卖"。自然资源部有关同志建议具体办法和黑土资源目录由国务院农业农村主管部门牵头制定。

3. 草案第二十条第一款规定，建设项目原则上不得占用黑土地，确需占用的，应当做好占补平衡，补充数量质量相当的耕地。内蒙古自治区人大有关同志建议删除"原则上"。辽宁省人大有关同志建议将"建设项目原则上不得占用黑土地"改为"建设项目不得擅自占用黑土地"。水利部有关同志建议增加"防洪排涝、水资源配置等水利工程除外"的规定。

第二款规定，建设项目占用黑土地的，建设项目主体应当制定剥离表土的再利用方案，报自然资源主管部门备案后实施。自然资源部有关同志提出，本条第三款已规定省政府制定剥离表土的具体管理办法，本款无须再对实施主体、备案等作出规定。中国科学院东北地理与农业生态研究所有关学者建议增加剥离的表土用于"水稻育秧"的规定。

4. 草案第二十六条规定，国家建立黑土地保护目标责任制和考核评价制度。自然资源部有关同志提出，国务院建立的省级政府耕地保护责任目标考核制度已涵盖黑土地，可不再重复规定。

5. 草案第二十八条规定，县级以上人民政府应当向本级人大或者其常委会报告黑土地保护情况。有关全国人大代表建议增加"每年或定期"的时间要求。

六、关于投入保障

1. 草案第二十二条规定，国家应当在项目资金安排上保障黑土地保护需要，加大对黑土地保护措施奖补资金的倾斜力度，县级政府可以按照国家有关规定统筹整合涉农资金用于黑土地保护。黑龙江省人大有关同志建议加大中央资金对黑土地保护的投入，并在"涉农资金"后增加"生态环境损害赔偿金"。吉林省人大有关同志建议完善国家财政长期投入保障机制，完善对粮食主产区的利益补偿机制，建立区域耕地补偿和农业生态补偿制度。辽宁省人大有关同志建议建立黑土地保护财政直接补贴机制，并明确补偿额度。一些代表、地方和学者建议建立黑土地保护专项资金。财政部有关同志提出，"加大投入"等表述不宜在法律中规定，以免固化支出、肢解预算、超出财政承受能力，建议将本条与第二十三条合并修改为："国家建立健全黑土地保护财政投入制度，县级以上人民政府应当将黑土地保护所需经费纳入本级预算。"发改委有关同志建议将"保障"改为"积极支持"，将"统筹整合"改为"统筹使用"。

2. 草案第二十三条规定，对采取相关保护措施的农业生产经营者给予合理奖补。金丰公社农业服务有限公司有关同志建议增加奖励型保险的规定。辽宁省铁岭市铁岭县蔡牛镇北地村农民建议将秸秆还田的农机具纳入补贴范围。

3. 草案第二十四条规定，建立健全黑土地保护跨区域补偿机制。发改委有关同志提出，黑土地保护涉及主体众多，利益关系较为复杂，建议先开展探索，积累成熟经验后再在法律中规定。财政部有关同志提出，黑土地保护具有地域特征，跨区域补偿机制在实践中难以操作，可能会弱化主销区的粮食生产责任，建议删除"跨区域补偿"几个字，不影响实施。黑龙江省人大有关同志建议细化跨区域补偿机制，或者授权国务院作出具体规定。

七、关于法律责任

1. 草案第三十条规定，农业生产经营者未尽到黑土地保护责任的，可以不予发放耕地保护相关补贴。内蒙古自治区人大有关同志建议明确"未尽到黑土地保护责任"的情形。黑龙江省人大有关同志建议规定取消一定数量的土地使用权或者承包权的处罚措施。黑龙江省哈尔滨市巴彦县丰裕村有关同志建议在责任主体中增加"土地承包者"。

2. 草案第三十一条对盗挖、滥挖、非法出售黑土的法律责任作了规定。自然资源部有关同志建议处罚措施由农业农村主管部门牵头实施。吉林省人大有关同志建议规定盗挖黑土和破坏黑土地的刑事责任。黑龙江省哈尔滨市巴彦县丰裕村有关同志建议相应增加非法购买者的法律责任。

3. 草案第三十二条对未实施表土剥离的法律责任作了规定。黑龙江省人大有关同志建议增加限期改正的规定。

4. 草案第三十三条对拒绝、阻挠监督检查的法律责任作了规定。黑龙江省人大建议做好与治安管理处罚法的衔接。

八、其他意见

1. 黑龙江省人大建议删除第一条"为了特殊保护宝贵、珍稀的黑土地资源"中的"特殊"二字。

2. 发改委有关同志建议将草案中的"县级以上人民政府"改为"县级以上地方人民政府"。

3. 司法部有关同志建议做好本法与土地管理法等法律的衔接，增加规定：对破坏黑土地的行为，有关法律已经作出规定的，依照有关法律进行处罚；有关法律未作规定的，依照本法进行处罚。

4. 黑龙江省人大有关同志建议增加黑土地保护周或保护日，以及加强黑土地知识产权保护的规定。

5. 沈阳农业大学有关学者建议增加黑土地质量评价，以及国务院有关部门和地方可以制定黑土地保护具体办法的规定。

黑土地保护法草案向社会公众
征求意见的情况

2021 年 12 月 24 日至 2022 年 1 月 22 日，黑土地保护法草案在中国人大网全文公布，向社会公开征求意见。其间，共收到 147 位社会公众提出的 229 条意见，还收到群众来信 1 封。现将主要意见简报如下：

一、关于黑土地的范围

草案第二条规定，本法所称黑土地，是指黑龙江省、吉林省、辽宁省、内蒙古自治区的相关区域范围内拥有黑色或者暗黑色腐殖质表土层，性状好、肥力高的优质耕地。

有的意见提出，草案将黑土地的范围限定为耕地，范围较窄，建议将"耕地"改为"土地"。有的意见建议将园地、林地、草地也纳入黑土地的范围。有的意见提出，本法保护的对象应当是黑土资源，建议将本法中的"黑土地"改为"黑土"。有的意见建议将"相关区域范围"明确为拥有一定数量黑土地的县或者乡镇。

二、关于加强政府统筹协调

1. 草案第五条第一款规定，国务院和省（自治区）人民政府加强对黑土地保护工作的领导、组织、协调、监督管理，省（自治区）人民政府对本行政区域内的黑土地数量、质量和生态安全负责。有的意见建议在"加强"前增加"应当"，将"省（自治区）人民政府对本行政区域的黑土地数量、质量和生态安全负责"单独作为一款。有的意见提出，虽然黑土地资源仅分布在东北地区，但关于禁止盗挖、出售黑土等内容不限于东北地区，建议将"省（自治区）人民政府"改为"相关省级人民政府"。

第二款规定，县级以上人民政府应当建立农业农村、自然资源、水利、发展改革、财政等有关部门组成的黑土地保护协调机制。有的意见建议增加城乡建设、生态环境等部门。有的意见建议增加建立联合执法机制的内容。

2. 草案第七条对黑土地调查和监测制度作了规定。有的意见提出，第三次国土调查已经不再使用"土地调查"的表述，建议将"土地调查"改为"自然资源调查或者土壤普查"。有的意见建议将"适宜种植的农作物品种"纳入调查范围。有的意见建议增加调查结果应当及时向社会公开的规定。

3. 草案第八条规定，国务院标准化主管部门和其他有关部门按照职责分工制定和完善黑土地保护领域相关标准，国务院农业农村主管部门应当会同自然资源、水利等主管部门制定黑土地质量标准。有的意见提出，本条关于标准制定主体的规定不清，哪些标准由标准化主管部门牵头制定，哪些标准由农业农村主管部门牵头制定，建议进一步明确。

三、关于保护措施

1. 草案第九条规定，省（自治区）人民政府应当明确技术标准，将黑土层深厚、土壤性状良好的黑土地划入永久基本农田。有的意见提出，本条中的"土壤性状良好的黑土地"的规定与第二条重复，建议删去。

同时，建议规定技术标准由国务院农业农村主管部门制定，以避免各省技术标准差异过大。有的意见建议明确"技术标准"的含义。有的意见建议规定将"集中连片的"黑土地划入永久基本农田。有的意见提出，根据土地管理法的规定，永久基本农田划定以乡（镇）为单位进行，由县级自然资源主管部门会同农业农村主管部门组织实施，本条规定与上述规定不一致，建议研究。

2. 草案第十二条对提高黑土地质量规定了六项措施。有些意见提出，第二项中的"深耕"不是黑土地保护措施，建议删去。有的意见提出，第三项中的"粉碎翻埋"会使土壤过于松软，造成庄稼倒伏，也易引起病虫害，建议删去。有的意见建议将第五项中的"农膜"改为"农用薄膜"，与其他条款的表述相一致。有的意见提出，实践中秸秆燃烧仍广泛存在，建议增加禁止在黑土地燃烧秸秆的规定。

3. 草案第十三条规定，县级以上人民政府应当开展侵蚀沟治理，实施沟岸加固防护。有的意见提出，侵蚀沟治理包括沟头、沟底和沟岸，单纯实施沟岸加固的效果有限，建议将"实施沟岸加固防护"改为"实施沟头、沟底和沟岸加固防护"。有的意见建议将本条与第十一条关于侵蚀沟治理的规定进行整合。有的意见提出，应当限制森林、草原、湿地开垦为耕地，对退化严重的耕地应当实施退耕还林等保护措施。

四、关于农业生产经营者的责任

1. 草案第十六条第一款规定，农村集体经济组织、国有农场、农业企业、农民专业合作社、农户等农业生产经营者应当依法保护和合理利用黑土地。有的意见提出，农业生产经营者并不是黑土地保护的唯一主体，建议将"农业生产经营者"改为"农业生产经营者等相关组织和个人"。有的意见建议进一步强化对黑土地的拥有者、利用者、获益者等相关组织和个人的保护责任。有的意见提出，土地出租者在出租土地时应当履行审慎把关的义务，承租者破坏土地的，出租者也应当承担相应责任。有的意见建议规定政府应当加大对农民的培训，提高农民科学种田的能力。

第二款规定，乡镇人民政府负责协助组织实施黑土地保护工作。有的意见提出，草案对乡镇政府的黑土地保护责任规定得还不够，建议进一步扩展乡镇政府的保护责任。

2. 草案第十七条第一款规定，农业投入品生产者、销售者和使用者应当依法对农业投入品的包装废弃物和农用薄膜进行回收或者无害化处理。有的意见建议做好与农产品质量安全法修订草案的衔接，将"销售者"改为"经营者"，并规定未按照规定回收处理的法律责任。

3. 草案第十八条对畜禽粪污无害化处理和资源化利用作了规定。有的意见提出，草案应当突出黑土地的特殊性，相关法律已有规定或者普遍适用的条文，本法可不作规定。

4. 草案第二十三条规定，国家应当建立奖补机制，鼓励支持农业生产经营者采取黑土地保护和治理修复措施。有的意见提出，实践中黑土地奖补资金使用不规范的现象比较普遍，建议增加对奖补资金使用监管的规定。有的意见建议建立奖补资金使用公示制度。

五、关于监督管理

1. 草案第十九条规定，禁止盗挖滥挖黑土资源，禁止非法出售黑土。有些意见建议加强对通过网络非法买卖黑土的监管，明确电商平台的监管责任。有的意见建议进一步明确禁止买卖黑土的具体范围和监管措施。有的意见建议对购买黑土也应当予以禁止。

2. 草案第二十条规定，建设项目原则上不得占用黑土地，确需占用的，应当剥离表土就近用于耕地改良、土地复垦等。有的意见建议进一步加强对表土分离和使用的监管，明确监管措施和监管部门。有的意见提出，"表土"的表述可能会引起歧义，建议改为"表土层"，与第二条相衔接。

3. 草案第二十六条规定，将黑土地保护情况纳入省（自治区）人民政府耕地保护责任目标。有的意见提出，考核对象不应当仅限于省级政府，应当扩大到各级政府，建议增加上级政府对下级政府考核的规定。有的意见建议增加定期向社会公布黑土地保护状况的内容。

六、关于法律责任

1. 草案第三十条规定，农业生产经营者在生产中故意造成黑土地损害的，依法承担治理修复责任；未尽到黑土地保护责任的，可以不予发放耕地保护相关补贴。

有的意见建议增加规定：逾期未采取措施的，农业农村等有关部门可以指定有治理能力的单位代为恢复原状，所需费用由违法者承担。有的意见建议进一步提高罚款的数额。有的意见建议删去"故意造成黑土地损害"中的"故意"。有的意见建议在"可以不予发放耕地保护相关补贴"后增加"可以追回已经发放的相关耕地保护补贴"。有的意见建议删除"可以"二字。有的意见提出，实践中破坏黑土地的主体往往是地方政府，建议加大对政府及其工作人员违法破坏黑土地资源的处罚力度。有的意见建议增加对土壤污染事件应急处置的内容。

2. 草案第三十一条规定，盗挖、滥挖、非法出售黑土的，没收违法所得，并处每立方米五百元至二千元的罚款；逾期未恢复原状的，依法确定有法定资质的第三方开展恢复原状活动，所需费用由违法行为人承担。

有些意见提出，本条规定的罚款数额较低，难以起到惩戒作用，建议加大处罚力度。有的意见建议将罚款数额提高到每立方米一千元至三千元；有的意见建议提高到每立方米两千元至一万元。有的意见建议按照违法所得的一定倍数确定罚款数额。有的意见建议对违法购买者也规定一定的处罚措施。有的意见提出，对第三方"法定资质"的要求与土壤污染防治法不一致，建议删去，并将"恢复原状"改为"修复"。

3. 草案第三十二条对未实施表土剥离的法律责任作了规定。有的意见建议将罚款基准中的"每平方米"改为"每立方米"，与第三十一条相衔接。有的意见建议进一步加大处罚力度。

七、其他意见

1. 有的意见提出，第一条立法目的中的"为了特殊保护宝贵、珍稀的黑土地资源"不够精炼，建议将其移至第二条作为黑土地定义的内容，或者改为"为了保护黑土地资源"。有的意见建议将"稳步恢复提升黑土地基础地力"改为"稳定和提升黑土地基础地力"。

2. 有的意见建议增加闲置黑土地复垦的规定。

3. 有的意见建议对破坏黑土地的行为增加公益诉讼的规定。

4. 有的意见建议增加地方可以制定黑土地保护地方性法规的规定。

十三届全国人大常委会第三十四次
会议审议黑土地保护法
草案二次审议稿的意见

2022 年 4 月 19 日，十三届全国人大常委会第三十四次会议对黑土地保护法草案二次审议稿进行了审议。现将审议意见简报如下：

一、总的意见

有些常委会组成人员提出，二审稿贯彻落实习近平总书记关于黑土地保护的指示精神和党中央决策部署，充分吸收了常委会组成人员的审议意见和各方面意见，对黑土地的保护范围、粮食安全保障、科技支撑、发挥市场作用等作了进一步修改完善，有较强的针对性和可操作性，修改得比较好，总体赞成。有的常委委员建议草案分章节规定。

二、关于适用范围

二审稿第二条第一款规定，本法没有规定的，适用土地管理有关法律的规定。环资委布小林提出，本款和第三十六条的表述不够清楚，建议进一步明确。有的常委委员建议将第三十六条中的"黑土地"改为"黑土层"或者"黑土"。

二审稿第二条第二款规定，本法所称黑土地，是指黑龙江省、吉林省、辽宁省、内蒙古自治区（简称四省区）的相关区域范围内具有黑色或者暗黑色腐殖质表土层，性状好、肥力高的耕地。有的常委委员建议将"简称四省区"改为"以下简称四省区"。

三、关于统筹协调

1. 二审稿第五条第二款对县级以上地方人民政府建立黑土地保护协调机制作了规定。有的常委委员建议明确本法中的"县级以上地方人民政府"为四省区县级以上地方人民政府。有的常委委员建议增加黑土地跨区域保护机制的规定。

2. 二审稿第七条第三款规定，加强对黑土地水蚀风蚀等情况的常态化监测，建立黑土地质量动态变化数据库。有的常委会组成人员建议增加数据库"实行数据动态更新和信息共享"的规定。有的常委委员建议将侵蚀沟纳入常态化监测内容。

3. 二审稿第八条对国土空间规划、黑土地保护规划等作了规定。有的常委委员建议在"水蚀风蚀等的预防和治理"中增加"冻融侵蚀"，在黑土地保护规划的编制部门中增加水利部门。

4. 二审稿第九条对黑土地质量和其他黑土地保护领域相关标准作了规定。有的常委委员建议将"其他黑土地保护领域相关标准"改为"其他相关保护标准"。有的常委委员建议增加一款：国家支持社会团体按照市场需求制定和完善黑土地相关的产品标准和技术标准。

四、关于科技支撑

1. 二审稿第十二条对加强农田基础设施建设规定了六项措施。有的常委会组成人员建议删除第一项"完善水田、旱地排水等灌排体系"中的"排水等"三字；有的常委委员建议修改为"构建防止水蚀的灌排体系"，对第四项中的"建设农田防护林网"增加符合相关标准的要求。有的常委委员建议将第五项的位置移至第三项。

2. 二审稿第十三条对提高黑土地质量规定了六项措施。有的常委委员建议在第一项"实行轮作"前增加"条件成熟时"的要求，同时删除第四项中的"推进科学减少化肥施用量"一句和"推广土壤生物改良技术"中的"生物"二字。有的常委委员建议在第二项中增加限制使用小马力农业机械的规定。

3. 二审稿第十四条对侵蚀沟的治理、农田防护林建设等作了规定。有的常委委员建议增加坡耕地水土流失防治的规定。有的专委会委员提出，"防止违背自然规律造林绿化"的规定，没有实际意义和可操作性，也会引起歧义，建议删除。

4. 二审稿第十五条规定，县级以上人民政府应当加强黑土地周边森林、草原、湿地的保护修复。有的常委委员建议将"森林"改为"林地"。

五、关于农业生产经营者的责任

二审稿第十七条第一款规定，农村集体经济组织、村民委员会监督承包方依照承包合同约定的用途合理利用和保护黑土地，制止承包方损害黑土地等行为。有的常委委员提出，本条只规定了土地承包者被监督者的身份，建议增加土地承包者对黑土地的保护责任。有的常委委员提出，二审稿对土地经营者的义务规定得较多，权利规定得较少，只有保护好土地经营者的权利，才能使其参与黑土地保护工作，过分强调义务反而不利于黑土地保护。

二审稿第十七条第二款规定，农村集体经济组织、国有农场、农业企业、农民专业合作社、农户等应当十分珍惜和合理利用黑土地。有的常委委员提出，"十分珍惜"的表述不够严谨，建议删除或修改。

六、关于投入保障

1. 二审稿第二十四条规定，国家鼓励粮食主销区通过资金支持、建立与主产区的稳定购销关系等方式参与黑土地保护，建立健全黑土地保护跨区域补偿机制。

有的常委会组成人员提出，跨区域的横向补偿机制需要利益受损方和受益方明确具体，而黑土地保护的受益方众多，且不明确具体，很难建立横向补偿机制，建议再作斟酌。有的常委委员提出，水流具有公共物品的属性，没有明确的市场化回报机制，建立横向生态保护补偿确有必要，但黑土地产出的粮食可以通过市场化方式实现回报和激励，不存在主产区付出成本、主销区坐享其成的情况，建议删除本条规定。有的常委委员提出，黑土地不同于流域，其价值可以通过粮食较好地体现出来，中央财政对粮食主产区已有转移支付政策，地区间的支持、援助等做法不能作为补偿，建立黑土地跨区域补偿机制既无必要，也不利于市场一体化发展，建议删除本条规定。

有些常委委员和专委会委员建议保留本条规定。有的常委委员提出，草案的规定是必要的、可行的。主要理由：一是建立黑土地保护跨区域补偿符合党中央要求，2021年中共中央办公厅 国务院办公厅印发的《关于深化生态保护补偿制度改革的意见》明确提出，完善耕地保护补偿机制，实施纵横结合的综合补偿制度；二是长江保护法、森林法等有关法律已经规定了横向生态补偿制度，跨流域横向生态补偿已经有了较好实践；三是黑土地保护跨区域补偿不会削弱主销区的产粮积极性，主销区既要落实好本地区的耕地保护责任，也应当对粮食主产区从资金投入上承担一定责任，两种责任不冲突，主销区对生产区给予一定补偿不是粮食等价交换的原则，而是促进黑土地保护和永续利用，是生态补偿的问题；四是建立黑土地保护跨区域补偿机制具有可行性，当前不少主销区与主产区已经形成了稳定的购销关系或者合作伙伴关系。因此，建议保留草案的规定。有的专委会委员提出，本条的规定比较客观，跨区域补偿机制有利于稳定主销区和主产区的关系，一些地方在生态补偿、碳汇交易等方面也有一定实践经验，并且草案"鼓励"建立的表述，也为实践探索留出了空间。

有的常委委员提出，粮食作为国家战略物资，在建立国内统一大市场的前提条件下，不能只考虑到两个区域，也要符合国家大战略的布局，黑土地保护跨区域补偿机制实施到何种程度，需要国务院有关部门把下关，建议规定跨区域补偿具体方案报国务院批准。有的常委委员建议将"通过资金支持"改为"通过经济合作"。有的常委委员建议建立黑土地保护基金。

2. 二审稿第二十五条第一款规定，国家按照政策支持、企业和社会参与、市场化运作的原则，鼓励社会资本投入黑土地保护活动。有的常委会组成人员提出，社会主体包含企业，二者不是并列关系，建议删除本条中的"企业"。有的常委委员建议进一步平衡好保护与利用的关系，将"投入黑土地保护活动"改为"参与黑土地的保护和使用"，并充实第二款中的规模经营、品牌化建设的内容。

七、关于监督管理

1. 二审稿第十条第一款规定，黑土地应当用于粮食和油料作物、糖料作物、蔬菜等农产品生产。有的常委委员建议删除"糖料作物、蔬菜"。有的专委会委员建议增加"优质牧草"。

二审稿第十条第二款规定，黑土层深厚、土壤性状良好的黑土地应当按照规定的标准划入永久基本农田，重点用于粮食生产。有的常委委员提出，"重点用于粮食生产"的规定与农民土地承包经营自主权似不一致，也排除了大豆种植，建议删除。有的常委委员提出，本条的位置放在此处不妥，建议调整。

2. 二审稿第二十条规定，禁止盗挖、滥挖和非法出售黑土。有的常委委员建议将"出售"改为"买卖"。

3. 二审稿第二十一条第二款规定，建设项目主体应当制定剥离表土的再利用方案，报自然资源主管部门备案。有的常委会组成人员建议将"报自然资源主管部门备案"改为"报县级以上人民政府自然资源主管部门审批"。

4. 二审稿第二十七条对自然资源、农业农村等部门联合开展监督检查作了规定。有的常委委员建议增加水利部门。

八、关于法律责任

1. 二审稿第三十条第四款规定，农业生产经营者未尽到黑土地保护义务，经批评教育仍不改正的，可以不予发放耕地保护相关补贴。有的常委会组成人员提出，本条规定的处罚较轻，建议增加取消经营权的处罚。

2. 二审稿第三十一条第二款对非法出售黑土的法律责任作了规定。有的常委委员建议区分单位和个人规定不同的处罚措施和罚款数额。

3. 二审稿第三十二条对未实施表土剥离的法律责任作了规定。有的常委会组成人员建议将"表土"改为"黑土层"。

4. 二审稿第三十四条规定，造成黑土地污染的，依照污染防治有关法律法规的规定从重处罚。有的常委委员建议增加规定，造成水土流失的，依照水土保持法的规定从重处罚。

黑土地保护法草案二次审议稿
向社会公众征求意见的情况

2022 年 4 月 20 日至 5 月 19 日，黑土地保护法草案二次审议稿在中国人大网全文公布，向社会公开征求意见。其间，共收到 146 位社会公众提出的 189 条意见。现将主要意见简报如下：

一、关于黑土地的范围

二审稿第二条第二款规定，本法所称黑土地，是指黑龙江省、吉林省、辽宁省、内蒙古自治区（简称四省区）的相关区域范围内具有黑色或者暗黑色腐殖质表土层，性状好、肥力高的耕地。有的意见提出，草案将黑土地的保护范围限定为耕地，过于狭窄，建议将具有黑色腐殖质土壤的土地都纳入保护范围。有的意见提出，"具有黑色或者暗黑色腐殖质表土层"与"性状好、肥力高"的表述是并列关系，建议将二者之间的逗号改为顿号。有的意见建议将"简称四省区"改为"以下简称四省区"。

二、关于加强政府统筹协调

二审稿第五条对各级政府的黑土地保护责任作了规定。有的意见提出，草案关于基层政府的义务性规定较多，在基层人手不足的情况下，一些规定恐难以有效落实。有的意见建议对四省区人大制定黑土地保护地方性法规作出规定。有的意见建议在黑土地保护协调机制的部门中增加市场监管部门。

二审稿第九条规定，国务院标准化主管部门和农业农村、自然资源、水行政等主管部门按照职责分工，制定和完善黑土地质量和其他黑土地保护领域相关标准。有的意见建议增加生态环境部门。

三、关于保护措施

二审稿第十三条对提高黑土地质量规定了六项措施。有的意见提出，休耕轮作应当因地制宜，防止地方一刀切。有的意见提出，提高黑土地有机质的重要措施是秸秆还田，建议对此作出更有针对性的规定。有的意见建议对禁止秸秆焚烧作出规定。有的意见提出，东北地区气候寒冷，秸秆不易腐烂，第三项关于秸秆覆盖、粉碎深埋的规定可能会加重农民负担。有的意见提出，第三项中"过腹转化"的表述不够严谨，建议研究。

四、关于监督管理

1. 二审稿第十条规定，黑土地应当用于粮食和油料作物、糖料作物、蔬菜等农产品生产；黑土层深厚、土壤性状良好的黑土地应当按照规定的标准划入永久基本农田，重点用于粮食生产。有的意见提出，"黑土地应当用于粮食和油料作物、糖料作物、蔬菜等农产品生产"的规定过于绝对，应当考虑轮作、休耕等情形。有的意见提出，"重点用于粮食生产"的规定，可能会侵犯农民自主经营权，限制农村经济发展，建议研究，并考虑对受限制农民给予补偿。

2. 二审稿第二十条规定，禁止盗挖、滥挖和非法出售黑土。有些意见提出，互联网是非法买卖黑土的重要途径，且具有较强的隐蔽性，草案对通过互联网买卖黑土的监管还不够明确，建议对此作出更有针对性的规定。有的意见建议增加网络第三方平台监管责任的规定。有些意见建议将"出售"改为"买卖"，将购买行为纳入禁止范围。有的意见建议增加禁止非法运输黑土的规定。有的意见建议增加鼓励社会积极举报破坏黑土地行为的规定。

3. 二审稿第二十一条第二款规定，建设项目占用黑土地的，建设项目主体应当制定剥离表土的再利用方案，报自然资源主管部门备案。有的意见建议将"剥离表土的再利用方案"改为"剥离表土、利用方案"，既包括剥离表土的方案，也包括表土剥离后的再利用方案。

五、关于法律责任

1. 二审稿第三十条第一款规定，非法占用或者损毁黑土地农田基础设施的，责令停止违法行为，限期恢复原状，处一万元以上三万元以下罚款。有的意见提出，本条规定的罚款数额较低，建议加大处罚力度；对当事人拒绝恢复的，应由农业农村等部门代为恢复，恢复费用由违法者承担。

二审稿第三十条第四款规定，农业生产经营者未尽到黑土地保护义务，经批评教育仍不改正的，可以不予发放耕地保护相关补贴。有的意见建议增加罚款的处罚。

2. 二审稿第三十一条对盗挖、滥挖、非法出售黑土的法律责任作了规定。有些意见建议进一步加大处罚力度。有些意见建议明确盗挖、滥挖、非法出售黑土的刑事责任。有的意见建议增加互联网平台怠于监管的法律责任。有的意见建议区分违法者是企业还是个人，规定不同的处罚措施，对前者规定更严厉的处罚。

3. 二审稿第三十二条规定，建设项目占用黑土地未实施表土剥离的，处每平方米一百元以上二百元以下罚款。有的意见提出，本条规定的罚款数额较小，建议进一步提高。有的意见建议将罚款基准由"每平方米"改为"每立方米"。

4. 二审稿第三十六条规定，林地、草原、湿地、河湖等范围内黑土地的保护，适用森林法、草原法、湿地保护法、水法等有关法律。有的意见建议将"黑土地"改为"黑土"。有的意见建议将本条移至第二条单独作为一款。

第二部分

地方法规、政策性文件、规划纲要

黑龙江省黑土地保护利用条例

（2021 年 12 月 23 日黑龙江省第十三届人民代表
大会常务委员会第二十九次会议通过）

第一章 总 则

第一条 为了保护好、利用好黑土地，防止黑土地数量减少、质量下降、生态功能退化，促进黑土地可持续利用，维护国家资源安全、生态安全、粮食安全，根据有关法律、行政法规，结合本省实际，制定本条例。

第二条 在本省行政区域内，从事黑土地规划、调查、保护、修复、利用、监测、评价、监督管理等活动，适用本条例。

第三条 本条例所称黑土地，是指以黑色或者暗黑色腐殖质表土层为标志的土地，分布于耕地、园地、林地、草原、湿地、河道、湖泊等范围内，主要包括黑土、黑钙土、暗棕壤、白浆土、草甸土、水稻土等土壤类型。

第四条 黑土地保护利用应当遵循科学规划、全面保护、集约利用、用养结合、突出重点、因地制宜、综合施策的原则。

第五条 黑土地保护利用应当建立健全党委领导、政府主导、部门协同、属地负责、生产经营者实施、公众参与的机制。

第六条 县级以上人民政府应当对黑土地保护利用实施监督管理，将黑土地保护利用工作纳入国民经济和社会发展规划，建立黑土地保护利用工作联席会议制度，自然资源主管部门作为牵头部门，会同农业农村等有关部门通过联席会议协调解决工作中的重大问题。

乡（镇）人民政府、街道办事处应当对黑土地保护利用情况进行日常监督管理，协助组织实施黑土地保护工作。

村民委员会、农村集体经济组织应当对黑土地保护利用情况实施巡查，配合有关部门和乡（镇）人民政府、街道办事处做好黑土地保护利用工作。

第七条 县级以上人民政府农业农村主管部门负责耕地质量保护，推进落实田长制，实施高标准农田建设项目，推广保护性耕作和测土配方施肥，对农业投入品等进行监督管理。

县级以上人民政府自然资源主管部门负责对黑土地总量控制、用途管制等工作的监督管理。

县级以上人民政府林业和草原主管部门负责分布于林地、草原、湿地范围内的黑土地保护利用和沙化防治工作的监督管理。

县级以上人民政府生态环境主管部门负责对黑土地污染防治工作实施统一监督管理。

县级以上人民政府水行政主管部门负责黑土地水土流失综合防治、监测和水土保持的监督管理。

县级以上人民政府市场监督管理部门负责商品交易市场和电商平台黑土经营行为的监督管理。

县级以上人民政府交通运输主管部门负责对在道路上运输黑土行为的监督管理。

县级以上人民政府可以指定其所属部门负责黑土地保护利用监督管理有关工作。

县级以上人民政府其他有关部门按照各自职责做好黑土地保护利用相关工作。

第八条　黑土地所有权人、承包权人、经营权人、有关管理单位应当依据法律、法规规定和合同约定，因地制宜采取措施保护黑土地，提高黑土地质量，维护生态环境。

第九条　黑土地保护实行目标责任考核制度。

县级以上人民政府应当将黑土地保护目标完成情况纳入考核内容。考核结果应当作为领导干部综合考核评价、生态文明建设目标评价考核的重要依据，并向社会公开。

第十条　县级以上人民政府应当按照财政事权和支出责任相适应的原则，加大黑土地保护利用资金支持力度，将黑土地保护利用工作经费列入同级财政预算统筹保障。

鼓励和支持社会力量投资保护黑土地。

第十一条　县级以上人民政府应当鼓励和支持黑土地保护利用科技创新，推进科技成果转化应用，推广黑土地保护利用先进适用技术，强化技术服务。

第十二条　县级以上人民政府应当鼓励和支持大专院校、科研院所、企业事业单位培养黑土地保护利用相关人才，建立人才交流机制，鼓励专业技术人员指导基层实践。

第十三条　县级以上人民政府应当加强对黑土地保护的宣传教育，引导和鼓励全社会积极参与黑土地保护行动，增强全社会黑土地保护意识。

每年5月25日所在周为黑龙江省黑土地保护周。

第十四条　任何组织和个人都有保护黑土地的义务，对破坏黑土地的行为有权制止和举报。

第十五条　县级以上人民政府应当对在黑土地保护工作中做出显著成绩的组织和个人，按照国家、省有关规定给予表彰和奖励。

第二章　保护利用规划

第十六条　省人民政府农业农村主管部门应当会同省自然资源、林业和草原、生态环境、水行政等主管部门，依据省国民经济和社会发展规划、省国土空间规划，编制黑土地保护利用专项规划，明确保护范围，报省人民政府批准后公布并组织实施。

市、县级人民政府农业农村主管部门应当根据上级黑土地保护利用专项规划，结合本地实际，会同有关部门编制本行政区域内的黑土地保护利用专项规划，报本级人民政府批准后，报上一级人民政府农业农村主管部门备案，并组织实施。

第十七条　省人民政府农业农村主管部门应当会同有关部门制定黑土地质量标准和等级规范。

第十八条　黑土地保护利用专项规划、质量标准和等级规范的编制、制定和调整，应当进行可行性论证，充分征求有关方面意见。

第三章　保护与修复

第十九条　县级以上人民政府应当采取工程、农艺、生物等保护措施，对黑土地实施数量、质量、生态全面保护。

第二十条　县级以上人民政府应当按照不同区域资源分布、自然生态等差异化特征保护黑土地。在三江、松嫩平原地区对耕地、草原、湿地中的黑土地进行重点保护；在大小兴安岭和东部山地地区对耕地、林地、湿地中的黑土地进行重点保护。

第二十一条　县级以上人民政府应当建立黑土地保护激励机制，通过实施项目、保护试点和发放补贴资金等扶持政策，提高黑土地所有权人、承包权人、经营权人和有关管理单位保护黑土地的积极性。未尽到黑土地保护责任的，可以不予发放相关补贴资金；对于未尽到耕地保护责任的，可以将相关补贴资金交由有关农村集体经济组织用于耕地保护支出，国家另有规定的除外。

第二十二条　黑土地保护利用实行土地用途管制制度。严格限制农用地转为建设用地，严格控制耕地转为非耕地，禁止违法占用耕地。

第二十三条　禁止偷采盗挖、污染损害、非法买卖、违法加工运输黑土和泥炭，禁止非法开垦黑土地。

省人民政府应当组织有关部门制定黑土地认定和黑土地破坏鉴定办法。

第二十四条　实施田长制、林长制和河湖长制时，应当明确和落实黑土地保护责任。

实施田长制应当按照行政区划和属地管理的原则，设置省、市、县、乡、村和网格、户七级田长。

第二十五条　县级以上人民政府农业农村主管部门应当组织开展测土配方施肥、科学合理施用化肥、增施有机肥，因地制宜推广秸秆还田、过腹转化、少耕免耕、深松深耕、轮作休耕等耕地保护措施，推广适宜的农业机械和标准化种植。鼓励使用节水灌溉设施，推广水肥一体化等技术。

第二十六条　县级以上人民政府农业农村主管部门应当推广秸秆肥料化利用技术，鼓励和支持以秸秆、废食用菌糠、畜禽粪便为主要原料的有机肥料研发、生产和施用。

第二十七条　县级以上人民政府农业农村主管部门应当加强农药安全、合理使用的指导、服务，鼓励和支持采用生物、物理等绿色防控技术和先进施药机械，推广使用安全、高效、经济的农药，科学减少化学农药使用，组织实施农药减量增效行动。

农药使用者应当严格按照农药标签或者说明书使用农药，不得使用国家明令禁用农药，不得违规使用国家限用农药。

禁止生产、销售和使用重金属、持久性有机污染物等有毒有害物质超标的农药、肥料、兽药、饲料和饲料添加剂等农业投入品。

第二十八条　县级以上人民政府农业农村主管部门应当指导农业生产者科学合理使用农用薄膜，推广生产、使用全生物降解农用薄膜。

第二十九条　农药生产者、经营者和使用者应当履行农药包装废弃物回收处理义务，及时回收农药包装废弃物并进行处理。

县级以上人民政府农业农村主管部门应当对本行政区域内农药生产者、经营者、使用者履行农药包装废弃物回收处理义务进行监督管理。

其他农业投入品废弃物回收监督管理，按照国家有关规定执行。

第三十条 县级以上人民政府应当采取有效措施，加强对畜禽、水产养殖粪污的无害化处理、达标排放和综合利用管理。

禁止向黑土地排放重金属或者其他有毒有害物质含量超标的污水、污泥，以及可能造成土壤污染的清淤底泥、尾矿、矿渣等；禁止将有毒有害废物用作肥料或者用于造田和土地复垦。

第三十一条 县级以上人民政府生态环境主管部门应当会同农业农村、水行政主管部门加强农田灌溉用水水质管理，对农田灌溉用水水质进行监测和监督检查。

禁止使用不符合国家农田灌溉水质标准的污水灌溉农田。

第三十二条 黑土地治理修复应当建立政府主导、公众参与、谁受益谁负责、谁损害谁负责的机制。

县级以上人民政府负责黑土地治理修复工作的组织实施和监督管理；对因生产建设活动和自然灾害损毁的黑土地采取措施，组织治理修复。治理修复应当与农业生产、生态保护等要求协调一致。

鼓励和支持黑土地所有权人、承包权人、经营权人或者有关管理单位主动采取措施，治理修复因自然灾害损毁的黑土地。

第三十三条 县级以上人民政府及其有关部门应当根据水土保持规划，组织实施坡耕地、侵蚀沟和小流域水土流失综合治理，建立和完善运行管理制度，加强水土保持工程建后管护。

第三十四条 黑土地所有权人、承包权人、经营权人或者有关管理单位应当在侵蚀沟的沟坡和沟岸、河流的两岸以及湖泊、水库的周边营造植物保护带。

禁止开垦、开发植物保护带。

第三十五条 对质量退化或者受污染的耕地、脆弱耕地、不稳定耕地，应当根据不同情况，按照有关规定，实行轮作休耕、土壤培肥、防沙治沙、退耕还林还草还湿，以及对受污染耕地的风险管控和修复措施，推进连片治理。

第三十六条 县级以上人民政府应当制定黑土地污染或者破坏突发事件应急预案，并对受污染或者被破坏的黑土地进行土壤污染状况调查或者破坏状况调查。

因突发事件造成黑土地污染或者破坏的，当事人应当立即采取补救措施，并向当地县级人民政府生态环境或者自然资源、农业农村、林业和草原主管部门报告。

第四章　建设与利用

第三十七条 县级以上人民政府应当采取土地复垦、治理修复、土壤改良、培肥地力等措施，稳定黑土地面积，提高黑土地质量。

农村集体经济组织、国有农场、农业企业、农民专业合作社、农户和其他农业生产经营者应当加强农田基础设施建设，采取提升耕地质量和改善农田生态环境的养护措施，依法保护和合理利用耕地。

第三十八条 县级以上人民政府应当制定并组织实施高标准农田建设规划，提高农田建设标准和质量，逐步建成集中连片、设施配套、旱涝保收、高产稳产、生态良好的高标准农田。

第三十九条　建立和完善建设用地增减挂钩机制。建设项目应当节约、集约使用黑土地，不占或者少占黑土地。

基础设施建设应当采取必要措施，避免因建设项目导致水淹耕地或者破坏黑土地生态环境。

第四十条　黑土地利用应当依据国土空间规划和黑土地保护利用专项规划，结合区域特征，坚持宜农则农、宜林则林、宜草则草、宜湿则湿，用养结合、绿色发展。

第四十一条　生产建设活动占用黑土地的，应当按照有关标准、规范和管理规定剥离表土。

省人民政府应当组织省自然资源等有关部门制定黑土地表土剥离标准、技术规范和管理办法。

市、县级人民政府应当建立健全黑土地表土剥离、存储、交易、专项回收利用等管理机制。

自然资源主管部门对生产建设活动占用黑土地表土剥离进行监督管理，法律、行政法规另有规定的除外。

第四十二条　禁止在十五度以上的坡地开垦耕地。县级人民政府应当对十五度以上已经开垦并种植农作物的耕地制定退耕计划，限期还林、还草。

禁止开垦的坡地范围由县级人民政府划定并公告。

十五度以下坡地开垦种植农作物的，应当根据不同情况，采取修建梯田、坡面水系整治、蓄水保土耕作等水土保持措施。

第四十三条　在十五度以上坡地种植经济林的，应当科学选择树种，合理确定规模，采取水土保持措施。

五度以上坡地植树造林、抚育幼林、种植中药材等，应当采取修建水平梯田、鱼鳞坑、果树台田、水平阶、营造等高植物带等水土保持措施。

第四十四条　县级以上人民政府应当严格保护、合理利用现有林地，优化林地结构，提高林地利用效益，落实林地用途管制制度，严格实行林地定额管理。

第四十五条　县级以上人民政府应当加强水源涵养林、水土保持林和防风固沙林建设，实施风沙地和盐碱地治理工程；应当及时更新、改造、修复现有农田防护林，完善农田林网体系建设，提高农田林网化率。

第四十六条　禁止在草原上挖草皮、草垡、草炭。

在草原上进行采土、采砂、采石等作业活动，应当制定草原植被恢复方案，报县级人民政府林业和草原主管部门批准，在规定的时间、区域内按照批准的采挖方式作业，并采取保护草原植被的措施。

矿藏开采、工程建设和修建工程设施应当不占或者少占草原，确需占用的，应当按照国家和省有关规定履行审核审批手续。严格保护基本草原。

第四十七条　未利用地、复垦土地等拟开垦为耕地的，县级人民政府农业农村主管部门应当会同生态环境、自然资源主管部门进行土壤污染状况调查，依法进行分类管理。

第四十八条 土地经营权流转时，当事人应当对黑土地保护利用的内容进行约定，履行保护义务。

第四十九条 任何组织和个人应当节约使用黑土。

农田改造、河湖清淤、表土剥离等活动中收集的黑土，经县级以上人民政府指定的部门备案并取得备案凭证后，可以用于土地复垦、劣质地改良、受污染耕地的风险管控和修复以及园林绿化、苗床苗圃用土、花卉种植等。

鼓励苗床用土在本田取土或者使用黑土以外的其他基质。

第五十条 土地复垦、劣质地改良、受污染耕地的风险管控和修复以及园林绿化、苗床苗圃用土、花卉种植等利用黑土的，应当向黑土提供者索要备案凭证等黑土来源合法证明。

黑土经营者应当持有备案凭证等黑土来源合法证明。不能提供合法来源证明的黑土不得进入市场销售。

第五十一条 运输黑土应当持有备案凭证等黑土来源合法证明。

第五章 监测与评价

第五十二条 县级以上人民政府应当根据黑土地质量标准，对本行政区域内的黑土地进行质量评价，建立质量档案。

第五十三条 省人民政府自然资源主管部门应当会同有关部门，拟定本省黑土地调查、监测、评价的规程、规范和标准，组织开展黑土地调查，查清面积、分布、利用等状况；负责黑土地调查、监测、评价结果的管理、维护、共享、利用等工作，建立黑土地地理信息监管平台和黑土地数据库。

县级以上人民政府有关部门应当按照各自职责建立黑土地调查监测评价制度，定期对本行政区域内黑土地的理化性状、黑土层厚度、地形地貌、水土流失、污染状况等数量和质量变化情况进行调查、动态监测和分析评价工作。

调查、监测、评价结果作为黑土地保护目标责任考核的依据。

第五十四条 县级以上人民政府自然资源、农业农村、生态环境、林业和草原等部门，应当加强黑土地保护利用工作的信息共享。

第五十五条 省人民政府应当定期发布黑土地调查监测信息，预测预报黑土地数量和质量动态变化情况，建立黑土地资源承载能力监测预警机制。

县级以上人民政府应当依据调查监测数据，根据土壤类型和黑土地数量、质量变化情况，以及气候特点、环境状况等，因地制宜、合理制定保护、治理、修复和利用的精细化措施并组织有关部门实施。

第六章 监督管理

第五十六条 县级以上人民政府有关部门应当履行对黑土地保护利用情况的监督检查职责，定期开展黑土地保护利用专项执法行动，加强基层执法力量，依法进行现场检查、实地勘探、调查取证，并对违法行为予以制止纠正。

被检查组织和个人应当予以配合，不得拒绝、阻碍监督检查人员依法履行职责，并如实提供有关情况和资料。

第五十七条　黑土地保护实行督察制度。上级人民政府对下级人民政府及其有关部门的黑土地保护职责履行情况定期开展督察。

下级人民政府应当每年向上一级人民政府报告黑土地保护情况。

第五十八条　对黑土地保护不力的，由省人民政府或者其确定的监督管理部门约谈当地人民政府的主要负责人。约谈情况应当向社会公开，接受监督。

第五十九条　县级以上人民政府应当定期向本级人民代表大会常务委员会报告黑土地保护情况，依法接受监督。

第六十条　行政机关与司法机关之间应当加强协调配合，建立健全案件移送制度，加强证据材料移交、接收衔接，完善案件处理信息通报机制。

有关违法行为涉嫌犯罪的，行政机关应当及时将案件移送司法机关，依法追究刑事责任。对依法不需要追究刑事责任或者免予刑事处罚，但应当给予行政处罚的，司法机关应当及时将案件移送有关行政机关。

第六十一条　对黑土地保护和利用负有监督管理职责的行政机关违法行使职权或者不作为，致使国家利益或者社会公共利益受到侵害的，人民检察院应当向行政机关提出检察建议，督促其依法履行职责。行政机关不依法履行职责的，人民检察院应当履行公益诉讼检察职能，依法向人民法院提起诉讼。

对破坏黑土地生态环境和资源保护等损害社会公共利益的行为，法律规定的机关和有关组织以及人民检察院可以依法提起诉讼。

第七章　法律责任

第六十二条　违反本条例规定，各级人民政府、县级以上人民政府有关部门有下列情形之一的，对其直接负责的主管人员和其他直接责任人员依法给予处分：

（一）未制定或者未组织实施黑土地保护目标责任考核制度的；

（二）未编制或者未组织实施黑土地保护利用专项规划的；

（三）实施田长制、林长制、河湖长制，未明确或者未落实黑土地保护责任的；

（四）未按照规定开展农业投入品废弃物回收处理监督管理工作的；

（五）未按照规定对质量退化或者受污染的耕地、脆弱耕地、不稳定耕地进行风险管控和治理修复的；

（六）未按照规定开展黑土地调查、监测、评价的；

（七）挤占、截留、挪用黑土地保护利用资金的；

（八）法律、法规规定的其他行为。

第六十三条　黑土地承包权人、经营权人或者有关管理单位对黑土地造成损害的，应当依法承担责任。

第六十四条　违反本条例规定，偷采盗挖、污染损害黑土和泥炭或者非法开垦黑土地，《中华人民共和国土地管理法》、《中华人民共和国矿产资源法》、《中华人民共和国草原法》、《中华人民共和国森林法》、《中华人民共和国水法》、《中华人民共和国水土保持法》、《中华人民共和国土壤污染防治法》、《中华人民共和国土地管理法实施条例》、《中华人民共和国矿产资源法实施细则》、《中华人民共和国森林法实施条例》、《中华人民共和国河道管理条例》、《土地复垦条例》、《黑龙江省湿地保护条例》、《黑龙江省水土保持条例》等法律、法规已有行政处罚规定的，从其规定；无行政处罚规定的，由县级以上人民政府确定的监督管理部门责令改正，限期恢复原状，并处每立方米五百元以上二千元以下的罚款，有违法所得的，没收违法所得。

违反本条例规定，非法买卖、违法加工运输黑土或者泥炭的，由县级以上人民政府确定的监督管理部门责令改正，对个人处每立方米五百元以上一千元以下的罚款，对单位处每立方米一千元以上二千元以下的罚款，有违法所得的，没收违法所得。

第六十五条 违反本条例规定，因突发事件造成黑土地污染或者破坏，未及时采取补救措施或者未及时报告的，由县级以上人民政府确定的监督管理部门处一万元以上五万元以下的罚款。

第六十六条 违反本条例规定，生产建设活动占用黑土地未按照有关标准、规范和管理规定剥离表土的，由县级以上人民政府自然资源或者法律、行政法规确定的主管部门责令改正；逾期未改正或者无法改正的，处每平方米五十元以上二百元以下的罚款。

第八章 附　　则

第六十七条 法律、行政法规对黑土地保护利用已有规定的，从其规定。

第六十八条 本条例自 2022 年 3 月 1 日起施行。

吉林省黑土地保护条例

（2018 年 3 月 30 日吉林省第十三届
人民代表大会常务委员会第二次会议通过）

第一章 总 则

第一条 为了保护黑土地资源，防止黑土地数量减少、质量下降，保障国家粮食安全，促进黑土地资源可持续利用，维护生态系统平衡，根据有关法律法规，结合本省实际，制定本条例。

第二条 在本省行政区域内，从事与黑土地保护及有关的治理、修复、利用等活动，适用本条例。

本条例所称黑土地是指本省行政区域内拥有黑色或暗色腐殖质表土层、性状好、肥力高的优质土地，具体包括黑土、黑钙土、草甸土、暗棕壤、棕壤、白浆土、水稻土等土壤类型。

第三条 黑土地保护应当遵循合理规划、保护优先、用养结合、突出重点、综合施策、数量与质量并重的原则，建立政府主导、承包者与经营者实施、公众参与的保护机制。

黑土地保护应当因地制宜，采取综合性治理措施，提高土壤有机质含量，改善土壤性状，保护、修复黑土地微生态系统，促进生产与生态相协调。

第四条 省人民政府对黑土地保护实施统一监督管理，依法确定相关部门的黑土地保护职责，并建立相应的协调机制。

县级以上人民政府对本行政区域内的黑土地数量和质量负责。

县级以上人民政府国土、农业、林业、环保、草原、水利等有关部门，根据各自职责对黑土地利用与保护实施监督管理。

乡（镇）人民政府负责组织实施黑土地保护工作。

村民委员会应当配合相关部门和乡（镇）人民政府做好黑土地保护工作。

第五条 县级以上人民政府应当将黑土地保护工作纳入国民经济和社会发展规划，重点安排黑土地保护项目，将黑土地保护经费列入财政预算，逐步建立包括财政资金、各类社会资金在内的多元化投入保障机制。

县级以上人民政府财政部门负责黑土地保护资金筹措，加大黑土地保护先进技术研发与推广、土壤改良、培肥地力、水土保持、表土剥离、盐碱地治理、防风固沙、河湖连通、污染监测及防治等方面的投入。

第六条 县级以上人民政府应当鼓励和支持黑土地保护科研创新，培育科研体系，培养专门人才，加大经费投入，加强成果转化应用，提高科技供给能力。

第七条 县级以上人民政府应当加强黑土地保护能力建设，完善基础设施，建立黑土地档案和数据库，实行信息化管理。

第八条 任何单位和个人都有保护黑土地的义务。

黑土地所有者、承包者和经营者应当自觉对黑土地进行养护，履行黑土地保护义务。

县级以上人民政府应当加强黑土地保护宣传教育，引导和鼓励社会各界积极参与黑土地保护工作，提高全社会的黑土地保护意识。

第九条 县级以上人民政府应当通过落实扶持政策，提高黑土地所有者、承包者和经营者保护黑土地的积极性。

第十条 县级以上人民政府应当对在黑土地保护工作中做出突出贡献的单位和个人给予表彰和奖励。

第十一条 每年6月25日为吉林省黑土地保护日。

县级以上人民政府应当在黑土地保护日组织开展黑土地保护主题活动。

第二章 规划与评价

第十二条 省人民政府应当组织有关部门对黑土地数量和质量情况开展调查，确定各类黑土地面积、分布和利用状况，在调查基础上科学编制黑土地保护总体规划。编制规划时应当体现整体连片的理念，避免黑土地规划碎片化。

市（州）、县（市、区）人民政府应当结合本地实际，按照省黑土地保护总体规划的要求，编制本行政区域黑土地保护总体规划，并报上一级人民政府备案。

黑土地保护总体规划须经同级人民代表大会或者人民代表大会常务委员会审议通过后，由本级人民政府公布实施，非经法定程序不得擅自更改。

第十三条 黑土地保护总体规划应当与土地利用总体规划、主体功能区规划、城乡规划等相衔接。

第十四条 省人民政府应当制定黑土地质量标准和分等定级技术规范。

第十五条 省人民政府应当按照黑土地分布情况和质量等级建立黑土地分类保护制度，将黑土地划分为重点保护类和治理修复类。

第十六条 黑土地保护总体规划和质量标准的制定及重大调整应当进行可行性论证，充分征求社会公众和有关方面的意见。

第十七条 县级以上人民政府应当按照黑土地质量标准，对本行政区域内的黑土地定期进行质量评价，建立质量档案。

第十八条 县级以上人民政府应当建立黑土地监测制度，确定黑土地监测站（点），建立监测网络，监测土壤理化性状、黑土层厚度、地形地貌、水土流失、污染状况等数量和质量变化情况。

省人民政府应当定期发布黑土地监测信息，预测预报黑土地数量和质量动态变化情况，建立黑土地资源承载能力监测预警机制。

第十九条 县级以上人民政府应当通过现代农业示范区、农村改革试验区、农业可持续发展试验示范区和现代农业产业园等园区建设，逐步探索黑土地保护新模式。

第三章　保护措施

第二十条　县级以上人民政府应当根据黑土地保护总体规划和土地用途管制制度划定黑土地的边界，对黑土地数量和质量实施严格保护。

第二十一条　按照我省中东西不同区域资源分布、自然生态等差异化特征，中部地区对耕地中的黑土地进行重点保护，东部地区对耕地、林地中的黑土地进行重点保护，西部地区对耕地、草地、湿地中的黑土地进行重点保护，沿江河流域对冲积形成的黑土地进行重点保护。

重点保护类黑土地应当实施农艺调控措施，保持和提高土壤肥力，防止水土流失、黑土层变薄和土壤质量退化。

治理修复类黑土地包括质量严重退化或者污染严重的黑土地，应当实行轮耕、休耕或者退耕还林、还草、还湿以及采取土壤工程技术等污染防治措施推进连片治理。

第二十二条　县级以上人民政府应当按照耕地质量等级对不同质量耕地采取差异化利用和保护措施。

第二十三条　县级以上人民政府应当组织有关部门推广秸秆综合利用技术，引导扶持土地承包者、经营者实施秸秆综合利用措施。

第二十四条　县级以上人民政府应当组织实施测土配方施肥，支持有机肥料的研发、生产和施用，鼓励土地经营者积造、施用农家肥等有机肥料，降低化肥施用量。

第二十五条　县级以上人民政府应当推广使用高效、低毒、低残留农药和生物农药，严格控制农药使用量。

第二十六条　县级以上人民政府应当指导农业生产者科学合理使用农用薄膜，支持使用生物可降解农用薄膜。

第二十七条　县级以上人民政府应当根据水土保持规划，对坡耕地、风蚀沙化土地、侵蚀沟进行水土流失综合治理，加强水土保持工程的建后管护。

第二十八条　县级以上人民政府水利、农业等主管部门应当加强农田水利设施建设，建立健全农田水利设施的管理制度，鼓励使用节水灌溉设施，推广水肥一体化等技术。

第二十九条　县级以上人民政府应当按照黑土地保护总体规划，对田、水、路、林、村进行综合整治，对低效利用、不合理利用和未利用的黑土地进行重点整治，对因生产建设活动和自然灾害损毁的黑土地进行恢复利用，对村屯周围及闲散土地、通道进行造林绿化等保护性利用。

第三十条　省人民政府应当制定表土剥离标准、技术规范和具体管理办法。

建设项目占用黑土地的，应当按照标准和技术规范进行表土剥离。剥离的表土用于新开垦耕地和劣质耕地改良、高标准农田建设、被污染耕地的治理、土地复垦等。

县级以上人民政府应当加大财政投入，提高表土剥离补贴标准，建立完善表土剥离、存储、交易、利用等管理机制。表土剥离的收益应当用于黑土地保护。

第三十一条　县级以上人民政府应当加强农田防护林建设，更新改造现有防护林，完善农田林网体系建设。

第三十二条　任何单位和个人不得擅自开垦、蚕食林地和草地，对已经开垦、蚕食的林地和草地应当限期恢复。

东部地区对水源涵养林、水土保持林等防护林只准进行抚育和更新性质采伐。

第三十三条 县级以上人民政府应当在侵蚀沟的沟坡和沟岸、河流的两岸以及湖泊和水库的周边营造植物保护带。

严禁在植物保护带内从事开垦、开发和放牧活动。

第三十四条 西部地区县级以上人民政府应当加强对黑土地的生态环境保护，采取农艺措施、生物措施和工程措施等方式，加强盐碱土和风沙土综合治理。

西部地区县级以上人民政府应当制定防沙治沙规划，营造防风固沙林，加强防沙治沙监督管理。

西部地区县级以上人民政府应当每年从财政收入中列支专项资金用于盐碱土和风沙土治理、防沙治沙。

第三十五条 西部地区县级以上人民政府应当利用过境雨洪和灌区退水等水资源向重要湖泡、湿地供水，保障湿地生态安全，提高区域水生态保护能力，并将相关费用列入财政预算。

第三十六条 县级以上人民政府草原主管部门应当建立草畜平衡制度，对草原载畜量进行定期核定，实行动态管理，采取多样化饲养方式，防止草原超载过牧。

草原经营者应当采取人工种草、草地围栏等多种措施，加强草原保护与建设。

第三十七条 西部地区在严重退化和生态脆弱的区域实行草原禁牧和休牧制度。

在草原上修建直接为草原保护和畜牧业生产服务的设施，需要使用草原的，应当经过县级以上人民政府草原主管部门批准。修筑其他工程，应当将草原转为非畜牧业生产用地的，必须办理建设用地审批手续。

在草原上种植牧草或者饲料作物的，应当经过县级以上人民政府草原主管部门批准。已经批准种植牧草或者饲料作物的种植方案，不得擅自改种粮食作物、经济作物或者林木。

第三十八条 禁止盗挖黑土。

第三十九条 县级以上人民政府应当制定农药、化肥等农业投入品减量使用计划，设置农业投入品废弃物回收点，完善回收、贮运和综合利用网络，对农业投入品废弃物实施集中无害化处理。

县级以上人民政府应当加强对畜禽养殖污染防治工作的组织领导，采取有效措施，加大资金投入，扶持畜禽养殖废弃物综合利用，限制使用并逐步淘汰抗生素等化学药品，防止畜禽养殖废弃物污染土壤环境。从事畜禽、水产规模养殖和农产品加工的单位和个人，应当对粪便、废水和其他废弃物进行无害化处理、达标排放或者综合利用。

禁止在黑土地上擅自倾倒废水及堆放、丢弃、遗撒固体废物。

禁止生产、销售和使用重金属、持久性有机污染物等有毒有害物质超标的农业投入品。

禁止使用不符合国家农田灌溉水质标准的污水灌溉。

第四十条 县级以上人民政府应当组织黑土地污染地块调查及环境风险评估。

造成黑土地污染的单位和个人应当进行黑土地污染控制和修复。黑土地污染控制和修复活动不得对土壤及其周边环境造成新的污染。

第四十一条　省人民政府应当建立黑土地保护生态补偿机制具体办法。

县级以上人民政府可以从土地、矿产资源开发收益中提取一定比例资金用于黑土地保护生态补偿。

第四十二条　县级以上人民政府应当加大财政投入力度，结合本地实际，对下列黑土地保护措施进行财政补贴：

（一）秸秆综合利用；

（二）测土配方施肥；

（三）有机肥施用；

（四）轮作；

（五）休耕；

（六）人工种草、草原围栏封育、深松补播和季节性禁牧；

（七）退耕还林、还草、还湿；

（八）其他有效的黑土地保护措施。

第四十三条　县级以上人民政府应当制定黑土地污染或者破坏突发事件应急预案。

因突发事件造成黑土地污染或者破坏的单位或者个人，应当立即采取应对措施，并及时报告当地人民政府环境保护主管部门或者国土、农业、林业、草原等主管部门。

第四章　监督管理

第四十四条　县级以上人民政府有关部门应当履行监督检查职责，依法进行现场检查、实地勘探、调查取证，并对违法行为予以制止纠正。

被检查单位和个人应当对检查工作予以配合，并如实提供有关情况和资料。

第四十五条　黑土地保护实行目标责任制和考核评价制度。县级以上人民政府应当将黑土地保护目标完成情况纳入考核内容。考核结果应当向社会公开。

第四十六条　黑土地保护实行督察制度。

县级以上人民政府应当指定督察机构，对下级人民政府黑土地保护职责履行情况定期进行监督检查。

第四十七条　对黑土地保护不力的地区，由省人民政府或者其确定的监督管理部门约谈该地区人民政府的主要负责人。

约谈情况应当向社会公开。

第四十八条　县级以上人民政府应当加强黑土地违法犯罪活动的行政执法与司法联动，完善司法与行政执法程序衔接机制和保障机制。

第四十九条　对破坏黑土地资源环境、损害社会公共利益的行为，检察机关和符合条件的社会组织可以依照有关法律规定提起公益诉讼。

第五十条　县级以上人民政府应当定期向本级人民代表大会或者人民代表大会常务委员会报告黑土地保护情况，依法接受监督。

第五章　法律责任

第五十一条　黑土地承包者、经营者应当对在生产中对黑土地造成的损害依法承担责任。

第五十二条 违反本条例第三十条规定，建设项目占用黑土地未实施表土剥离的，由县级以上人民政府国土主管部门处每平方米三十元以上五十元以下罚款；未按照标准和技术规范实施表土剥离的，处每平方米十元以上三十元以下罚款。

第五十三条 违反本条例第三十七条第二款规定，未经批准擅自在草原上修建直接为草原保护和畜牧业生产服务的设施，造成草原植被严重破坏的，由县级以上人民政府草原主管部门责令停止违法行为，限期恢复原状，没收违法所得，并处违法所得二倍以上三倍以下的罚款；没有违法所得的，并处一万元以上二万元以下的罚款。

违反本条例第三十七条第三款规定，未经批准擅自在草原上种植牧草或者饲料作物的，或者擅自改种的，由县级以上人民政府草原主管部门责令停止违法行为，限期恢复原状，没收违法所得，并处违法所得二倍以上五倍以下的罚款；没有违法所得的，并处二万元以上五万元以下的罚款。

第五十四条 违反本条例第三十八条规定，盗挖黑土的，由县级以上人民政府确定的监督管理部门责令改正，没收违法所得，限期恢复原状，并处每立方米五百元至一千元的罚款；没有违法所得的，并处二万元以上五万元以下的罚款。逾期未恢复原状的，依法确定有法定资质的第三方开展恢复原状活动，所需费用由违法行为人承担。

第五十五条 违反本条例第三十九条第二款规定，从事畜禽、水产规模养殖的单位和个人违法排放粪便、废水和其他废弃物的，由县级以上人民政府环境保护主管部门责令停止违法行为，限期改正，并处一万元以上五万元以下的罚款。

违反本条例第三十九条第二款规定，从事农产品加工的单位和个人违法排放废水和其他废弃物的，由县级以上人民政府环境保护主管部门责令停止违法行为，限期改正，并处一万元以上二万元以下的罚款。

第五十六条 违反本条例第三十九条第三款规定，在黑土地上擅自倾倒废水及堆放、丢弃、遗撒固体废物，由县级以上人民政府环境保护主管部门责令停止违法行为，限期改正，并处一万元以上十万元以下的罚款。

第五十七条 违反本条例第三十九条第四款规定，违法生产和销售重金属、持久性有机污染物等有毒有害物质超标的农业投入品的，由县级以上人民政府确定的监督管理部门责令停止生产和销售，没收违法所得，并处违法所得五倍以上十倍以下的罚款；没有违法所得的，并处五万元以上十万元以下的罚款；情节严重的，依法吊销有关资质证书。

第五十八条 违反本条例第三十九条第五款规定，使用不符合国家农田灌溉水质标准的污水灌溉的，由县级以上人民政府确定的监督管理部门给予警告，责令改正；造成严重后果的，对土地经营者处一万元以上三万元以下的罚款。

第五十九条 违反本条例第四十条规定，造成黑土地污染的单位和个人未按照规定开展土壤污染控制和修复活动的，由县级以上人民政府环境保护主管部门责令限期改正；逾期未改正的，处五万元以上十万元以下的罚款，由依法确定的有法定资质的第三方控制污染或者修复，所需费用由违法行为人承担。

第六十条 违反本条例第四十三条第二款规定，因突发事件造成黑土地污染或者破坏，未及时采取应对措施或者未及时报告的，由县级以上人民政府确定的监督管理部门处一万元以上五万元以下的罚款。

　　第六十一条　违反本条例第四十四条规定，拒绝县级以上人民政府有关部门对黑土地使用及保护情况进行现场检查、实地勘探、调查取证的，由执行现场检查的部门责令限期改正；拒不改正或者在检查时弄虚作假的，处二千元以上二万元以下的罚款。

　　第六十二条　从事黑土地保护和监督管理的国家机关工作人员，有玩忽职守、滥用职权、徇私舞弊等违法行为，给黑土地保护工作造成损失的，由其所在单位或者主管部门依法给予处分。

第六章　附　　则

　　第六十三条　本条例自 2018 年 7 月 1 日起施行。

农业部　国家发展改革委　财政部　国土资源部 环境保护部　水利部关于印发《东北黑土地保护 规划纲要（2017—2030年）》的通知

（农农发〔2017〕3号）

内蒙古、辽宁、吉林、黑龙江省（自治区）人民政府：

《东北黑土地保护规划纲要（2017—2030年）》已经国务院同意，现印发给你们，请结合实际，认真贯彻实施。

农业部　国家发展改革委　财政部
国土资源部　环境保护部　水利部
2017年6月15日

东北黑土地保护规划纲要

（2017—2030 年）

2017 年 6 月

引　言

耕地是重要的农业资源和生产要素，是粮食生产的"命根子"。落实好新形势下国家粮食安全战略，把中国人的饭碗牢牢端在自己手上，出路在科技，动力在政策，但根本还在耕地。东北是我国重要的粮食生产优势区、最大的商品粮生产基地，在保障国家粮食安全中具有举足轻重的地位。当前，东北黑土地数量在减少、质量在下降，影响粮食综合生产能力提升和农业可持续发展。

党中央、国务院高度重视东北黑土地保护，明确提出要采取有效措施，保护好这块珍贵的黑土地。按照《国民经济和社会发展第十三个五年规划纲要》《全国农业现代化规划（2016—2020 年）》《全国农业可持续发展规划（2015—2030 年）》《农业环境突出问题治理总体规划（2014—2018 年）》的要求，农业部会同国家发展改革委、财政部、国土资源部、环境保护部、水利部编制了《东北黑土地保护规划纲要（2017—2030 年）》（以下简称《规划纲要》）。

本《规划纲要》期限为 2017—2030 年，实施范围为内蒙古东部和辽宁、吉林、黑龙江的黑土区。

一、重要性和紧迫性

黑土地是地球上珍贵的土壤资源，是指拥有黑色或暗黑色腐殖质表土层的土地，是一种性状好、肥力高、适宜农耕的优质土地。东北平原是世界三大黑土区之一，北起大兴安岭，南至辽宁省南部，西到内蒙古东部的大兴安岭山地边缘，东达乌苏里江和图们江，行政区域涉及辽宁、吉林、黑龙江以及内蒙古东部的部分地区。根据第二次全国土地调查数据和县域耕地质量调查评价成果，东北典型黑土区耕地面积约 2.78 亿亩。其中，内蒙古自治区 0.25 亿亩，辽宁省 0.28 亿亩，吉林省 0.69 亿亩，黑龙江省 1.56 亿亩。

东北黑土区曾是生态系统良好的温带草原或温带森林景观，土壤类型主要有黑土、黑钙土、白浆土、草甸土、暗棕壤、棕壤等。原始黑土具有暗沃表层和腐殖质，土壤有机质含量高，团粒结构好，水肥气热协调。20 世纪 50 年代大规模开垦以来，东北黑土区逐渐由林草自然生态系统演变为人工农田生态系统，由于长期高强度利用，加之土壤侵蚀，导致有机质含量下降、理化性状与生态功能退化，严重影响东北地区农业持续发展。黑土地是东北粮食生产能力的基石，保护和提升黑土耕地质量，实施东北黑土区水土流失综合治理，是守住"谷物基本自给、口粮绝对安全"战略底线的重要保障，是"十三五"规划纲要明确提出的重要生态工程，对于保障国家粮食安全和加强生态修复具有十分重要的意义。

（一）保护黑土地是保障国家粮食安全的迫切需要。贯彻新形势下国家粮食安全战略，根本在耕地。东北地区是我国重要的商品粮基地，粮食产量占全国的 1/4，商品量占全国的 1/4，调出量占全国的 1/3。多年来，东北黑土区受水蚀、风蚀与冻融侵蚀等因素影响，造成部分坡耕地黑土层变薄，地力水平下降。加强东北黑土地保护，稳步提升黑土地基础地力，国家粮食安全就有坚实基础。

（二）保护黑土地是实施藏粮于地、藏粮于技战略的迫切需要。实施藏粮于地、藏粮于技战略，需要严格落实耕地保护制度、扎紧耕地保护的"篱笆"，更需要加强耕地质量保护、巩固提升粮食产能。东北黑土土壤腐殖质层深厚，有机质含量较高。由于多年开发利用，自然流失较多，补充回归较少，造成有机质含量逐年下降。据监测，近 60 年来，黑土耕作层土壤有机质含量下降了 1/3，部分地区下降了 50％。辽河平原多数地区土壤有机质含量已降到 20 克/千克以下。加强东北黑土地保护，采取综合性治理措施，有利于提升土壤有机质含量，提高黑土地综合生产能力。

（三）保护黑土地是促进农业绿色发展的迫切需要。多年来，为保障供给，东北黑土区耕地资源长期透支，化肥农药投入过量，打破了黑土原有稳定的微生态系统，土壤生物多样性、养分维持、碳储存、缓冲性、水净化与水分调节等生态功能退化。此外，近些年东北地区水稻面积逐年扩大，地下水超采严重。加强东北黑土地保护，大力推广资源节约型、环境友好型技术，有利于加快修复农田生态环境，促进生产与生态协调，推动农业绿色发展。

（四）保护黑土地是提升我国农产品竞争力的迫切需要。东北黑土区是我国水稻、玉米、大豆的优势产区，但农业规模化水平低，基础地力不高，导致生产成本增加，农产品价格普遍高于国际市场，产业竞争力不强。加强黑土地保护，大力发展生态农业、循环农业、有机农业，有利于实现节本增效、提质增效，提高东北粮食等农产品的质量效益和竞争力。

二、总体要求

（一）总体思路

全面贯彻党的十八大和十八届三中、四中、五中、六中全会精神，深入贯彻习近平总书记系列重要讲话精神和治国理政新理念新思想新战略，认真落实党中央、国务院决策部署，统筹推进"五位一体"总体布局和协调推进"四个全面"战略布局，牢固树立和贯彻落实创新、协调、绿色、开放、共享的发展理念，加快实施藏粮于地、藏粮于技战略，以巩固提升粮食综合生产能力和保障土地资源安全、农业生态安全为目标，依靠科技进步，加大资金投入，调整优化结构，创新服务机制，推进工程与生物、农机与农艺、用地与养地相结合，改善东北黑土区设施条件、内在质量、生态环境，切实保护好黑土地这一珍贵资源，夯实国家粮食安全的基础。

（二）基本原则

——坚持用养结合、保护利用。统筹粮食增产、畜牧业发展、农民增收和黑土地保护之间的关系，调整优化农业结构和生产布局，推广资源节约型、环境友好型技术，在保护中利用、在利用中保护。

——坚持突出重点、综合施策。以耕地质量建设和黑土地保护为重点，统筹土、肥、水、种及栽培等生产要素，综合运用工程、农艺、农机、生物等措施，确保黑土地保护取得实效。

——坚持试点先行、逐步推进。在东北黑土地保护利用试点的基础上，积累经验，有序推进。衔接相关投资建设规划，集中资金投入，推进连片治理，做到建一片成一片，使黑土质量得到提升。

——坚持政府引导、社会参与。坚持黑土保护的公益性、基础性、长期性，发挥政府作用，加大财政投入力度。鼓励地方加大黑土保护投入。发挥市场机制作用，鼓励农民筹资筹劳，引导社会资本投入黑土地保护。

（三）保护目标

1. 保护面积。到2030年，集中连片、整体推进，实施黑土地保护面积2.5亿亩（内蒙古自治区0.21亿亩、辽宁省0.19亿亩、吉林省0.62亿亩、黑龙江省1.48亿亩），基本覆盖主要黑土区耕地。通过修复治理和配套设施建设，加快建成一批集中连片、土壤肥沃、生态良好、设施配套、产能稳定的商品粮基地。

2. 耕地质量。到2030年，东北黑土区耕地质量平均提高1个等级（别）以上；土壤有机质含量平均达到32克/千克以上、提高2克/千克以上（其中辽河平原平均达到20克/千克以上、提高3克/千克以上）。通过土壤改良、地力培肥和治理修复，有效遏制黑土地退化，持续提升黑土耕地质量，改善黑土区生态环境。

三、重点任务

（一）提升黑土区农田系统的可持续性。改变利用方式，形成复合稳定的农田生态系统。在黑土范围的冷凉区、农牧交错区退耕还林还草还湿，使农田生态与森林生态和草地生态相协调；在风沙区推广少免耕栽培技术，减少风蚀沙化；在平原旱作区推广深松深耕整地，提高土壤蓄水保肥能力。推行粮豆轮作，推进农牧结合，构建用地养地结合的产业结构。

（二）提升黑土区资源利用的可持续性。将黑土耕地划为永久基本农田，并结合划定粮食生产功能区和重要农产品生产保护区，实行最严格的保护，实现永续利用。落实最严格水资源管理制度，推广节水技术，在三江平原、松嫩平原、辽河平原地表水富集区，控制水稻生产，合理开发利用地表水，减少地下水开采，恢复提升地下水水位。加快农业废弃物资源化利用，增施有机肥，实行秸秆还田，增加土壤碳储存和腐殖质，增强黑土微生物活力。以高标准农田建设为主要方向，完善农田水利配套设施，建设高产生态良田。

（三）提升黑土区生态环境的可持续性。治理面源污染，重点是控制工矿企业排放和城市垃圾、污水等外源性污染，推进化肥农药减量增效，推行农膜回收利用，率先在东北地区实现大田生产地膜零增长，减少对黑土地的污染。加强小流域水土流失综合治理，搞好缓坡耕地治理、侵蚀沟治理，推广等高修筑地埂、种植生物篱带、粮油作物隔带种植等水土流失综合治理模式，建立合理的农田林网结构，保持良好的田间小气候，保护生物多样性，防治黑土沙化风蚀。

（四）提升黑土区生产能力的可持续性。保持良好的外在设施，加快在东北黑土区建设一批集中连片、旱涝保收、稳产高产、生态友好的高标准农田，实现土地平整、沟渠配套、田间路通、林网完善。保持良好的内在质量，培育土体结构优良、耕层深厚、有机质丰富、养分均衡、生物群落合理的土壤，将剥离后耕层土壤用于中低产田改造、高标准农田建设和土地复垦。提升农机装备水平，推广大马力、高性能农业机械，开展深松深耕整地作业，巩固提升农业综合生产能力。

四、技术模式

（一）积造利用有机肥，控污增肥。通过增施有机肥、秸秆还田，增加土壤有机质含量，改善土壤理化性状，持续提升耕地基础地力。建设有机肥生产积造设施。在城郊肥源集中区，规模畜禽场（养殖小区）周边建设有机肥工厂，在畜禽养殖集中区建设有机肥生产车间，在农村秸秆丰富、畜禽分散养殖的地区建设小型有机肥堆沤池（场），因地制宜促进有机肥资源转化利用。推进秸秆还田，配置大马力机械、秸秆还田机械和免耕播种机，因地制宜开展秸秆粉碎深翻还田、秸秆覆盖免耕还田等。在秸秆丰富地区，建设秸秆气化集中供气（电）站，秸秆固化成型燃烧供热，实施灰渣还田，减少秸秆焚烧。

（二）控制土壤侵蚀，保土保肥。加强坡耕地与风蚀沙化土地综合防护与治理，控制水土和养分流失，遏制黑土地退化和肥力下降。对漫川漫岗与低山丘陵区耕地，改顺坡种植为机械起垄等高横向种植，或改长坡种植为短坡种植，等高修筑地埂并种植生物篱，根据地形布局修建机耕道。对侵蚀沟采取沟头防护、削坡、栽种护沟林等综合措施。对低洼易涝区耕地修建条田化排水、截水排涝设施，减轻积水对农作物播种和生长的不利影响。

（三）耕作层深松耕，保水保肥。开展保护性耕作技术创新与集成示范，推广少免耕、秸秆覆盖、深松等技术，构建高标准耕作层，改善黑土地土壤理化性状，增强保水保肥能力。在平原地区土壤黏重、犁底层浅的旱地实施机械深松深耕，配置大型动力机械，配套使用深松机、深耕犁，通过深松和深翻，有效加深耕作层、打破犁底层。建设占用耕地，耕作层表土要剥离利用，将所占用耕地耕作层的土壤用于新开垦耕地、劣质地或者其他耕地的土壤改良。

（四）科学施肥灌水，节水节肥。深入开展化肥使用量零增长行动，制定东北黑土区农作物科学施肥配方和科学灌溉制度。促进农企合作，发展社会化服务组织，建设小型智能化配肥站和大型配肥中心，推行精准施肥作业，推广配方肥、缓释肥料、水溶肥料、生物肥料等高效新型肥料，在玉米、水稻优势产区全面推进配方施肥到田。配置包括首部控制系统、田间管道系统和滴灌带的水肥设施，健全灌溉试验站网，推广水肥一体化和节水灌溉技术。

（五）调整优化结构，养地补肥。在黑龙江和内蒙古北部冷凉区，以及吉林和黑龙江东部山区，适度压缩籽粒玉米种植规模，推广玉米与大豆轮作和"粮改饲"，发展青贮玉米、饲料油菜、苜蓿、黑麦草、燕麦等优质饲草料。在适宜地区推广大豆接种根瘤菌技术，实现种地与养地相统一。推进种养结合，发展种养配套的混合农场，推进畜禽粪便集中收集和无害化处理。积极支持发展奶牛、肉牛、肉羊等草食畜牧业，实行秸秆"过腹还田"。

五、保障措施

保护东北黑土地是一项长期而艰巨的任务，需要加强规划引导，统筹各方力量，加大资金投入，强化监督评价，合力推进东北黑土地的保护。

（一）加强组织领导。东北4省（区）成立由政府分管负责同志牵头，农业、发展改革、财政、国土资源、环境保护、水利等部门负责同志组成的黑土地保护推进落实机制，加强协调指导，明确工作责任，推进措施落实。农业部会同国家发展改革委、财政部、国土资源部、环境保护部、水利部，加强对东北黑土地保护的工作指导和监督考核，构建上下联动、协同推进的工作机制，确保东北黑土地保护落到实处、取得实效。

（二）强化政策扶持。落实绿色生态为导向的农业补贴制度改革要求，继续在东北地区支持开展黑土地保护综合利用。鼓励探索东北黑土地保护奖补措施，调动地方政府和农民保护黑土地的积极性。允许地方政府统筹中央对地方转移支付中的相关涉农资金，用于黑土地保护工作。结合高标准农田建设等现有投入渠道，支持采取工程和技术相结合的综合措施，开展土壤改良、地力培肥、治理修复等。推进深松机、秸秆还田机等农机购置实行敞开补贴。鼓励地方政府按照"取之于土，用之于土"的原则，加大对黑土地保护的支持力度。

（三）推进科技创新。实施藏粮于技战略，加强黑土地保护技术研究。推进科技创新，组织科研单位开展技术攻关，重点开展黑土保育、土壤养分平衡、节水灌溉、旱作农业、保护性耕作、水土流失治理等技术攻关，特别要集中攻关秸秆低温腐熟技术。推进集成创新，结合开展绿色高产高效创建和模式攻关，集成组装一批黑土地保护技术模式。深入开展新型职业农民培训工程、农村实用人才带头人素质提升计划，着力提高种植大户、新型农业经营主体骨干人员的科学施肥、耕地保育水平，使之成为黑土地保护的中坚力量。

（四）创新服务机制。探索建立中央指导、地方组织、各类新型农业经营主体承担建设任务的项目实施机制，构建政府、企业、社会共同参与的多元化投入机制。采取政府购买服务方式，发挥财政投入的杠杆作用，鼓励第三方社会服务组织参与有机肥推广应用。推行PPP模式，在集中养殖区吸引社会主体参与建设与运营"粮—沼—畜""粮—肥—畜"设施。通过补助、贷款贴息、设立引导性基金以及先建后补等方式，撬动政策性金融资本投入，引导商业性经营资本进入，调动社会化组织和专业化企业等社会力量参与的积极性。

（五）强化监督监测。严格落实耕地保护制度，强化地方政府保护黑土地的责任。支持东北4省（区）修订完善耕地保护地方性法规、规章。完善耕地质量标准和耕地质量保护评价指标体系，健全耕地质量监测网络，建设黑土地质量数据库。开展遥感动态监测，构建天空地数字农业管理系统，实现自动化监测、远程无线传输和网络化信息管理，跟踪黑土地质量变化趋势。建立第三方评价机制，定期开展黑土地保护效果评价。

农业农村部　财政部关于印发《东北黑土地保护性耕作行动计划（2020—2025年）》的通知

（农机发〔2020〕2号）

内蒙古自治区、辽宁省、吉林省、黑龙江省人民政府：

经国务院同意，现将《东北黑土地保护性耕作行动计划（2020—2025年）》印发给你们，请认真贯彻落实。

农业农村部　财政部
2020年2月25日

东北黑土地保护性耕作行动计划
（2020—2025 年）

保护性耕作是一种以农作物秸秆覆盖还田、免（少）耕播种为主要内容的现代耕作技术体系，能够有效减轻土壤风蚀水蚀、增加土壤肥力和保墒抗旱能力、提高农业生态和经济效益。经过多年努力，我国东北地区保护性耕作取得明显进展，技术模式总体定型，关键机具基本过关，已经具备在适宜区域全面推广应用的基础。为深入贯彻习近平总书记关于对东北黑土地实行战略性保护的重要指示精神，认真落实党中央、国务院决策部署，加快保护性耕作推广应用，制定本行动计划。

一、总体要求

（一）指导思想。以习近平新时代中国特色社会主义思想为指导，全面贯彻党的十九大和十九届二中、三中、四中全会精神，坚持稳中求进工作总基调，落实新发展理念，以农业供给侧结构性改革为主线，坚持生态优先、用养结合，通过政府与市场两端发力、农机与农艺深度融合、科技支撑与主体培育并重、重点突破与整体推进并举、稳产丰产与节本增效兼顾，逐步在东北地区适宜区域全面推广应用保护性耕作，促进东北黑土地保护和农业可持续发展。

（二）行动目标。将东北地区（辽宁省、吉林省、黑龙江省和内蒙古自治区的赤峰市、通辽市、兴安盟、呼伦贝尔市）玉米生产作为保护性耕作推广应用的重点，兼顾大豆、小麦等作物生产。力争到 2025 年，保护性耕作实施面积达到 1.4 亿亩，占东北地区适宜区域耕地总面积的 70％左右，形成较为完善的保护性耕作政策支持体系、技术装备体系和推广应用体系。经过持续努力，保护性耕作成为东北地区适宜区域农业主流耕作技术，耕地质量和农业综合生产能力稳定提升，生态、经济和社会效益明显增强。

（三）技术路线。重点推广秸秆覆盖还田免耕和秸秆覆盖还田少耕两种保护性耕作技术类型。各地可结合本地区土壤、水分、积温、经营规模等实际情况，充分尊重农民意愿，创新完善和推广适宜本地区的具体技术模式，不搞"一刀切"。在具体应用中，应尽量增加秸秆覆盖还田比例，增强土壤蓄水保墒能力，提高土壤有机质含量，培肥地力；采取免耕少耕，减少土壤扰动，减轻风蚀水蚀，防止土壤退化；采用高性能免耕播种机械，确保播种质量。根据土壤情况，可进行必要的深松。

二、行动安排

（一）组织整县推进。

1. 稳步扩大实施面积。东北四省（区）人民政府要从现有工作基础等实际情况出发，在稳定粮食生产的前提下，积极稳妥确定保护性耕作年度实施区域和面积。优先选择已有较好应用基础的县（市、区），分批开展整县推进，用 3 年左右时间，在县域内形成技术能到位、运行可持续的长效机制，保护性耕作面积占比原则上超过县域内适宜区域的 50％以上，在其他县（市、区）扎实开展保护性耕作试点示范，循序渐进、逐步扩大实施面积，条件成熟的可组织整乡整村推进。

2. 推动高质量发展。以整体推进县（市、区）为重点，以新型农业经营主体为载体，以科研和推广单位为支撑，通过政策持续支持，在县、乡两级建设一批高标准保护性耕作应用基地（每个县级基地集中连片面积原则上不少于 1 000 亩、乡镇级不少于 200 亩），打造高标准保护性耕作长期应用样板和新装备新技术集成优化展示基地。

（二）强化技术支撑。

1. 组建专家指导组。农业农村部组织成立由农机、栽培、土肥、植保等多学科专家组成的东北黑土地保护性耕作专家指导组，为实施行动计划提供决策服务和技术支撑。东北四省（区）农业农村部门分别成立省级专家组，研究制定主推技术模式和技术标准，开展技术培训与交流，指导基地建设。

2. 布局长期监测点。重点开展耕地土壤理化、生物性状、生产成本、作物产量变化、病虫草害变化和机具装备适用性等情况的监测试验，促进技术模式优化和机具装备升级。

3. 加强基础研究。支持科研院所、大专院校与骨干企业、新型农业经营主体、推广服务机构合作共建保护性耕作科研平台，研究基础性、长远性技术问题，建立健全东北黑土地保护性耕作理论体系。

（三）提升装备能力。

1. 推进研发创新。引导科研单位、机械制造企业、材料工业企业集中优势力量，共建保护性耕作装备创新联盟和研发平台。开展高性能免耕播种机核心部件研发攻关，重点突破播种机切盘的金属材料及加工工艺、电控高速精量排种器的设计与制造等难题，加快产业化步伐。

2. 完善标准体系。围绕保障保护性耕作关键机具产品质量、关键生产环节作业质量，抓紧制修订一批相关标准规范和操作规程。根据不同区域、作物特点，优化保护性耕作装备整体配置方案。

3. 增加有效供给。鼓励免耕播种机等关键机具制造企业加快技术改造、扩大中高端产品生产能力。发挥农机购置补贴政策导向作用，引导农民购置秸秆还田机、高性能免耕播种机、精准施药机械、深松机械等保护性耕作机具。

（四）壮大实施主体。

1. 支持服务主体发展。支持有条件的农机合作社等农业社会化服务组织承担保护性耕作补贴作业任务，带动各类新型农业经营主体和农户积极应用保护性耕作技术，培育壮大技术过硬、运行规范的保护性耕作专业服务队伍。

2. 推进服务机制创新。鼓励农业社会化服务组织与农户建立稳固的合作关系，支持采用订单作业、生产托管等方式，积极发展"全程机械化＋综合农事"服务，实现机具共享、互利共赢，带动规模化经营、标准化作业。

3. 加强培训指导。利用高素质农民培育工程等项目，培养一批熟练掌握保护性耕作技术的生产经营能手、农机作业能手。广泛开展"田间日"等体验式、参与式培训活动，通过农民群众喜闻乐见的方式，提高保护性耕作科普效果，促进技术进村入户。

三、保障措施

（一）加强组织领导。东北四省（区）要把在适宜区域推广应用保护性耕作作为一项重要任务，抓紧抓实，久久为功。省级政府和市县政府要成立负责同志牵头的保护性耕作推进行动领导小组，建立政府主导、上下联动、各相关部门齐抓共管的工作机制，组织制定行动方案，明确重点实施区域、主推技术模式、实施进度和保障措施，做好相关资金保障和工作力量统筹。农业农村部要加强总体统筹协调和组织调度，适时组织开展第三方评估，会同财政部等部门研究解决保护性耕作推广应用工作中的重大问题，重要情况及时报告国务院。

（二）加强政策扶持。国家有关部门和东北四省（区）在乡村振兴、粮食安全、自然资源、农田水利、生态环境保护等工作布局中，要统筹考虑在东北地区适宜区域全面推行保护性耕作的目标导向，做到措施要求有机衔接。中央财政通过现有渠道积极支持东北地区保护性耕作发展。地方政府要因地制宜完善保护性耕作发展政策体系，根据工作进展统筹利用相关资金，将秸秆覆盖还田、免（少）耕等绿色生产方式推广应用作为优先支持方向，尽量做到实施区域、受益主体、实施地块"三聚焦"，切实发挥政策集聚效应。

（三）加强监督考评。东北四省（区）要将推进保护性耕作列入年度工作重点，细化分解目标任务，合理安排工作进度，制定验收标准，健全责任体系，确保按时保质完成各项任务。鼓励各地积极采用信息化手段提高监管工作效率。建立健全耕地质量监测评价机制。东北四省（区）要在2020年3月底以前，将本省（区）行动方案及2020年工作安排报农业农村部备案。

（四）加强宣传引导。各有关方面要充分利用广播、电视、报刊和新媒体，广泛宣传推广应用保护性耕作的重要意义、技术路线和政策措施，及时总结成效经验，推介典型案例，凝聚社会共识，营造良好的社会环境和舆论氛围。

农业农村部　国家发展和改革委员会
财政部　水利部　科学技术部
中国科学院　国家林业和草原局
关于印发《国家黑土地保护工程实施
方案（2021—2025年）》的通知

（农建发〔2021〕3号）

内蒙古、辽宁、吉林、黑龙江省（自治区）人民政府：

　　《国家黑土地保护工程实施方案（2021—2025年）》已经国务院同意，现印发给你们，请认真贯彻落实。

农业农村部　国家发展和改革委员会　财政部

水利部　科学技术部

中国科学院　国家林业和草原局

2021年6月30日

国家黑土地保护工程实施方案
（2021—2025 年）

黑土是地球上珍贵的土壤资源，是指拥有黑色或暗黑色腐殖质表土层的土壤，是一种性状好、肥力高、适宜农耕的优质土地。东北地区是世界主要黑土带之一，北起大兴安岭，南至辽宁南部，西到内蒙古东部的大兴安岭山地边缘，东达乌苏里江和图们江，行政区域涉及辽宁、吉林、黑龙江以及内蒙古东部的部分地区。东北典型黑土区土壤类型主要有黑土、黑钙土、白浆土、草甸土、暗棕壤、棕壤、水稻土等类型。《东北黑土地保护规划纲要（2017—2030年）》（以下简称《规划纲要》）明确保护范围为东北典型黑土区耕地面积约 2.78 亿亩。其中，内蒙古自治区 0.25 亿亩，辽宁省 0.28 亿亩，吉林省 0.69 亿亩，黑龙江省 1.56 亿亩。

一、工作基础

各地各部门认真贯彻落实习近平总书记关于把黑土地保护好、利用好和采取有效措施保护好黑土地这一"耕地中的大熊猫"的重要指示精神，积极推进黑土地保护利用，取得明显成效，东北四省（区）耕地质量较 5 年前提升 0.29 等级。

黑土地保护制度逐步完善。2017 年，经国务院同意，农业部、发展改革委等 6 部门印发了《规划纲要》，明确到 2030 年在东北典型黑土区实施 2.5 亿亩黑土耕地保护任务。2020 年，经国务院同意，农业农村部和财政部印发《东北黑土地保护性耕作行动计划（2020—2025年）》，明确到 2025 年在东北地区适宜区域实施以免耕少耕秸秆覆盖还田为主要内容的保护性耕作 1.4 亿亩。

高标准农田建设稳步推进。"十二五"以来东北四省（区）累计建成高标准农田 17 987 万亩（其中典型黑土区 8 735 万亩），农田基础设施不断完善，推动耕地质量进一步提升，夯实粮食安全基础。

水土流失治理初见成效。2016 年以来，实施了小流域综合治理、坡耕地综合整治和东北黑土区侵蚀沟综合治理等水土保持重点工程，治理水土流失面积超过 1.5 万平方公里。

土壤改良培肥面积不断扩大。2015 年以来，先后实施黑土地保护利用试点 1 050 万亩、保护性耕作面积 4 606 万亩、深松整地 3.11 亿亩次、实施秸秆还田面积 3.8 亿亩次。

探索形成了一批有效治理模式。探索工程与生物、农机与农艺、用地与养地相结合的综合治理模式，形成了以免耕少耕秸秆覆盖还田为关键技术的防风固土"梨树模式"，以秸秆粉碎、有机肥混合深翻还田，结合玉米—大豆轮作为关键技术的深耕培土"龙江模式"，以玉米连作与秸秆一年深翻两年归行覆盖还田的"中南模式"，以秋季秸秆粉碎翻压还田、春季有机肥抛撒搅浆平地的水田"三江模式"等 10 种黑土地综合治理模式。

但是，黑土耕地退化趋势尚未得到有效遏制。已经实施综合性治理措施的黑土耕地面积占比较低，坡耕地水土流失仍较重，耕作层变薄和侵蚀沟问题仍然突出，土壤有机质含量下降趋势仍未扭转，局部酸化、盐渍化问题仍然存在，要实现《规划纲要》确定的到 2030 年实施黑土耕地保护 2.5 亿亩目标，还需要多措并举，持续推进，久久为功。

二、总体要求

（一）指导思想。坚持以习近平新时代中国特色社会主义思想为指导，全面贯彻党的十九大和十九届二中、三中、四中、五中全会精神，贯彻落实习近平总书记关于黑土地保护重要指示批示精神，依据《中华人民共和国国民经济和社会发展第十四个五年规划和 2035 年远景目标纲要》要求，坚定不移贯彻新发展理念，深入实施藏粮于地、藏粮于技战略，以保障粮食产能、恢复耕地地力，促进黑土耕地资源持续利用为核心，以治理黑土耕地"薄、瘦、硬"问题为导向，以保育培肥、提质增肥、固土保肥、改良培肥为主攻方向，以防治坡耕地水土流失、治理侵蚀沟、完善农田基础设施、培育肥沃耕作层、加强黑土耕地质量监测评价为重点，以优化耕作制度为基础，坚持统筹工程、农艺措施综合治理，坚持分类施策、分区治理，坚持统筹政策、协同治理，健全体制机制，严格督查考核，集中连片、统筹推进，形成黑土地在利用中保护、以保护促利用的可持续发展新格局，夯实国家粮食安全基础，推动东北地区农业高质量发展和农业农村现代化。

（二）工作原则。

——坚持保护优先、用养结合。针对黑土地长期高强度利用，统筹优化农业结构，推进种养循环、秸秆粪污资源化利用、合理轮作，推广综合治理技术，促进黑土地在利用中保护、在保护中利用。

——坚持因地制宜、分类施策。根据东北黑土地类型、水热条件、地形地貌、耕作模式等差异，水田、旱地、水浇地等耕地地类，科学分区分类，实施差异化治理。

——坚持政策协同、综合治理。结合区域内农田建设、水土保持、水利工程建设等规划，统筹工程与农艺措施，统一设计方案、统一组织实施、统一绩效考核，统筹工程建设、耕地保护、资源养护等不同渠道资金，强化政策协同，实行综合治理。

——坚持示范引领、技术支撑。以建设黑土地保护工程标准化示范区为引领，实施集中连片综合治理示范，带动大面积推广。加强技术支撑，建立由科研教育和技术推广单位组成的专家团队，推进治理技术创新，实行包片技术指导。

——坚持政府引导、社会参与。坚持黑土保护的公益性、基础性、长期性，发挥政府投入引领作用，以市场化方式带动社会资本投入，引导农村集体经济组织、农户、企业积极参与，形成黑土地保护建设长效机制。

（三）目标任务。2021—2025 年，实施黑土耕地保护利用面积 1 亿亩（含标准化示范面积 1 800 万亩）。其中，建设高标准农田 5 000 万亩、治理侵蚀沟 7 000 条，实施免耕少耕秸秆覆盖还田、秸秆综合利用碎混翻压还田等保护性耕作 5 亿亩次（1 亿亩耕地每年全覆盖重叠 1 次）、有机肥深翻还田 1 亿亩。到"十四五"末，黑土地保护区耕地质量明显提升，旱地耕作层达到 30 厘米、水田耕作层达到 20～25 厘米，土壤有机质含量平均提高 10% 以上，有效遏制黑土耕地"变薄、变瘦、变硬"退化趋势，防治水土流失，基本构建形成持续推进黑土地保护利用的长效机制。

国家黑土地保护工程（2021—2025 年）主要措施任务表

（面积单位：万亩）

省（区）	保护耕地总面积	其中：标准化示范	工程措施		农艺措施	
			高标准农田建设	侵蚀沟治理（条）	保护性耕作	有机肥还田
内蒙古	900	220	450	2 660	900	180
辽宁	1 000	110	510	700	1 000	200
吉林	2 500	600	1 240	1 120	2 500	500
黑龙江	5 600	870	2 800	2 520	5 600	1 120
合计	10 000	1 800	5 000	7 000	10 000	2 000

注：1. 标准化示范建设突出退化问题叠加严重的地区，提高建设标准，实施综合措施，持续支持示范。

2. 保护性耕作包括免耕少耕秸秆覆盖还田和秸秆碎混翻压＋免耕还田，两者互为补充，每年全覆盖实施 1 亿亩，5 年实施 5 亿亩次；有机肥还田与秸秆深翻还田结合每年实施 2 000 万亩，5 年实现 1 亿亩全覆盖。

3. 侵蚀沟治理对象是指长度大于 100 米的大中型侵蚀沟，结合小流域综合治理开展（其他小型侵蚀沟结合高标准农田建设开展）。

三、实施内容

针对黑土耕地出现的"薄、瘦、硬"问题，着重实施土壤侵蚀治理，农田基础设施建设，肥沃耕作层培育等措施。

（一）土壤侵蚀防治。东北黑土区坡度 2° 以上的坡耕地面积占比 28%，以漫坡漫岗长坡耕地为主，汇水面积大，易形成水蚀。在松嫩平原和大兴安岭东南低山丘陵的农牧交错带，干旱少雨多风，土壤风蚀严重。

1. 治理坡耕地，防治土壤水蚀。建设截水、排水、引水等设施，拦蓄和疏导地表径流，防止客水进农田。采用改顺坡垄为横坡垄，改长垄为短垄，等高种植；打地埂、修筑植物护坎、较长坡面种植物防冲带；坡耕地适宜地区修建梯田，推行改自然漫流为筑沟导流，固定生态植被等，预防控制水蚀。

2. 建设农田防护体系，防治土壤风蚀。因害设防合理规划农田防护林体系，与沟、渠、路建设配套防护林带，大力营造各种水土保持防护林草，实现农田林网化、立体化防护。结合土壤、水分、积温、经营规模等实际情况，在适宜地区推广保护性耕作、精量播种，减少土壤扰动，降低土壤裸露，防治耕地土壤风蚀。

3. 治理侵蚀沟，修复和保护耕地。按照小流域为单元治理的思路，采取截、蓄、导、排等工程和生物措施，形成综合治理体系。小型侵蚀沟结合高标准农田建设实施沟道整形、暗管铺设、秸秆填沟、表层覆土等综合治理措施，将地表汇水导入暗管排水，侵蚀沟修复为耕地。大中型侵蚀沟修建拦沙坝等控制骨干工程，同时修建沟头防护、谷坊、塘坝等沟道防护设施，营造沟头、沟岸防护林以及沟底防冲林等水土保持林，配合沟道削坡、生态袋护坡等措施，构建完整的沟壑防护体系，以有效控制沟头溯源侵蚀和沟岸扩张。

（二）农田基础设施建设。针对黑土地盐碱，渍涝排水不畅，灌溉设施、路网、电网不配套以及田间道路不适应现代农机作业要求等问题，加强田间灌排工程建设和田块整治，优化机耕路、生产路布局，配套输配电设施，改善实施保护性耕作的基础条件。

1. 完善农田灌排体系。针对渍涝导致的土壤黏重和盐渍化等问题，按照区域化治理，灌溉与排水并重，渍、涝和盐碱综合治理的要求，以提高灌区输水、配水效率和排灌保证率为目标，对灌区渠首、骨干输水渠道、排水沟、渠系建筑物等进行配套完善和更新改造，强化排水骨干工程建设。加强骨干工程与田间工程的有效衔接配套，完善田间排灌渠系，形成顺畅高效的灌排体系。

2. 加强田块整治。为防治坡耕地水土流失，促进秸秆还田、深松深耕等农艺措施实施，依托高标准农田建设，推进旱地条田化、水田格田化建设，合理划分和适度归并田块，确定田块的适宜耕作长度与宽度。平整土地，合理调整田块地表坡降，提高耕作层厚度。完善灌区田间灌排体系，配套输配电设施，实现灌溉机井井井通电，大力推广节水灌溉，水田灌溉设计保证率不低于80％。

3. 开展田间道路建设。为推进宜机化作业，优化耕作制度，保障黑土地保护农艺措施落地落实，按照农机作业和运输需要，优化机耕路、生产路布局，推进路网密度、路面宽度、硬化程度、附属设施等规范化建设，使耕作田块农机通达率平原地区100％、丘陵山区90％以上。

（三）肥沃耕作层培育。20世纪50年代大规模开垦以来，东北典型黑土区逐渐由林草自然生态系统演变为人工农田生态系统，由于长期高强度利用，土壤有机质消耗流失多，秸秆、畜禽粪肥等有机物补充回归少，导致有机质含量大幅降低，耕地基础地力下降。加之长期的小马力农机作业，翻耕深度浅，耕作层厚度低于20厘米的耕地面积占一半。

1. 实施保护性耕作。优化耕作制度，推广应用少耕免耕秸秆覆盖还田、秸秆碎混翻压还田等不同方式的保护性耕作。在适宜地区重点推广免耕和少耕秸秆覆盖还田技术类型的"梨树模式"增加秸秆覆盖还田比例。其余地区，改春整地为秋整地，旱地采取在秋季收获后实施秸秆机械粉碎翻压或碎混还田，推广一年深翻两年（或四年）免耕播种的"一翻两免（或四免）"的"龙江模式"、"中南模式"；黑土层与障碍层梯次混合、秸秆与有机肥改良集成的"阿荣旗模式"；水田采取秋季收获时直接秸秆粉碎翻埋还田，或春季泡田搅浆整地的"三江模式"。

2. 实施有机肥还田。秋季根据当地土壤基础条件和降雨量特点，推行深松（深耕）整地，以渐进打破犁底层为原则，疏松深层土壤。利用大中型动力机械，结合秸秆粉碎还田、有机肥抛撒，开展深翻整地。在粪肥丰富的地区建设粪污贮存发酵堆沤设施，以畜禽粪便为主要原料堆沤有机肥并施用。

3. 推行种养结合、粮豆轮作。推进种养结合，按照以种定养、以养促种原则，推进养殖企业、合作社、大户与耕地经营者合作，促进畜禽粪肥还田，种养结合用地养地。在适宜地区，以大豆为中轴作物，推进种植业结构调整，维持适当的迎茬比例解决大豆土传病害，加快建立米豆薯、米豆杂、米豆经等轮作制度。

通过肥沃耕作层培育，旱地耕作层厚度要达到30厘米，水田耕作层厚度要达到20～25厘米，土壤有机质含量达到当地自然条件和种植水平的中上等。

（四）黑土耕地质量监测评价。为加强黑土耕地变化规律的研究和此方案实施效果的监测评价，建立健全黑土区耕地质量监测评价制度，完善耕地质量监测评价指标体系和网络，合理布设耕地质量长期定位监测站点和调查监测点，通过长期定位监测跟踪黑土耕地质量变化趋势，建设黑土耕地质量数据库。加强黑土地保护建设项目实施效果监测评价，作为第三方评价的参考。探索运用遥感监测、信息化管理手段监管黑土耕地质量。

1. 按土壤类型设立长期定位监测网。依托中国科学院、中国农业科学院、中国农业大学，以及相关省份科研教育单位，按照土壤类型，建立黑土地保护利用长期监测研究站。根据黑土区气候条件、地形地貌、地形部位、土壤类型、种植作物等，统筹布设耕地质量监测网点，三江平原区、松嫩平原区、辽河平原区按每 10 万～15 万亩布设 1 个监测点，大兴安岭东南麓区、长白山—辽东丘陵山区按每 8 万～10 万亩布设 1 个监测点，监测黑土耕地质量主要指标。

2. 实施黑土地保护利用遥感监测。依托科研机构，探索将卫星和无人机多光谱、高光谱、地物光谱等遥感与探地雷达快速检测技术和地面监测技术融合，构建天空地多源数据监测体系，对耕地质量稳定性指标（地形部位、有效土层厚度、耕作层质地等）进行测定与分析，对易变性指标（有机质、全量养分、速效养分、含水量、pH 等）进行动态监测。探索结合大数据、物联网等信息化技术，实现监测指标快速获取、智能判断、综合评价。

3. 开展实施效果评价。与高标准农田建设相结合，开展黑土地保护利用工程实施效果评价。在高标准农田建设项目验收评价中，对道路通达率、灌排能力、农田林网化程度等进行评价，对影响耕地质量的土壤有机质、耕作层厚度等指标进行监测。及时开展项目效果评价，确保高标准农田建设在保护黑土地、提升耕地综合生产能力上发挥作用。完善黑土耕地质量监测指标体系和评价技术，开展执行期和任务完成时的数量和质量评价，监测工程实施效果。

四、分区实施重点

根据地形地貌、水热条件、种植制度、土壤退化突出问题等因素，将东北典型黑土区划分为三江平原区、大兴安岭东南麓区、松嫩平原区、长白山—辽东丘陵山区、辽河平原区等 5 个区，提出分区治理重点内容。松嫩平原北部（北纬 45°以北）的中厚黑土区以保育培肥为主；松嫩平原南部（北纬 45°以南）、三江平原、辽河平原的浅薄黑土区以培育增肥为主；大兴安岭东南麓、长白山—辽东丘陵的水土流失区以固土保肥为主；三江平原和松嫩平原西部的障碍土壤区以改良培肥为主。

（一）三江平原区

区域特点。该区位于黑龙江、乌苏里江和松花江三江汇流处的冲积平原。属温带湿润、半湿润大陆性季风气候，年降水量 500～650 毫米。区域黑土耕地面积 4 563 万亩，占东北典型黑土区耕地总面积的 16%，平坦耕地占 88.6%。旱地、水浇地、水田分别占 47.8%、0.2%、52%，水稻种植面积大。地势低洼内涝严重，土壤障碍层明显，有机质下降幅度大，土壤酸化。

重点措施。以改良增肥为主攻方向，以解决低洼内涝、打破白浆土障碍层、遏制有机质含量下降与土壤酸化等为重点，改良培育耕作层，完善灌排设施，实施秸秆深翻还田和以秸秆覆盖条带耕作为主的保护性耕作技术，增厚耕作层，消除土壤障碍因素，提高耕地肥力。①完善大中型灌区配套，加强灌排工程建设；规范化改造低洼内涝区排水系统；开展田块整治，完善农田基础设施，建设农田防护林。②调减水稻井灌面积，控制地下水开采。③旱地推行秋季秸秆粉碎深翻还田和秸秆粉碎配合有机肥深翻还田，打破障碍层、治理土壤酸化等关键技术。④水田推行水稻秸秆粉碎翻、旋、耙（搅浆）还田技术。⑤重点监测土壤有机质变化情况，秸秆深翻还田对改良白浆土障碍层次作用。

（二）大兴安岭东南麓区

区域特点。该区位于黑龙江省的西北部和内蒙古自治区的东北部，属大陆性季风气候，年均降水量 270～530 毫米。区域黑土耕地面积 2 558 万亩，占东北典型黑土区耕地总面积的 9%。坡度 2°～6° 缓坡耕地占 51%，坡度 6° 以上坡耕地占 10%。旱地、水浇地、水田分别占 80%、16%、4%，主要种植玉米和大豆。该区域侵蚀沟数量多、水蚀风蚀严重，耕作层厚度不足 20 厘米的占 41%，农田基础设施薄弱。

重点措施。以固土保肥为主攻方向，以治理土壤侵蚀、增厚耕作层等为重点，完善农田基础设施，改造坡耕地、治理侵蚀沟，实施保护性耕作，修复侵蚀沟损毁耕地。①坡耕地改造。适宜地区修建梯田，修建排水沟，改自然漫流为筑沟导流。种植固定生态植被，修筑地埂植物带。②建设大中型侵蚀沟控制工程，修复小型侵蚀沟损毁耕地。③完善农田基础设施，建设农田防护林网，防风固土。④坡耕地改顺坡垄为横坡垄、改长垄为短垄，等高种植。推行玉米—大豆、小麦—油菜等轮作制度。实施秸秆粉碎＋有机肥深翻、"阿荣旗模式"、深松整地和以秸秆部分覆盖免耕少耕为主的保护性耕作技术。⑤重点监测保护性耕作对耕作层和钙积层的影响。

（三）松嫩平原区

区域特点。该区为松花江、嫩江冲积平原，位于黑龙江、吉林两省的中西部，属温带大陆性半湿润、半干旱季风气候，年降水量 400～600 毫米。区域黑土耕地面积 16 343 万亩，占东北典型黑土区耕地总面积的 59%，是典型黑土集中分布区。平坦耕地占 76.3%，坡度 2° 以上坡耕地占 23.7%。旱地、水浇地、水田分别占 84.6%、0.4%、15%，主要种植玉米、大豆和水稻。侵蚀沟数量众多，水蚀风蚀严重，耕作层厚度不足 20 厘米的占 54%，盐碱耕地面积 1 000 万亩，占典型黑土区盐碱耕地的 86%。

重点措施。北部以保育培肥为主攻方向、南部以培育增肥为主攻方向，以培肥土壤、防治水土流失为重点，实施肥沃耕作层培育，改造坡耕地，治理侵蚀沟，完善田间排水工程等农田基础设施，实现中厚黑土层保育、浅薄黑土层培肥、侵蚀沟损毁耕地复垦、内涝盐碱改良。①旱地实行分区保育培肥措施。北部建立玉米—大豆轮作制度，推行"龙江模式"秸秆还田。南部、西部建立粮豆、粮经、粮饲等轮作制度，推行全覆盖、条盖等多种形式的保护性耕作。②水田推行水稻秸秆粉碎翻、旋、耙（搅浆）还田技术。③种养结合区实施畜禽粪污无害化处理、积造堆沤发酵腐熟后还田。④开展田块整治，完善田间设施和农田林网，等高修筑地埂，种植生物篱带。漫川漫岗坡耕地推行等高横坡改垄，改长坡种植为短坡种植。⑤规范化改造低洼内涝区排水系统，盐碱耕地排水要达到临界水位以下。水田推广控制灌溉技术。⑥建设大中型侵蚀沟控制工程，修复小型侵蚀沟损毁耕地。⑦重点监测土壤耕作层和有机质变化情况。

（四）长白山—辽东丘陵山区

区域特点。该区位于黑龙江省东南部、吉林省和辽宁省东部，以丘陵山地为主，气候温和湿润，年降水量600～1 000毫米。区域黑土耕地面积1 968万亩，占东北典型黑土区耕地总面积的7%。坡耕地占68%，其中2°～6°和6°以上缓坡耕地各占一半。旱地、水田分别占87.3%、12.7%，主要种植玉米、冬小麦、大豆、高粱等。侵蚀沟分布密集、水蚀严重，耕作层厚度不足20厘米的占59%，土壤有机质含量低，农田基础设施薄弱。

重点措施。以固土培肥为主攻方向，以治理水土流失为重点，实施侵蚀沟治理、坡耕地改造，增施有机肥，推行保护性耕作。①建设大中型侵蚀沟控制工程，修复小型侵蚀沟损毁耕地。完善农田基础设施以及农田林网。②改造坡耕地，适宜地区修建梯田，修建排水沟，改自然漫流为筑沟导流。种植固定生态植被，修筑地埂植物带，较长坡面种植植物防冲带。③缓坡地改顺坡垄为横坡垄，改长垄为短垄，等高种植。④推行玉米—大豆、粮经（瓜菜、中药材）等轮作制度。实施秸秆粉碎＋有机肥浅旋还田、秸秆覆盖条耕还田技术。⑤重点监测水土保持效果和土壤酸碱度。

（五）辽河平原区

区域特点。该区位于辽宁省中北部，属暖温带半湿润大陆性季风气候，年降水量500～700毫米。区域黑土耕地面积243.1万亩，占东北典型黑土区耕地总面积的9%，平坦耕地占79.1%。旱地、水浇地、水田分别占81.9%、2.6%、15.5%，主要种植水稻、玉米和大豆。土壤有机质下降显著，不足20克/千克的耕地面积占70%，土壤板结、黏重，耕作层厚度不足20厘米的占30.9%。

重点措施。以提质增肥为主攻方向，以增加土壤有机质含量为重点，实施秸秆还田、增施有机肥，推行保护性耕作。①旱地推行秸秆全量覆盖、部分覆盖免耕少耕，或实施秸秆粉碎深翻还田等保护性耕作技术模式。②水田推行水稻秸秆粉碎翻、旋、耙（搅浆）还田技术。③种养结合区实施畜禽粪污无害化处理，积造堆沤发酵腐熟后还田。④建设田间灌排工程，开展地块整治，配套机耕道路和农田防护林。⑤重点监测秸秆还田和施用有机肥对土壤有机质变化影响。

五、构建保护利用长效机制

（一）强化政策统筹。以《规划纲要》和此实施方案为引导，按照"各炒一盘菜、共做一桌席"思路，加强行业内相关资金整合和行业间相关资金统筹的衔接配合。以高标准农田建设为平台，统筹实施大中型灌区改造、小流域综合治理、高标准农田建设、畜禽粪污资源化利用、秸秆综合利用还田、深松整地、绿色种养循环农业、保护性耕作、东北黑土地保护利用试点示范等政策，实行综合治理，形成政策合力。畅通机具鉴定渠道，继续通过农机购置补贴支持保护性耕作、精量播种、秸秆还田等相关农用机具。加大有机肥还田政策支持，有机肥田间贮存和堆沤用地按设施农业用地管理。鼓励企业发展种养循环农业，促进畜禽粪污资源科学还田利用。完善落实农业保险保费补贴政策，确保及时足额理赔。在黑土区推进稻谷、小麦、玉米完全成本保险和种植收入保险政策。探索将黑土耕地保护措施、轮作休耕制度落实情况与耕地地力补贴、轮作休耕补贴等发放挂钩机制。加强东北四省（区）已出台黑土地保护法律法规的执行力度。

（二）强化多方协同。加强横向协作，强化农业农村、发展改革、科技、财政、水利、自然资源、生态环境、林业草原、中国科学院等多部门合作。加强纵向协同，构建地方人民政府为主责，中央地方紧密协同、上下联动工作机制。强化多主体协力，明确政府、企业、农村集体经济组织、新型经营主体、农户等各自责任，建立多元主体有钱出钱、有力出力、共同推进黑土地保护利用的机制。强化示范引领，开展绿色农田建设示范，以1 800万亩标准化示范区为重点，多主体协同、多政策协力、多技术合成，建设黑土地农田系统、资源利用、生态环境可持续的示范区。加强土壤污染防治和安全利用。

（三）强化规模化示范带动。加大种养大户、家庭农场、农民合作社等新型经营主体培育力度，利用专业合作、股份合作、土地流转、土地入股、土地托管等形式，引导土地向新型经营主体流转，发展适度规模经营，促进耕地集中连片生产，为黑土地保护利用创造条件。强化土地经营者用地养地责任，推进黑土地保护与发展高效农业、品牌农业的有机结合，提高黑土地保护利用综合效益，调动农民积极主动实施相关措施。

六、完善保障措施

（一）加强组织领导。推动将黑土地保护利用纳入五级书记抓乡村振兴的内容。建立东北黑土地保护部际协调及部省联动工作机制。中央农办、农业农村部牵头，有关部门参加，统筹落实中央政策，每年底向国务院报告黑土地保护工程实施情况。各级财政、发展改革部门负责协调落实资金，相关部门各负责保护工程实施内容任务落实。地方建立政府负责、部门协同、多方参与、上下联动的落实政策、组织实施、监管监测、考核评价的共同责任机制。省级人民政府负责制定本省（区）年度黑土地保护工作计划、实施方案和任务清单，分解细化任务资金，督促县级落实年度治理任务。县级人民政府负责制定年度资金统筹使用方案，编制本县黑土地保护工作计划、实施方案和任务清单并组织实施，落实治理任务到地块，发挥好乡（镇）村组织动员群众作用。"辅之以利、辅之以义"结合，充分调动农村集体经济组织、新型经营主体和农民保护利用黑土地积极性，促进用地养地。

（二）加大科技创新。通过中央财政科技计划（专项、基金等）支持黑土地保护利用技术。将黑土地保护利用科技创新内容纳入"十四五"科技发展规划，突破黑土地保护和作物丰产高效协同技术瓶颈。组建土壤、水利、生态保护、农业等领域专家组成的黑土地保护技术指导专家团队，统筹设计黑土区高标准农田建设、林网配套、水利设施、侵蚀治理、耕作层培育等方案，协同推进耕地质量、数量、生态"三位一体"保护。联合中国科学院、中国农业科学院、中国农业大学及东北四省（区）相关科研教育机构，立足黑土区立地条件及气候特点，研究探索适宜品种、种植制度、田间管理、农机装备等产品技术装备配套，研发推广一批适用新技术、新产品、新装备。省级推广部门做好技术推广落地。

（三）加大资金投入。提高高标准农田建设标准和质量，健全管护机制，多渠道筹集建设资金。因地制宜明确建设标准。地方可按规定统筹水土保持、大中型灌区改造、高标准农田建设、秸秆还田、绿色种养循环农业、保护性耕作等资金向黑土地保护倾斜。

省级人民政府可以从土地出让收益中安排部分资金，用于高标准农田建设。鼓励地方可按规定整合工程建设、农业资源及生态保护等相关资金推广综合治理技术模式。采取有效措施，引导第三方服务机构、农业经营主体共同投入黑土地保护。

（四）加强监督考核。严格落实耕地保护制度，压实地方政府黑土地保护责任。加强对地方各级政府实施方案编制、各渠道资金整合投入、各年度保护任务落实、各协同机制构建的督查考核，将相关工作纳入东北四省（区）粮食安全省长责任制和省级政府耕地保护责任目标考核，增加黑土地保护考核权重，强化责任落实。压实相关部门对高标准农田建设、侵蚀沟治理、畜禽粪污资源化利用、秸秆还田、保护性耕作、有机肥还田等政策任务落实和完成质量的监管检查责任，相关监管信息共享。东北四省（区）加大对已出台地方法规规章执行情况的督查。完善东北黑土区耕地质量监测体系，健全耕地质量监测网络，跟踪黑土耕地质量变化情况，及时掌握耕地质量变化趋势。完善高标准农田建设监管平台，将黑土地保护利用纳入"一张图"管理。对黑土地保护工程各项任务落实情况，实施在线监测和遥感监测相结合，监督考核年度任务完成情况。适时开展项目绩效中期、期末评估。

（五）加强宣传培训。加强黑土地保护利用宣传和科普力度，积极通过多种媒体、多渠道宣传农业绿色发展、黑土地可持续保护利用的重大意义。地方政府应当落实好《中共中央办公厅、国务院办公厅关于加快推进乡村人才振兴的意见》精神，着力培养耕地质量保护、水土保持、农业工程建设、农机作业等方面人才。加强黑土地保护利用相关政策及综合技术培训推广力度，通过媒体宣传黑土地保护措施成效，推介典型案例，营造全社会关心黑土地、保护黑土地的良好氛围。

农业农村部办公厅关于做好国家黑土地保护工程黑土区耕地质量监测评价工作的通知

（农办建〔2021〕10号）

内蒙古、辽宁、吉林、黑龙江省（自治区）农业农村（农牧）厅，北大荒农垦集团有限公司：

为贯彻6月4日东北黑土地保护利用现场会精神，落实《国家黑土地保护工程实施方案（2021—2025年）》关于开展黑土耕地质量监测评价的有关要求，开展黑土地保护工程相关项目耕地质量监测与实施效果评价，现将有关事项通知如下：

一、开展黑土区耕地质量监测工作

（一）建立长期定位监测网。省级农业农村部门依托科研教育单位，设立长期监测研究站，结合项目区内已建成的耕地质量长期定位监测点（以下简称监测点）建立黑土地保护长期定位监测网，长期监测研究站发挥技术优势，开展技术指导，每个长期监测研究站负责至少50个监测点。监测点在三江平原区、松嫩平原区、辽河平原区按每10万～15万亩布设1个，大兴安岭东南麓区、长白山—辽东丘陵山区每8万～10万亩布设1个，共布设不少于760个，其中内蒙古自治区、辽宁省、吉林省、黑龙江省（含北大荒农垦集团有限公司）设立的监测点数分别不少于90个、90个、200个和380个。

（二）开展年度耕地质量监测工作。省级农业农村部门针对黑土地"变薄、变瘦、变硬"等退化问题，参考《耕地质量监测技术规程》，通过田间调查、土壤样品定点采集、分析化验等方法，开展作物产量、肥料投入、土壤常规理化指标监测。各地可根据区域土壤退化特点（如盐碱化）等，增设监测指标（土壤盐分含量、阳离子交换量、钠离子含量等）。土壤样品采集原则上在秋季作物收获后（2021年度土壤样品可在2022年度春季播种前采集）、黑土地保护综合技术措施实施前进行。

（三）形成黑土耕地质量监测数据成果。省级农业农村部门审核项目县黑土耕地质量监测数据，通过全国农田建设综合监测监管平台做好监测数据上报工作；依托黑土地长期监测研究站，编制省级年度监测情况报告，报送农业农村部农田建设管理司和耕地质量监测保护中心。农业农村部耕地质量监测保护中心分析汇总形成国家黑土地保护工程耕地质量监测报告。

二、开展黑土地保护利用效果评价工作

（一）布设耕地质量调查评价点。统筹考虑黑土类型、土地利用、耕地质量、管理水平和种植制度等因素，按平均每1万亩布设1个耕地质量调查评价点（以下简称调查评价点）的原则，布设调查评价点。充分利用项目区内高标准农田建设项目调查评价点和耕地质量监测点，避免重复布点取样。对不足1万亩的项目地块，确保设置1个调查评价点。

（二）开展实施效果评价工作。省级农业农村部门组织开展国家黑土地保护工程项目实施前后效果评价。针对黑土地"变薄、变瘦、变硬"等退化问题，分别于2021年、2025年，通过土壤样品定点采集、分析化验等方法，开展耕层厚度、容重、有机质、pH、土壤盐分含量、阳离子交换量、钠离子含量、电导率等指标调查评价。项目实施后，利用差减法对比分析项目区指标平均变化情况，开展国家黑土地保护工程实施效果评价。土壤样品采集原则上在秋季作物收获后（2021年度土壤样品可在2022年度春季播种前采集）、综合治理措施实施前进行。

（三）形成黑土地效果评价数据结果。省级农业农村部门审核项目县调查评价数据，通过全国农田建设综合监测监管平台，做好调查评价数据上报工作；依据调查评价数据信息，在项目实施前后，以调查评价点为单元，结合高标准农田建设和耕地质量监测数据成果，编制省级黑土地保护工程实施效果评价报告，报送农业农村部农田建设管理司和耕地质量监测保护中心。农业农村部耕地质量监测保护中心分析汇总形成国家黑土地保护工程实施效果评价报告。

三、有关要求

（一）加强组织领导。省级农业农村部门要加强对黑土地耕地质量监测评价工作的指导，细化监测评价任务，编制工作方案、统筹实施、组织落实、压实责任。项目县（市、区、旗）按照工作方案，将任务落实到项目实施地块，保质保量按时完成国家黑土地保护工程耕地质量监测评价。

（二）加强技术指导。农业农村部耕地质量监测保护中心要加强跟踪和技术指导。省级农业农村部门要会同科研教学单位，建立"专家包片"制度，加强对县（市、区、旗）的技术培训和技术指导，进一步明确黑土地耕地质量监测评价工作任务、技术要求。做好监测评价工作衔接、关键环节质量控制，强化数据审核，确保监测评价数据准确。有条件的省份可依托科研机构开展黑土地保护利用遥感监测。

（三）加强工作保障。按照《国家黑土地保护工程实施方案（2021—2025年）》明确的"各炒一盘菜、共做一桌席"的思路和相关要求，加强批复项目资金统筹，加强监测评价经费保障。

联系方式：

农业农村部农田建设管理司耕地质量处：

卢静，电话：010-59191282，电子邮箱：gdzlc326@163.com。

农业农村部耕地质量监测保护中心评价保护处：

张骏达，电话：010-59196335，邮箱：jdsoil@163.com。

农业农村部耕地质量监测保护中心监测信息处：

曲潇琳，电话：010-59196341，邮箱：quxiaolin6325@163.com。

农业农村部办公厅关于做好 2022 年东北黑土地保护利用项目实施工作的通知

（农办建〔2022〕5 号）

内蒙古、辽宁、吉林、黑龙江省（自治区）农业农村（农牧）厅，北大荒农垦集团有限公司：

为贯彻落实 2022 年中央一号文件关于深入推进国家黑土地保护工程的要求，切实把黑土地这个"耕地中的大熊猫"保护好、利用好，按照《国家黑土地保护工程实施方案（2021—2025 年)》（农建发〔2021〕3 号，以下简称《实施方案》）和《农业农村部、财政部关于做好 2022 年农业生产发展等项目实施工作的通知》（农计财发〔2022〕13 号）等相关工作部署，2022 年持续推进东北黑土地保护利用项目实施，现将有关事项通知如下。

一、目标任务

2022 年，继续在东北典型黑土区 83 个县（市、区、旗）中选择 40 个以上项目县，结合 2022 年国家黑土地保护工程标准化建设，实施东北黑土地保护利用项目，持续推动落实《实施方案》。实施总面积 400 万亩（分省任务见附件），每个项目县保护黑土耕地面积 10 万亩左右，集中连片开展东北黑土地保护利用。发挥政策集成效应，坚持用养结合、综合施策，统筹工程、农艺措施综合施策，构建黑土地肥沃耕作层，提高项目区土壤有机质和黑土地耕地质量。

二、因地制宜采取技术措施

在同一地块集中实施秸秆还田、施用有机肥与深翻整地为主的综合技术模式，项目区作物秸秆尽量做到全量还田，每亩有机肥施用量 1 米^3 以上，旱地深翻整地作业 30 厘米以上，水田深翻整地作业 20 厘米以上。优化耕作制度，适宜地区改春整地为秋整地，旱地采取在秋季收获后实施秸秆机械粉碎翻压或碎混还田，水田采取秋季收获时直接秸秆粉碎翻埋还田，或春季泡田搅浆整地。施用有机肥，以推进粪肥就地就近还田利用为重点，结合粪污贮存发酵堆沤设施建设，以畜禽粪便为主要原料堆沤有机肥并施用。秋季根据当地土壤基础条件和降雨特点，推行深松（深耕）整地，以渐进打破犁底层为原则，疏松深层土壤。利用大中型动力机械，结合秸秆粉碎还田、有机肥抛撒，开展深翻整地。

三、落实工作要求

（一）确定 2022 年项目县。项目县要求典型黑土面积大、比例高，农机动力充足，畜禽粪便资源丰富，规模化经营程度较高，种植大户、家庭农场、农民专业合作社等新型农业经营主体生产经营能力高，地方政府积极性高，农业农村部门农田建设、耕地质量保护技术力量强，工作基础好。应从承担 2022 年高标准农田建设任务（东北黑土地保护建设项目）的县中选择，可与 2021 年项目县重复，但项目实施地块原则上不能与 2021 年项目区重复。2022 年项目县由县级农业农村部门申请，省级农业农村部门负责审核把关，并将项目县名单报农业农村部农田建设管理司备案。

（二）细化实化实施方案。省级农业农村部门会同财政部门编制省级东北黑土地保护利用项目实施方案，明确任务目标、实施区域和面积、技术措施、补助标准、实施要求、进度安排和监管措施等，指导项目县编制县级东北黑土地保护利用项目实施方案，将任务分解落实到地块和主体。2022 年 8 月 31 日前，省级实施方案由省级农业农村、财政部门联合报农业农村部、财政部备案。

（三）培育项目实施主体。鼓励和支持新型农业经营主体和社会化服务组织承担实施任务。依托实施意愿与技术能力较强的种植大户、家庭农场、专业合作社等新型农业经营主体开展建设，集中连片推广"秸秆还田＋施用有机肥＋深松（深翻）整地"为主的综合技术模式。建立社会化服务机制，针对分散经营地块，探索采取政府购买服务等方式，吸引有实力、有技术、有意愿的企业、专业服务组织等，按照技术模式要求，为农户提供统一的秸秆粉碎深翻还田、有机肥堆沤施用、深松深耕等服务。

（四）开展监测评价与上图入库。按照《农业农村部办公厅关于做好国家黑土地保护工程黑土区耕地质量监测评价工作的通知》（农办建〔2021〕10 号）要求，做好黑土地保护工程相关项目耕地质量监测与实施效果评价工作。按照《农业农村部办公厅关于加强政策统筹推动国家黑土地保护工程实施方案落地的通知》（农办建〔2022〕1 号）要求，及时组织开展东北黑土地保护利用项目实施任务上图入库，推进项目实施效果"信息可查"、实施面积"位置可看"、实施进度"动态可察"。对秸秆还田、机械抛撒施用有机肥、深翻深松作业尽可能纳入省级农机服务平台管理，做到有迹可循、作业数量和地点清楚，方便与上图入库衔接。上图入库情况纳入省级党委政府落实粮食安全责任制考核。

四、切实加强项目实施管理

（一）加强统筹实施。省级农业农村部门要会同有关部门，以《实施方案》为引导，加强相关资金和项目衔接配合，指导县级农业农村部门围绕总体任务，加强东北黑土地保护利用项目与高标准农田建设、畜禽粪污资源化利用、农作物秸秆综合利用、农机深松整地、绿色种养循环农业、保护性耕作等项目衔接实施，共同推进黑土地保护利用。

（二）加强监督指导。省级农业农村部门要加强项目监督管理，切实抓好项目实施进展调度，及时督促指导，掌握项目执行和资金使用情况。按照农业农村部农田建设管理司要求，按时报送项目进展和资金使用进度。省级农业农村部门及时编写 2022 年项目实施总结报告，于 2023 年 1 月 31 目前报送农业农村部农田建设管理司，并确保各项数据的真实性、准确性和完整性。有关数据材料报送情况纳入资金绩效评价范围。

（三）加强技术服务。完善黑土地保护利用专家包片指导制度，充分发挥农业农村部门耕地质量建设专家指导组的作用，加强技术攻关、集成创新与推广应用力度。组织开展技术指导和培训，在关键农时季节，组织专家和基层农技人员深入田间地头，解决生产中遇到的技术问题，促进技术落地生效，提升项目区农民黑土地保护意识。

联系方式：

农业农村部农田建设管理司　袁晓奇，电话：010－59191286，电子邮箱：gdzlc326@163.com。

农业农村部耕地质量监测保护中心　杨宁，电话：010－59196342，电子邮箱：yangningcau@163.com。

附件

2022 年东北黑土地保护利用项目任务表

省（自治区）	东北黑土地保护利用项目县数量（个）	实施总面积（万亩）
内蒙古自治区	≥5	50
辽宁省	≥5	50
吉林省	≥11	110
黑龙江省（含北大荒农垦）	≥19	190
合计	≥40	400

农业部财务司　财政部农业司关于
做好东北黑土地保护利用试点工作的通知

（农财金函〔2018〕38 号）

内蒙古自治区、黑龙江省、吉林省、辽宁省农业（农牧）厅、财政厅：

为贯彻落实中央 1 号文件精神，扎实开展耕地质量保护与提升行动。2015 年农业部、财政部决定在东北地区组织实施黑土地保护利用试点工作。现将有关事项通知如下。

一、总体思路与原则

以保障国家粮食安全和农业生态安全为目标，树立绿色发展理念，坚持生态为先、保护为重，全面提升黑土地质量，有效控制黑土退化，探索出一条黑土资源利用率、产出率和生产率持续提升，生态环境明显改善的现代农业发展之路。试点工作坚持以下原则：一要坚持用养结合，保护利用。优化农业生产布局，大力推广资源节约型、环境友好型生产技术。二要坚持突出重点，综合施策。统筹考虑土肥水种栽培等生产要素，综合运用工程、农艺、农机、生物等措施。三要坚持统筹安排，连片实施。在组织化程度较高、规模化经营较集中的重点区域统筹安排试点，充分发挥新型经营主体的作用。四要坚持政策引导，社会参与。引导社会资本参与，鼓励农民筹资投劳，形成黑土地保护投入的长效机制。

二、试点范围、目标和试点内容

（一）试点范围。2015 年选择 17 个县（市、旗、区）开展试点，其中内蒙古自治区 2 个、辽宁省 2 个、吉林省 4 个、黑龙江省 9 个。试点期一般为 3 年。每个试点县（市、旗、区）实施面积达到 10 万亩以上。

（二）试点目标。以解决"土变瘦了"、"土变硬了"、"土变少了"等问题为主线，探索总结出一批适合不同区域、不同土壤类型的"可推广、可复制、能落地、接地气"的黑土地保护综合技术模式和保护运行机制。力争用 3 年时间，实现试点区域内种植制度更加合理、大型农机具综合配套、耕地质量稳步提升、土壤保水保肥能力显著提高。其中，耕地地力提高 0.5 个等级以上，土壤有机质含量提高 3％以上，耕作层厚度达到 30 厘米以上，农作物秸秆和畜禽粪便等有机肥资源利用率显著提高，测土配方施肥技术覆盖率达到 95％以上。

（三）试点内容。按照"控、增、保、养"的技术路线确定试点内容，坚持因地制宜，分类指导，综合施策。控：即控制黑土流失。通过对缓坡耕地改顺坡为环耕种植、改长坡为短坡种植，等高修筑地埂、种植生物篱带等措施，控制水土和养分流失，遏制黑土地退化，打造黑土地稳产增产的核心基础。增：即增加有机质含量。通过增施有机肥，实施秸秆还田，开展测土配方施肥等措施，增加黑土地有机质含量，持续提升土壤肥力。保：即保水保肥。通过耕作层超深松、深松整地，打破犁底层等措施，改善黑土地理化性状，增强黑土地保水保肥能力。养：即黑土养育。通过粮豆轮作套作、固氮肥田等措施，实现黑土地用养结合、持续利用。

三、财政支持方式

按照"农民主动实施为主、补贴政策引导为辅"的原则，合理确定补贴规模、科学测算补助标准，充分调动农民的积极性。重点鼓励和支持新型经营主体承担项目实施任务，补贴资金要向种养大户、家庭农场、农民合作社、社会化服务组织、农业龙头企业等倾斜。各试点省（自治区）要按照"资金与工作任务匹配，模式与补助方式结合"的原则，根据不同技术模式，创新资金使用方式，采取物化补助和购买服务等方式组织项目实施。具体支持内容和方式包括：一是秸秆机械粉碎还田和覆盖还田模式，主要补贴农机作业费，由农机服务组织集中连片实施。二是秸秆堆沤还田模式，可通过购买服务，鼓励社会化服务组织，在田间修建简易设施，开展集中堆沤腐熟后还田服务。三是增施有机肥模式，采取政府向有机肥生产企业、规模化养殖场以及专业合作组织购买服务方式，承担购买服务的生产企业或服务组织负责将有机肥集中施用到田。四是粮豆轮作培肥模式，对玉米改种大豆（原则上改种面积为实施面积的1/3，轮流改种）的收入差距给予资金补助，对大豆根瘤菌采取物化补助。五是缓坡环耕护土，补助农机作业、人工和技术物化等费用。六是新产品、新技术可采取物化补助和购买服务两种方式，鼓励农资经营主体或社会化服务组织，开展统测统配和统一施用服务。七是耕地质量监测评价，在充分利用现有资源和严格控制支出的基础上，可适当购置必需的设备以及用于技术指导、项目监测及效果评估等补助。

四、工作措施

（一）加强组织管理。各级农业部门要会同财政部门加强组织领导，建立工作机制，强化监督检查，确保中央财政补助资金专账管理、专款专用。各试点省（自治区）农业和财政部门要成立项目实施小组，试点县（市、旗、区）政府要成立项目实施领导小组，并建立专家指导组，加强技术指导服务，推进各项措施落实。

（二）规范项目实施。各试点省（自治区）要制定项目总体实施方案，于2015年8月31日前报送农业部财务司、种植业司和财政部农业司备案。各试点县（市、旗、区）要结合本地实际制定项目具体实施方案，选择适合本地、切实可行的试点内容，确定实施区域、技术模式和补助方式等。积极推进项目整合，以县为平台，将高标准农田建设、测土配方施肥、深松整地、畜禽粪污综合利用等相关项目进行整合，配套实施，协同推进黑土地保护和利用。省级农业部门与试点县（市、旗、区）政府签订责任书，明确试点任务和工作责任，确保试点工作有序开展。

（三）严格招标采购。采用物化补助的，由省级农业、财政部门确定招标采购方式，每类产品中标企业应在 2 家以上。各试点县（市、旗、区）要与供货企业签订供货及服务合同，并对使用的招标物资进行抽样封存。省级农业部门要建立招标采购物资质量监督抽查机制。生产不合格产品的企业 3 年内不得参与项目补助物资招标。

（四）加强绩效考核。试点省（自治区）农业和财政部门要建立黑土地保护利用试点项目绩效考核指标体系，并于 8 月 31 日前报送农业部财务司、种植业司和财政部农业司备案。要统筹考虑项目年度和最终绩效考核，通过项目实施前后的耕地质量监测数据进行科学评价。要发挥专家指导组作用，加强监测和评估，总结可推广、可复制的综合技术模式。要将黑土地保护纳入地方政府工作目标和考核内容。年度项目实施总结和绩效考核结果要及时报送农业部、财政部。农业部、财政部将组织有关专家对东北黑土地保护利用试点项目工作进行检查评估。

（五）加强宣传引导。强化宣传意识、加大宣传力度，广泛宣传黑土地保护的经济社会生态效益，解读政策内容和操作方式，尽快让基层干部和广大农民群众家喻户晓，引起社会关注，调动农民积极性。要定期宣传试点县（市、旗、区）的典型经验、技术效果，扩大项目影响，争取各方面的支持。

农业农村部种植业管理司关于印发《增施有机肥培肥黑土地基础地力技术指导意见》的通知

（农农（肥水）〔2021〕4 号）

内蒙古、辽宁、吉林、黑龙江省（自治区）农业农村（农牧）厅：

实施国家黑土地保护工程是落实藏粮于地、藏粮于技战略的关键举措。习近平总书记强调，要采取工程、农艺、生物等多种措施，调动农民积极性，共同把黑土地保护好、利用好。为在黑土地保护建设中落实农艺培肥措施，指导合理增施有机肥，我司会同全国农业技术推广服务中心制定了《增施有机肥培肥黑土地基础地力技术指导意见》，现印发给你们。请根据指导意见，因地制宜确定本地区增施有机肥技术要点，在实施国家黑土地保护工程过程中予以落实。

联系人及联系方式：全国农业技术推广服务中心周璇，010－59194534。

农业农村部种植业管理司

2021 年 2 月 26 日

增施有机肥培肥黑土地基础地力
技术指导意见

一、基本原则

（一）坚持用养平衡。坚持用地和养地结合，在保障粮食和重要农产品生产基础上，增加有机肥投入，培肥黑土地基础地力，实现藏粮于地。

（二）坚持种养结合。树立系统观念，统筹利用畜禽粪便、农作物秸秆、绿肥等有机资源，就地就近还田利用，打通种养循环堵点。

（三）坚持有机无机配合。根据耕地养分状况和肥料施用现状，在测土配方施肥基础上，堆沤积造施用有机肥，促进有机无机配合。

二、技术模式

（一）堆肥还田。在畜禽粪便资源丰富、无害化处理设施完备的区域，以畜禽粪便、农作物秸秆、尾菜等有机废弃物为原料，根据堆肥场地条件、生产规模、作物需求等，采用条垛式、槽式、反应器等方式堆肥。经过预处理的堆肥物料，含水量 45％ 至 65％，碳氮比 30∶1 至 40∶1，粒径小于 5 厘米，pH 5.5 至 9.0。堆肥时使用的有机物料腐熟剂接种量为堆肥物料重量的 0.1％ 至 0.2％。堆肥中期高温温度维持在 50℃ 至 60℃，条垛式堆肥高温维持时间不少于 21 天、槽式堆肥不少于 14 天、反应器堆肥不少于 7 天。可根据气温适当延长堆肥时间，确保腐熟完全。堆体温度高于 65℃ 时采用翻堆、搅拌、曝气等措施降低温度，控制堆体内部氧气浓度不低于 5％。经腐熟堆沤的堆肥一般用作基肥，亩均用量 1 000 至 2 000 千克，采用撒施、条施、沟施等方式施用，施用 24 小时内翻耕入土。

（二）秸秆还田。作物收获后，将秸秆粉碎直接翻压入土，或以直接覆盖、留高茬少免耕、就地堆沤等方式还田。麦稻秸秆粉碎细度 5 至 10 厘米，玉米秸秆粉碎细度 10 至 15 厘米。可在秸秆粉碎后，加入畜禽粪便等其他有机原料混合堆沤，就地翻压入土或直接覆盖。秸秆就地堆沤时注意调节土壤水分，可配合施用氮肥、有机物料腐熟剂加快腐熟。

（三）沼渣沼液还田。以畜禽粪便、作物秸秆等有机物料为原料生产沼气的，经干湿分离后的沼渣沼液可用作肥料。腐熟的沼渣一般用作基肥，亩均用量 1 000 至 2 000 千克，施用方式与堆肥一致，不与草木灰等碱性物料混施。沼液一般条施、穴施、环状施用，也可与喷滴灌结合用作追肥，施用时及时覆土。沼液用作灌溉时，根据养分含量适当稀释，注意过滤，避免堵塞管道和滴头。沼液用作叶面喷施时，根据养分含量和作物需求进行稀释，蔬菜幼苗期稀释 10 至 20 倍，中后期稀释 5 至 10 倍。沼液喷施一般选择上午或傍晚，避开高温和雷雨天气。

（四）绿肥种植。在玉米种植区，通过玉米—紫花苜蓿间作、玉米—大豆间作或带状轮作等方式种植绿肥，春季人工或机械播种，播种深度 1.5 至 2 厘米、行距 26 至 50 厘米。在春小麦种植区，通过小麦复种毛叶苕子、箭筈豌豆或混播方式种植绿肥。小麦复种绿肥可在小麦收获前 20 天左右撒播，成熟后刈割翻压还田，耕翻深度 15 至 20 厘米，翻压后镇压，压紧压实。

（五）商品类有机肥施用。商品有机肥一般与化肥配合施用作为基肥，亩均用量 500 至 1 000 千克，采用穴施或机施方式，施肥深度 10 至 15 厘米。生物有机肥用作基肥或种肥，作基肥时撒施翻压或穴施、沟施集中施用，作种肥时与化肥混合随机械播种或开沟播种后撒施覆土。有机-无机复混肥用作基肥、种肥和追肥，作种肥时条施、点施或穴施，避免与种子直接接触。有机水溶肥、含腐植酸水溶肥用作基肥、种肥和追肥，作基肥时采用沟施或穴施等方式，作种肥时用作浸种蘸根，作追肥时一般叶面喷施。

（六）有机肥＋水肥一体化。根据作物养分和水分需求规律自动灌溉施肥，通过灌溉系统施用有机水溶肥，配合配方肥、作物专用肥，实现水肥高效利用。也可将沼液进行多级沉淀过滤，调控浓度和用量，利用管道系统输送到田间施用。

三、注意事项

（一）安全积造施用。堆肥过程严格控制重金属、氯、钠、环境激素、农兽药残留等有毒有害物质，以畜禽粪便为原料堆肥的，应符合《畜禽粪便无害化处理技术规范》《畜禽粪便还田技术规范》要求。

（二）取得登记许可。生物有机肥、有机水溶肥、含腐植酸水溶肥、有机物料腐熟剂应取得农业农村部肥料登记，商品有机肥、有机-无机复混肥应取得省级农业农村部门登记，严格按照肥料登记证载明的适宜范围使用。

（三）监测施用效果。开展堆肥原料配伍、堆制条件优化、替代减肥梯度等试验示范，合理布置监测网点，科学评估不同种类有机肥料、不同施肥方式的施用效果。

农业农村部耕地质量监测保护中心关于印发《东北黑土地保护利用技术模式概要（试行）》的通知

(耕地建设函〔2021〕105 号)

内蒙古、辽宁、吉林、黑龙江省（区）耕保（土肥、耕环、农业发展服务）中心（站），北大荒农垦集团有限公司农业发展部：

为深入贯彻落实习近平总书记关于保护好黑土地这一耕地中的"大熊猫"的指示精神，以及中央经济工作会议、中央农村工作会议和 2021 年中央 1 号文件的有关要求，促进《东北黑土地保护规划纲要（2017—2030 年）》《国家黑土地保护工程实施方案（2021—2025 年）》落实落细，我中心研究制定了《东北黑土地保护利用技术模式概要（试行）》。现印发给你们，请结合本地实际，加强耕地质量建设技术指导与服务，推动东北黑土地保护利用技术落地。

附件：《东北黑土地保护利用技术模式概要（试行）》

农业农村部耕地质量监测保护中心

2021 年 8 月 20 日

附件：

东北黑土地保护利用技术模式概要（试行）

2015 年起，在中央财政支持下，我中心会同内蒙古、辽宁、吉林和黑龙江等东北 4 省（区）结合开展东北黑土地保护利用试点，坚持问题导向、用养结合、综合施策，因地制宜、分类分区探索能落地、可复制的有效技术模式。在多年试点基础上，现根据耕地类型（水田旱地）、气候（温度和降雨量）、地形地貌（山地丘陵、坡耕地、平地、低洼地）等因素，将东北黑土区划分为第三积温带以北区、东北中南部区、风沙干旱区、坡耕地区、水田区等 5 个区域，初步总结形成 10 个东北黑土地保护利用技术模式。具体如下。

一、第三积温带以北区

（一）第三积温带以北肥沃耕层构建技术模式

1. 适用范围

黑龙江省第三、四、五和六积温带，土壤质地黏重的黑土和草甸土耕地。

2. 操作要点

以两年为一个轮作和耕作周期，具体田间操作步骤如下：

2.1　第一年种植玉米。实施玉米秸秆一次性深混还田或者秸秆配合有机肥深混还田技术。

2.1.1　秸秆粉碎。秋季玉米联合收割机收获后，采用秸秆粉碎机对散落的秸秆进行二次粉碎，使秸秆长度在 10 厘米以下，均匀地分布在田面上。

2.1.2　有机肥抛撒。在需要进行秸秆配合有机肥深混还田的区域，在秸秆粉碎后进行有机肥抛撒作业。使用有机肥抛撒车，将腐熟发酵后的有机肥地抛撒在田面上，有机肥施用量为每公顷 45 吨。

2.1.3　秸秆或者秸秆配合有机肥深翻作业。采用 200 马力*以上的机车牵引五铧犁进行深翻作业，翻耕深度 30～35 厘米，将秸秆或秸秆和有机肥全部翻混于 0～30 厘米或 35 厘米土层中。作业过程中要求不出堑沟，表面外漏秸秆较少。

2.1.4　重耙秸秆或者秸秆配合有机肥深混作业。深翻作业完成后，晒垡 3～5 天为土壤降湿度，再用重耙机呈对角线方向耙地 2 次，耙地后保证无立垡、无坐垡、残留的秸秆及根茬翻压干净。

2.1.5　旋耕起垄。重耙秸秆或秸秆配合有机肥深混作业后，使用旋耕机进行起垄作

---

*　马力为非法定计量单位，1 马力＝735 瓦。——编者注

业，至待播种状态。

2.1.6 种植管理。玉米播种、施肥及田间管理与常规耕种方式相同。

2.2 第二年种植大豆。实施秸秆覆盖免耕。

2.2.1 秸秆覆盖。在大豆茎叶及豆荚变黄，豆粒归圆及落叶达 90％以上时使用联合收割机进行收获，割茬高度以不留底荚为准，一般为 5～6 厘米。收获后的豆秸抛撒在田面上，不进行任何耕作处理。

2.2.2 种植管理。大豆播种、施肥、田间管理与常规耕种方式相同。

2.3 第三年免耕种植玉米。实施玉米秸秆一次性深混还田或者秸秆配合有机肥深混还田技术，开始第二个玉米-大豆轮作循环周期。

2.4 注意事项

2.4.1 该项技术适宜在秋季进行操作，避免春季整地，土壤跑墒等问题。

2.4.2 灭茬过程中需选用质量好、转速快的灭茬机，尽量将秸秆破碎至 10 厘米左右，保证秸秆深混还田的效果。

（二）第三积温带以北三江平原耕层改良培肥技术模式

1. 适用范围

三江平原旱田耕地。

2. 操作要点

采用秸秆深混还田技术与增施有机肥和磷肥活化心土层技术相结合。第一年种植玉米，实施玉米秸秆深翻还田技术，配合有机肥和磷肥的施用。第二年种植大豆，采用旋耕的方式进行耕作。玉米秸秆、有机肥和磷肥深翻还田一次的效果可维持 6～7 年。

2.1 第一年种植玉米。实施玉米秸秆配合有机肥、磷肥深混还田技术。

2.1.1 秸秆粉碎。秋季玉米联合收割机收获后，采用秸秆粉碎机对散落的秸秆进行二次粉碎，使秸秆长度在 10 厘米以下，均匀地分布在田面上。

2.1.2 有机肥抛撒。在秸秆粉碎后的田块上进行有机肥抛撒作业。使用有机肥抛撒车，将腐熟发酵后的有机肥地抛撒在田面上，有机肥施用量为每公顷 45 吨。

2.1.3 磷肥抛撒。有机肥抛撒作业后，使用施肥车，将磷肥抛撒在田面上，磷酸二铵施用量为每公顷 150 千克。非白浆土区域可以不进行此项作业。

2.1.4 土层深翻作业。粉碎后的秸秆、有机肥和磷酸二铵，采用 200 马力以上的拖拉机配套液压翻转犁进行深翻作业，作业深度 0～35 厘米土层，并将秸秆全部翻混于 0～35 厘米土层中。作业过程中要求不出堑沟，表面外漏秸秆较少。

2.1.5 重耙秸秆、有机肥、磷酸二铵深混作业。深翻作业完成后，晒垡 3～5 天为土壤降湿度，再用重耙机呈对角线方向耙地 2 次，耙地后保证无立垡、无坐垡、残留的秸秆及根茬翻压干净。

2.1.6 旋耕起垄。重耙秸秆或秸秆配合有机肥深混作业后，使用旋耕机进行起垄，镇压，至待播种状态。

2.1.7 种植管理。玉米播种、施肥及田间管理与常规耕种方式相同。

2.2 第二年种植大豆。实施秸秆旋耕还田。

2.2.1 大豆秸秆旋耕还田或者覆盖免耕深松。在大豆茎叶及豆荚变黄，豆粒归圆及落叶达 90% 以上时使用联合收割机进行收获，割茬高度一般为 5～6 厘米。收获后的豆秸抛撒在田面上，然后利用旋耕机进行旋耕还田。或者收获后的豆秸抛撒在田面上，不进行任何耕作处理，覆盖免耕。第二年大豆播种后进行深松。

2.2.2 种植管理。大豆播种、施肥、田间管理与常规耕种方式相同。

2.3 第三年种植玉米。实施玉米秸秆一次性深混还田，除不施用有机肥外，其他技术措施均相同。开始新一轮玉米-大豆轮作。

二、东北中南部区

（一）东北中南部黑土地雨养区地力保育技术模式

1. 适应区域

自黑龙江第三积温带以南中部半湿润，有效积温大于 2 300℃，降雨量在 450～650 毫米的地区，玉米种植以雨养为主。要求土地平整、黑土层厚度在 30 厘米以上。

2. 操作要点

2.1 玉米连作区。以三年为一个循环周期，具体操作如下：

2.1.1 玉米秸秆全量深翻还田（第一年）

2.1.1.1 播种环节。包括春整地、播种（补水播种）、播种密度、品种选择环节。

2.1.1.2 养分管理。包括底肥肥和追肥，肥料养分投入总量为氮肥（N）180～220 千克/公顷、磷肥（P_2O_5）50～90 千克/公顷、钾肥（K_2O）60～100 千克/公顷。氮肥 40% 与全部磷、钾肥作底肥深施。在封垄前，8～10 展叶期（拔节前）追施氮肥总量的 60%。

2.1.1.3 秋收。使用玉米收割机适时晚收。玉米生理成熟后 7～15 天，籽粒含水率以 20%～25% 为最佳收获期，田间损失率不超过 5%，杂质率不超过 3%，破损率不超过 5%。

2.1.1.4 秋整地、秸秆翻埋。玉米进入完熟期后，采用大型玉米收获机进行收获，同时将玉米秸秆粉碎（长度不超过 20 厘米）并均匀抛撒于田间，玉米收获后用机械粉碎秸秆的。喷施玉米秸秆腐解剂 2 千克/亩。采用液压翻转犁将秸秆翻埋入土（动力在 150 马力以上，行驶速度应在 6～10 千米/小时以上，翻耕深度 30～35 厘米），将秸秆深翻至 20～30 厘米土层，在翻埋后用重耙耙地，耙深 16～18 厘米，达到不漏耙、不拖堆、土壤细碎、地表平整达到起垄状态，耙幅在 4 米宽的地表高低差小于 3 厘米，每平方米大于 10 厘米的土块不超过 5 个。如作业后地表不能达到待播状态，要在春季播种前进行二次耙地，当土壤含水量在 22%～24% 时，镇压压强度为 300～400 克/厘米^2；当土壤含水量低于 22% 时，镇压强度为 400～600 克/厘米^2。

2.1.2 玉米秸秆全量覆盖归行还田（第二、第三年）

2.1.2.1 秸秆覆盖。机械收获的同时将秸秆粉碎，并抛撒于地表，留茬平均高度 15 厘米，秸秆粉碎长度不超过 20 厘米，秸秆粉碎后应抛撒均匀，无明显堆积，无明显漏切。

2.1.2.2 秸秆归行。采用专用的小型秸秆归行机械对下茬玉米播种行上覆盖的秸秆向两侧休闲行进行分离处理，清理出地表裸露的待播种带（行），播种带宽度为 40～50 厘米，休闲带宽度为 80～90 厘米。配套动力为 25～55 马力拖拉机。

2.1.2.3 播种环节。宽窄行免耕平播种植，采用免耕播种机一次性完成播种、施肥、覆土等环节，播后及时重镇压。

2.1.2.4 养分管理。同 2.1.1.2。

2.1.2.5 苗期深松。在玉米拔节前，采用偏柱式深松追肥机对休闲行进行深松，并将化肥追施于苗侧，深松宽度 40～50 厘米，深度 30～35 厘米。深松机动力要求为 120～180 马力。

2.1.2.6 秋收。同 2.1.1.4。

2.2 米豆轮作区。以三年为一个循环周期。第一年采用玉米秸秆深翻还田技术，第二年大豆季采用免耕播种，秸秆覆盖还田，第三年采用玉米秸秆全量归行覆盖技术。

2.2.1 玉米秸秆深翻还田技术（第一年）。同 2.1.1。

2.2.2 大豆秸秆覆盖还田

2.2.2.1 品种选择。要选用经审定推广的增产潜力大、耐密植的优良品种，生育期所需活动积温应比当地平均活动积温少 200℃，保证品种在正常年份能够充分成熟，并有一定的时间进行田间脱水。种子质量要达到纯度不低于 96%，净度不低于 99%，发芽率不低于 90%，含水量不高于 16%。用种量要比普通种植方式多 15%～20%。

2.2.2.2 种子处理。播前人工精选，剔除病粒、虫食粒及杂质等，使种子质量达到种子分级标准二级以上，并应用优质种衣剂按药种比例 1∶70 进行种子包衣，防治地下害虫、苗期害虫及根部病害。对于根腐病严重地块主要用 2.5% 适乐时、禾健种衣剂防治。

2.2.2.3 播种。春季在土壤 5 厘米耕层地温稳定通过 7～8℃ 时开始播种，做到抢积温、抢墒情，达到苗齐、苗全、苗匀、苗壮。垄上播种 2 行，保证植株个体及群体在田间分布均匀；通过选用半矮秆的秆强品种、防止倒伏，保证高产的实现。播种采用 2BTG-3 精播机或马斯奇奥大型气吸式大垄高台精密播种机进行精量播种，公顷用种量 60 千克，收获株数应达到 26 万株/公顷以上。

2.2.2.4 施肥。采用测土配方施肥技术，做到大量元素与中微量元素的合理搭配。既突出主肥，又要重视微肥、菌肥。每公顷施用大豆专用肥 250～300 千克，采取分层施肥技术，即底肥施在垄下 12～15 厘米处，种肥施在种下 6～8 厘米处。同时注重硼肥、锌肥等微量元素的合理搭配。根据大豆长势，在始花期至终花期进行两次叶面喷施，满足大豆在不同生育期对肥料的需求，提高肥料利用率。

2.2.2.5 适时收获。在大豆茎叶及豆荚变黄，豆粒归圆及落叶达 90% 以上时收获，割茬高度以不留底荚为准，一般为 5～6 厘米，收割损失率小于 1%，脱粒损失率小于 2%，清洁率大小 95%。

2.2.2.6 秋季收获后，大豆茬免耕。春季采用免耕播种机进行播种。

2.2.3 玉米秸秆全量归行覆盖还田（第三年）。同 2.1.2。

（二）东北中南部黑土地灌溉区补水保苗提升地力技术模式

1. 适用区域

该项技术模式适合吉林省西部降雨量 400 毫米左右，有滴灌条件的地区。

2. 操作要点

2.1 选地。选择地势平坦，有井灌条件的连片田块。

2.2 材料选择

2.2.1 地膜。选用符合国家标准的地膜（厚度 0.01 毫米）。有条件的地区应选用玉米专用降解地膜，其物理机械性能应满足机械化播种需要。

2.2.2 肥料。底肥选用符合国家肥料质量标准的化肥，追肥选用水溶性肥料或液体肥料。

2.2.3 设备

2.2.3.1 滴灌带。技术参数应符合 GB/T 17187 要求。宜选用内嵌迷宫式滴灌带，滴头出水量 1.8～2.0 升/小时，滴头距离 20～30 厘米。

2.2.3.2 过滤器。应视水源的水质情况选配过滤器。具体要求如下：过滤水中的砂石，选用砂石过滤器做一级过滤设备；过滤水中有机杂质，选用网式过滤器做二级过滤设备。

2.2.3.3 施肥罐。宜选用压差式施肥罐。

2.3 播种

2.3.1 品种选择。选用通过国家或省农作物品种审定委员会审定的优质、高产、抗逆性强的玉米杂交种，以中晚熟、晚熟耐密型玉米品种为主。玉米种子纯度不低于 96%，净度不低于 98%，发芽率不低于 95%，含水量不超过 16.0%。购种后及时发芽率试验。

2.3.2 种子处理。播前将种子精选，确保种子中没有虫霉粒、杂物，籽粒均匀一致。将未包衣的种子摊开在阳光下翻晒 1～2 天。选择通过国家批准登记的含有烯唑醇、三唑醇和戊唑醇等成分的高效低毒无公害多功能种衣剂进行种子包衣，种子包衣要按照说明书进行。

2.3.3 播种要求

2.3.3.1 时期。一般年份播种可在 4 月 25 日至 5 月 10 日，5 厘米土层温度稳定通过 10℃ 即可播种。

2.3.3.2 密度。适宜的种植密度为 7.0 万～8.0 万株/公顷，地力较高、水肥充足的地块可采用种植密度的上限，地力低的地块可采用种植密度的下限。

2.3.4 播种方式

2.3.4.1 膜上播种。采用多功能玉米膜上播种机播种，一次完成施肥、喷施除草剂、铺滴灌带、覆地膜、播种、苗带覆土、镇压等作业。要求破膜下种处和覆土封眼要对齐，覆土厚度 3 厘米左右。

2.3.4.2 浅埋滴灌播种。采用具有把滴灌带埋入土壤中功能的播种机播种，一次完成施肥、浅埋滴灌带、播种、苗带覆土、镇压等作业。滴灌带覆土厚度 2～3 厘米。

2.4 滴灌水肥一体化管理

2.4.1 基本原则。一是水分管理遵循自然降雨为主、补水灌溉为辅。自然降雨与滴灌补水相结合，灌水次数与灌水量依据玉米需水规律、土壤墒情及降雨情况确定。二是化肥采用基施与滴施相结合，有机肥及非水溶性肥料基施，水溶性肥料分次随水滴施。磷肥以基施为主，滴施为辅；氮肥和钾肥滴施为主，基施为辅。

2.4.2 配置比例。实行总量控制、分期调控，保证补灌量与生育期内降雨量总和达到 450 毫米以上。中等肥力土壤，适宜施肥量为氮肥（N）220～240 千克/公顷、磷肥（P_2O_5）70～90 千克/公顷、钾肥（K_2O）80～100 千克/公顷。在实际生产中，滴灌施肥受自然降雨、生产条件、市场肥料等多种因素影响，要进行合理规划。例如：底肥可用 $N - P_2O_5 - K_2O$＝14 - 15 - 19 养分含量复合肥 300 千克，追肥可用 $N - P_2O_5 - K_2O$＝36 - 5 - 6 养分含量滴灌肥 500 千克，分 3 次滴施。

2.5　田间管理

2.5.1　引苗。采用膜上播种的地块，当玉米第一片真叶展开后要检查出苗情况，将错位苗和土埋苗及时引出，防止捂苗、烧苗，注意用土封严苗孔。

2.5.2　去分蘖。玉米 5～6 叶期要及时去除分蘖，除分蘖时要注意避免损伤主茎。

2.5.3　喷施化控剂。在玉米生育期间，及时喷施化控防倒制剂，喷药时要严格按照产品使用说明书要求喷施。

2.5.4　查田、清田。播种后要经常查看田间出苗情况，如发现地膜破损或垄台两侧土压不实的，要及时用土封盖，防止被风吹开。及时清除田间弱苗、病株、无效株及田间地头杂草。勤检查管道接头，防止漏水；检查滴灌管是否有鼠嗑，如有孔洞要及时修补。

2.6　收获及秸秆还田

2.6.1　收获。适时晚收，一般年份为 10 月 10 日左右。

2.6.2　秸秆粉碎翻压还田

2.6.2.1　调节 C/N 比和喷施秸秆腐熟剂。在收获后的农田中，均匀施入有机肥（用量 20～40 米³/公顷）、尿素（用量 8～15 千克/亩）和秸秆腐熟剂 2～3 千克/亩。将有机肥、尿素和秸秆腐熟剂均匀混拌，利用有机肥施肥机进行均匀抛施。

2.6.2.2　秸秆粉碎。采用秸秆粉碎机进行农田地表秸秆粉碎处理，秸秆长度低于 15 厘米为宜，均匀覆盖于地表。

2.6.2.3　秸秆翻埋。采用大马力拖拉机（130 马力以上）牵引栅栏式液压翻转犁进行翻耕作业，翻耕深度要达到 30～35 厘米，将秸秆翻埋至 20～30 厘米的土层中。

2.6.2.4　旋耕和重镇压。翻埋作业完成后，采用旋耕机进行土壤旋耕耙平作业，使用镇压器进行重镇压，防止土壤失墒和表土风蚀。

三、风沙干旱区

（一）风沙干旱区黑土地水土保持提升地力技术模式

1. 适用范围

黑龙江、吉林、辽宁三省和内蒙古自治区风沙干旱半干旱地域玉米与大豆等作物轮作区域及玉米连作区域，也可因地制宜地应用到其他类型区。低洼易涝和大块砾石（粒径超过 10 毫米）偏多区慎用。

2. 操作要点

以高留茬地免耕播种覆秸联合作业和深松整地为技术核心的风沙干旱区东北黑土地水土保持提升地力技术工艺流程。对于采用玉米-大豆等作物为中轴的"三三制"科学轮作制度地区，以三年为一个循环周期，建议在种植大豆等作物年份实施前茬收获后秋季深松整地；对于玉米连作区，以三年为一个周期，实施一次秋季深松整地或联合整地或平翻整地。具体操作要点如下。

2.1 土壤耕作。建议采用"玉-玉-豆"的轮作模式，依据不同作物后茬特点对应采用"免-免-松""免-免-翻"或"免-免-联合整地"的土壤耕作方式，即玉米后茬无须整地和秸秆残茬处理，采用原茬地免耕覆秸播种机直接免耕精量播种覆秸作业。对于玉米连作2年后种植大豆等秸秆易于处理的作物，在收获后，可以按照常规整地方式作业，应用联合整地机、齿杆式深松机或全方位深松机等进行深松整地作业。提倡以间隔深松为主的深松耕法，构造"虚实并存"的耕层结构。间隔深松要打破犁底层，深度一般为35～40厘米，深松后应及时合墒，必要时镇压。对于田间水分较大的地区，需进行耕翻整地。对于平作模式，无须任何处理作业，待墒情适宜时直接播种即可。对于垄作模式，可以根据墒情随中耕培土后起垄，也可以秋翻、耢耙后起垄，深度20～25厘米。无法秋整地而进行春整地时，应在土壤"返浆"前进行，耕深15厘米为宜，翻、耙、耢、压、起垄连续作业。垄向要直，建议配置GPS北斗自动导航装置，100米垄长直线度误差不大于2.5厘米（带导航作业）或100米垄长直线度误差不大于5厘米（无导航作业）；垄体宽度按农艺要求形成标准垄形，垄距误差不超过2厘米；起垄工作幅误差不超过5厘米，垄体一致，深度均匀，各铧入土深度误差不超过2厘米；垄高一致，垄体压实后，垄高不小于16厘米（大垄高度不小于20厘米），各垄高度误差应不超过2厘米；垄形整齐，不起垡块，无凹心垄，原垄深松起垄时应包严残茬和肥料；地头整齐，垄到地边，地头误差小于10厘米。连作区土壤耕作可参考轮作区土壤耕作方式实施。

2.2 免耕覆秸精量播种施肥

2.2.1 品种选择及其处理

2.2.1.1 品种选择。选择通过审定的耐密、秆强、抗倒、丰产性突出的主导品种，品种熟期要严格按照品种区域布局规划要求选择，坚决杜绝跨区种植。应用清选机精选种子，要求纯度大于99%，净度大于98%，发芽率大于95%，水分小于13.5%，粒型均匀一致。

2.2.1.2 种子处理。应用包衣机将精选后的种子和种衣剂拌种包衣，减轻病虫危害。

2.2.1.3 免耕覆秸精量播种施肥。东北地区要抓住地温早春回升的有利时机，利用早春"返浆水"抢墒播种。当耕层5～10厘米地温稳定通过10～12℃时开始进行播种，并做到连续作业，防止土壤水分散失。在玉米机收高留茬、摘穗后站秆和放铺等原茬地条件下，采用原茬地免耕覆秸精量播种机一次性完成免耕施肥、精量播种、覆土镇压、药剂喷施和覆秸作业。原茬地免耕覆秸精量播种机的秸秆覆盖过程中伴随着少量土壤的回带，在试播时播种深度调节应该较常规播种机的浅5～10毫米。以覆土镇压后测算，黑土区播种深度3～5厘米，白浆土及盐碱土区播种深度3～4厘米，风沙土区播种深度5～6厘米，确保种子播在湿土上。结合播种施种肥于种侧5～6厘米、种下5～8厘米处，种子和化肥要隔离5厘米以上。施肥量按照农艺要求调节施用。覆土镇压强度根据土壤类型、墒情进行调节，随播种施肥随镇。

2.3 田间管理

2.3.1 杂草防控。采用机械、化学综合灭草原则，以播前土壤处理和播后苗前土壤处理为主、苗后处理为辅。

2.3.1.1　化学除草。建议应用系列原茬地免耕覆秸精量播种机提供的化控药剂喷施系统在播种同时实施封闭除草，将除草剂直接喷施到施肥播种镇压后的净土上，减少用药量；也可以在播后出苗前应用风幕式喷药机实施封闭除草，或在苗后3叶期实施茎叶除草。

2.3.1.2　机械除草。采用中耕苗间除草机，边中耕边除草。

2.3.2　中耕。采用免耕覆秸精量播种机播种玉米或大豆的地块，视土壤墒情确定是否需要中耕以及中耕作业次数，若土壤墒情不好时，建议不中耕。一是垄作春大豆。一般中耕2～3次，在第1片复叶展开时，进行第一次中耕，耕深15～18厘米，或垄沟深松18～20厘米，要求垄沟和垄侧有较厚的活土层；在株高25～30厘米时，进行第二次中耕，耕深8～12厘米，中耕机需高速作业，提高壅土挤压苗间草的效果；封垄前进行第3次中耕，耕深15～18厘米。次数和时间不固定，根据苗情、草情和天气等条件灵活掌握，低涝地应注意培高垄，以利于排涝。平作密植春大豆，建议中耕1～3次。以行间深松为主，深度第1次为18～20厘米，第2、3次为8～12厘米，松土灭草。二是玉米中耕除草。一般应进行3次，第1次在定苗之前，幼苗4～5片叶时进行，深度3～4.5厘米；第2次在定苗后，幼苗30厘米高时进行；第3次在拔节前进行，深度9～12厘米。

2.3.3　病虫害防控

2.3.3.1　大豆化学调控。高肥地块可在大豆初花期喷施多效唑等植物生长调节剂，防止后期倒伏；低肥力地块可视情况在盛花、鼓粒期叶面喷施少量尿素、磷酸二氢钾和硼、锌微肥等，防止后期脱肥早衰。

2.3.3.2　玉米化学防控。根据玉米生长期调节其生长发育的需要选择化控试剂，按照不同化控试剂说明书要求，在其最适喷药的时期喷施。药剂喷施时，要求均匀地喷洒在上部叶片上，不重不漏，个别弱苗可避喷。喷药后6小时内如遇雨淋，可在雨后酌情减量增喷一次。

2.4　收获作业。鉴于原茬地免耕覆秸精量播种机能够在玉米任何高度留茬地块上一次性适时完成高质量施肥、播种和已播地秸秆适度粉碎均匀覆盖作业，建议在采用联合收获机收获玉米果穗或籽粒时，撤掉或切离收割机底刀及秸秆粉碎装置的动力，可以进行冻收，并最大限度保留田间秸秆留茬高度。大豆采用大豆专用联合收获机收获，建议配置挠性割台适时收获。

（二）风沙干旱区黑土地保墒增温提升地力技术模式

1. 适应区域

黑龙江、吉林、辽宁三省西部和内蒙古自治区东部风沙干旱玉米连作区，区域耕地特点为黑土层薄，沙砾底偏多，耕层浅、犁底层厚，土壤贫瘠，抗旱保水能力较差，受风蚀、水蚀侵害，水土流失严重。

2. 操作要点

2.1　秸秆处理。秸秆机械收获的同时将秸秆粉碎，并抛撒于地表，留茬平均高度15厘米，秸秆粉碎长度不超过20厘米，秸秆粉碎后应抛撒均匀，无明显堆积，无明显漏切。

2.2　土壤耕作。条带整地秸秆粉碎还田方式：用"垄体深松碎土整地机"沿原垄进行作业，对原垄体进行深松，随后碎土刀辊对深松产生的垡条和玉米根茬切碎，后面的收土板把被切碎的土壤收回到垄体位置，形成新垄，同时将秸秆归行到垄沟内，并有少量土壤覆盖，垄体内无秸秆混入现象。作业速度以 3～5 千米/小时为宜；在风沙较大地区在此项作业后，应沿原垄进行镇压作业，镇压时以表土不粘镇压滚为宜。秸秆归行方式：采用专用的小型秸秆归行机械对下茬玉米播种行上覆盖的秸秆向两侧休闲行进行分离处理，清理出地表裸露的待播种带（行），播种带宽度为 40～50 厘米，休闲带宽度为 80～90 厘米。深松深度根据当地实际情况确定，建议为 25～35 厘米，以打破犁底层为宜。

2.3　播种施肥

2.3.1　品种选择及其处理

2.3.1.1　品种选择。同风沙干旱区黑土地水土保持提升地力技术模式中 2.2.1.1。

2.3.1.2　种子处理。同风沙干旱区黑土地水土保持提升地力技术模式中 2.2.1.2。

2.3.2　精量播种施肥。东北地区要抓住地温早春回升的有利时机，利用早春"返浆水"抢墒播种。当耕层 5～10 厘米地温稳定通过 10～12℃时开始进行播种，并做到连续作业，防止土壤水分散失。在播种适期内，要根据品种类型、土壤墒情等条件确定具体播期。中晚熟品种应适当早播，以便保证霜前成熟；早熟品种应适当晚播，使其发棵壮苗；土壤墒情较差的地块，应当抢墒早播；土壤墒情好的地块，应根据玉米大豆栽培的地理位置、气候条件、栽培制度及玉米大豆生态类型具体分析，选定最佳播期。一是条带整地秸秆粉碎还田播种方式：播种作业可以使用普通的精量播种，实现不用免耕播种机的保护性耕作模式；也可以使用轻简型免耕播种机作业。一次性完成播种、施肥、覆土等环节。二是秸秆归行播种方式：采用免耕播种机一次性完成播种、施肥、覆土等环节，播种量按计划保苗株数增加 10%。播种深度 4～5 厘米，确保种子播在湿土上。播后及时重镇压，镇压要无漏无重，抗旱保墒。结合播种施种肥于种侧 5～6 厘米、种下 5～8 厘米处，种子和化肥要隔离 5 厘米以上。

2.4　田间管理

主要包括病虫草害防控、中耕和化学调控等环节，操作要点同风沙干旱区黑土地水土保持提升地力技术模式中 3.3。

2.5　收获作业

玉米选用玉米联合收获机，进行玉米果穗直接收获或籽粒直收获。大豆采用大豆专用联合收获机收获，建议配置挠性割台适时收获。

四、坡耕地区

（一）坡耕地黑土保土提质综合技术模式

1. 适用范围

东北低山丘陵区和漫川漫岗黑土区 5°以下的坡耕地。

2. 操作要点

2.1　坡面水土保持整治工程。秋收后旋耕或耙平地表，沿等高线旋耕起垄，一次性完成作业，来年实施条带种植。消除因顺坡/斜坡垄作，雨水汇集于垄沟，地表径流沿垄沟比降流动冲刷表土，导致水土流失加剧的主要因素，降低垄向坡度，减小汇集于垄沟的径流流速和冲刷力，延长径流渗透时间，实现坡耕地水土保持。

2.2 保土提质农艺措施。3 年为一个周期，具体操作如下。

2.2.1 第一年种植玉米。实施秸秆全量覆盖还田条耕技术。

2.2.1.1 秸秆粉碎。将收获后覆于地表的碎秸秆机械粉碎至长度小于 10 厘米，秸秆管被打碎为条片状，垄台直立茬管全部被打碎并汇集于垄沟位，垄台露出表土。

2.2.1.2 条耕。秸秆二次粉碎后，利用条耕犁，沿垄台实施条耕作业，创造宽约 20 厘米、深不少于 20 厘米的种床，种床带无秸秆覆盖，土壤疏松，易秋季完成。

2.2.1.3 种植管理。第二年春季在种床上直接播种、施种肥，推荐采用免耕播种机播种，播种后喷施除草剂，无中耕，其他管理同常规农耕管理。

2.2.2 第二年种植玉米或者大豆。玉米实施秸秆全量覆盖还田条耕技术，同 2.2.1。

2.2.3 第三年种植玉米或其他作物。实施秸秆全量翻埋还田技术。

2.2.3.1 秸秆粉碎。将收获后覆于地表的碎秸秆机械粉碎至长度小于 10 厘米，直立茬管也全部被打碎。

2.2.3.2 有机肥抛撒。有条件的地方，可在秸秆粉碎后，增施堆沤好的有机肥，推荐施用量为 2 米³/亩以上，均匀抛撒覆于地表。

2.2.3.3 翻压还田。用 200 马力以上轮式拖拉机配套翻转翻耕犁深翻作业，将表土翻扣 180°，翻耕深度 25～30 厘米，并将秸秆全部翻埋于 20～30 厘米深土壤中。

2.2.3.4 重耙作业。深翻作业完成 3～5 天后，用圆盘耙对深翻地块重耙作业，对于秋季时间紧或土壤墒情过高无法进行秋季耙地作业地块，可采用在深翻作业时加合墒器作业。也可用无后覆土板的旋耕机碎土抚平地表，再用旋耕犁旋耕起垄。

2.2.3.5 春季整地。没有秋季作业的地块，春耕旋耕起垄，起垄同时进行重镇压。

2.2.3.6 其他农田管理。播种、施肥、病虫草害防控、中耕、收获等均采用当地常规作业，无特殊要求。

（二）坡耕地沟毁耕地修复提质综合技术模式

1. 适用范围

5°以下坡耕地中，面积小于 21 亩，平均深度小于 3 米的浅沟、支沟等小型沟和中型沟。

2. 操作要点

由沟道整形、暗管铺设、秸秆打捆、秸秆铺设、表层覆土、截流埂和渗井修筑、出口防护 8 项工序组成。

2.1 复垦设计

2.1.1 测量。有条件的建议采用无人机和差分 RTK 组合的天地一体化测量。2 000 万像素以上的无人机航拍，飞行高度 100 米，照片重叠率控制在 60% 以上，地面控制点 5 个，采用差分 RTK 地面控制点精准测量，航测精度 30 厘米以内，绘制 1∶2 000 以上地形图。也可辅以水准仪，用尺人工测量。

2.1.2 排水量测算。计算沟道线洪峰流量，作为排水系统设计的依据，采用 10 年一遇 6 小时最大降水强度公式：$Qm = 16.67 \phi q F$。式中：Qm 为设计洪峰流量，米³/秒；ϕ

为径流系数，复垦沟集水区均为坡耕地单一土地利用方式时，取值 0.4～0.6；有 2 种或 2 种以上不同地表种类时，应按不同地表种类面积加权求得平均径流系数，具体取值见 GB 51018.2014《水土保持工程设计规范》中表 A.4.1-1；q 为设计重现期和降雨历时内的平均降雨强度，毫米/分钟；有 10 年以上自记雨量计资料时，应利用实测资料整理分析得到设计重现期的降雨强度。当缺乏自记雨量计资料时，依据当地降雨强度等值线图取值，取值范围为 1.5～2.0；F 为集水面积，千米^2。

2.1.3　设计。表层覆土厚度设定为 50 厘米，依据取土量设计沟道整形分段宽度和深度，依据排水量设计暗管直径，依据整形后沟道体积设计秸秆量，依据沟道汇流量设计渗井数量和宽度及截流埝，依据出口所连接类型设计出口防护材料和规格。此外，依据沟道所在汇水区及上游来水，规划导排水系和水保林及道路。

2.2　施工工艺。秋收后，上大冻前施工，秸秆宜就地打包。

2.2.1　沟道整形。将侵蚀沟修整成利于暗管和秸秆捆铺设的形状，整形沟道线基于大弯就势小弯取直的原则，应沿复垦前的沟道自然线确定整形沟道线，依据表层覆土 50 厘米所需土量和沟道截面设计特征，分段确定整形后的沟深和沟宽。整形挖土采用机械沿线并按标志桩设定深度和宽度将侵蚀沟道修整成长方体沟道，沟壁笔直。挖掘出的土壤应分层次堆放沟岸处，表土在下，底土在上，覆土时应先填底土，再覆表土。

2.2.2　暗管铺设。暗管铺设于整形后沟道底部中央位置，沟底比降不应小于 2%。暗管应选取塑料材质抗压耐腐的螺纹管或盲管，管径应满足设计洪峰流量 Q_m 排渍流量要求，宜取 200 毫米，排渍流量要求不能满足时，应增加管径或暗管数量。暗管上开有水进入的空隙，对于无孔螺纹管，应在螺纹管中上部纵横间隔 5 厘米钻直径为 0.5～1.0 厘米孔，铺设前包裹透水阻土的土工布。

2.2.3　秸秆打捆。利用秸秆打包机按设计要求打秸秆捆。秸秆宜选麦秸和玉米秸秆，也可用水稻和大豆秸秆，打成紧实的方形捆，单捆重量不超过 50 千克，以利于人工搬运码放，密度不小于 230 千克/米^3。捆绑绳应采用耐腐烂抗拉能力不低于 50 千克的材质绳。

2.2.4　秸秆填埋。将秸秆捆均匀紧实码放于整形后侵蚀沟体中下部。秸秆捆沿侵蚀沟道的一端开始铺设，最底层先横向紧挨暗管铺设，第 2 层先在暗管正上方横向铺设一个秸秆捆，此后依次铺设，应遵循同层秸秆捆横竖兼顾，不同层秸秆错位布设，码放紧凑，秸秆层厚度应为整形后沟道深度减去 0.5 米土层厚度，且应为秸秆捆高度的倍数。

2.2.5　表层覆土。将沟道整形挖掘堆放在沟道两侧的土回填到秸秆层上。逐层回填，先回填底土，最后回填原表土。覆土后机械压实至表土高出地面约 20 厘米，留出自然沉降空间。

2.2.6　修筑渗井和截流埝。依据设计洪峰流量的导排水能力设定修筑截流埝和渗井的数量，数量以能够将汇流及时导入沟中为准。

2.2.6.1　修筑渗井。在截流埝的迎水侧暗管上方利用秸秆捆叠成中空的长方形渗井，横向宽不宜超过沟宽，纵向长不少于 1 米，内填碎石，上铺设 20 厘米左右厚的沙层，过滤泥沙，下部与暗管相连。

2.2.6.2　修筑截流埝。在沟线中部，渗井背水面横向修筑缓弧形土埝，拦截汇流，方便机械行走。截流埂高 50～100 厘米、宽不少于 2 米。

2.2.7　出口防护。暗管需一直延伸到农田排水沟渠或自然沟道处，保证排水畅通。暗管出口处需加固，沟口端填埋至少横向 1 米厚的压实土体，也可修筑浆砌石或石笼护坡墙体。

2.3　提质利用农艺措施。复垦区土壤培肥。填埋土是从沟道中挖出，覆土后表层土壤肥力较低，建议施用堆沤好的有机肥 2 吨/亩。旋耕起垄。依据地块垄向，旋耕起垄，与原地块垄连接成完整地块。复垦后维护。在实施复垦后头两年，需检查复垦原沟道位，坍塌处填土抚平，拦截埂损毁修复。其他农田管理。复垦沟道位播种、施肥、病虫草害防控、中耕、收获等均采用常规作业，无特殊要求。

五、水田区

（一）东北黑土地水田地力保育技术模式

1. 适应范围

机械化程度、地力水平高的水稻种植区。

2. 操作要点

针对高肥力水田区，实施水稻秸秆翻压、旋埋和搅浆还田。

2.1　秸秆粉碎。秋季水稻成熟后，采用带稻草粉碎装置的机械联合收割，秸秆粉碎至 10 厘米以下，留茬高 10～25 厘米左右。

2.2　秸秆促腐。按照尿素 5～10 千克/亩、有机物料腐熟剂 2 千克/亩的施用量，机械均匀地撒施于覆盖了粉碎秸秆的地表。

2.3　翻压还田。土壤达到宜耕状态，采用大马力拖拉机配套水田翻地犁进行稻茬秸秆还田作业，耕深 20～25 厘米，扣垡严实，表面外漏秸秆不超过 5%。

2.4　旋耕碎垡。秋季深翻作业完成 3～5 天晾晒后，用旋耕机对翻压地块进行旋耕碎垡作业。对于秋季时间紧或者土壤含水量过高无法进行秋季旋耕作业的地块，可以在春季进行旋耕作业。

2.5　旋地搅浆。春季旋地，旋耕转速宜高不宜低，便于进一步打碎秸秆并与土壤混合，旋耕深度 14～16 厘米。泡田 3～5 天后，应用平地机耙平搅浆 2～3 遍，控制秸秆漂浮，减少对插秧的影响。

2.6　育苗移栽。选择适合本地种植的优质高产抗性好的水稻品种，采用工厂化大棚硬盘育苗。采用机插秧，插秧规格 9 寸＊×（4～5）寸，每穴 3～5 株，插秧深度约为 2 厘米（不漂苗即可）。

2.7　测土配方施肥。控制氮肥施用量，早施返青肥促分蘖早发，合理分配氮肥底追肥及蘖穗粒肥比例。提倡采用水稻侧深施肥技术，使用乘坐式水稻侧深施肥插秧机，肥料一次性施在稻株根侧 3 厘米、深度 5 厘米处。

＊　寸为非法定计量单位，1≈3.33 厘米。——编者注

（二）东北黑土地水田地力培肥技术模式

1. 适应范围

机械化程度高、畜禽粪便资源较为丰富的中低肥力水稻种植区。

2. 操作要点

针对中低肥力水田区，第一年、第二年实施水稻秸秆翻压还田，第三年实施秸秆与畜禽粪便堆沤还田。

2.1　第一年、第二年实施水稻秸秆翻压还田。

2.1.1　秸秆粉碎。秋季水稻成熟后，采用带稻草粉碎装置的机械联合收割，收获时秸秆粉碎至 10 厘米以下，留茬高度 10～25 厘米。

2.1.2　秸秆促腐。按照尿素 5～10 千克/亩、有机物料腐熟剂 2 千克/亩的施用量，采用机械均匀抛撒于粉碎的秸秆上面。

2.1.3　翻压还田。土壤达到宜耕状态，采用大马力拖拉机配套水田翻地犁进行稻茬秸秆还田作业，耕深 20～25 厘米，扣垡严实，表面外漏秸秆不超过 5％。

2.1.4　旋耕碎垡。秋季深翻作业完成 3～5 天晾晒后，用旋耕机对翻压地块进行旋耕碎垡作业。对于秋季时间紧或者土壤含水量过高无法进行秋季旋耕作业的地块，可以在春季进行旋耕作业。

2.1.5　旋地搅浆。春季旋地，旋耕转速宜高不宜低，便于进一步打碎秸秆并与土壤混合，旋耕深度 14～16 厘米。泡田 3～5 天后，应用平地机耙平和搅浆 2～3 遍，控制秸秆漂浮，确保不影响插秧。

2.1.6　育苗移栽。选择适合本地种植的优质高产抗性好的水稻品种，采用工厂化大棚硬盘育苗。采用机插秧，插秧规格 9 寸×（4～5）寸，每穴 3～5 株，插秧深度约 2 厘米（不漂苗即可）。

2.1.7　测土配方施肥。控制氮肥施用量，早施返青肥促分蘖早发，合理分配氮肥底追肥及蘖穗粒肥比例。提倡采用水稻侧深施肥技术，使用乘坐式水稻侧深施肥插秧机，肥料一次性施在稻株根侧 3 厘米、深度 5 厘米处。

2.2　第三年实施秸秆与畜禽粪便堆沤还田。

2.2.1　畜禽粪便堆沤

2.2.1.1　堆沤点选择。秋季选择在距离实施地点较近并且交通方便的区域，可以选择在地头或沟边，尽量不占用耕地，并符合环保条件。

2.2.1.2　秸秆粉碎。将收集来的玉米秸秆或稻秸进行粉碎，粉碎越细越好，一般要求粉碎成 3～5 厘米的碎块，以利于秸秆充分腐熟。

2.2.1.3　物料处理。一般采用条垛式堆肥，即将混合好的物料堆成条垛进行好氧发酵的堆肥工艺。用简易铲车或专用混料机将畜禽粪便和粉碎的秸秆混合均匀，混合后的物料含水率宜为 45％～65％，碳氮比为 20∶1～40∶1，粒径不大于 5 厘米，pH 5.5～9.0。堆肥过程中可添加有机物料腐熟剂，接种量宜为堆肥物料质量的 0.1％～0.2％。

2.2.1.4　发酵翻堆。通过堆体曝气或翻堆，使堆体温度达到 55℃以上，条垛式堆肥维持时间不得少于 15 天。堆体温度高于 65℃时，应通过翻堆、搅拌、曝气降低温度。堆体内部氧气浓度宜不小于 5%，曝气风量宜为 0.05～0.2 米³/分钟（以每立方米物料为基准）。条垛式堆肥宜选择自走式或牵引式翻抛机、铲车进行翻抛，翻堆次数宜为每天 1 次，实际运行中可根据堆体温度和出料情况调整。

2.2.1.5　堆体温度测定。选择金属套筒温度计或热敏数显测温装置测定堆体温度，在堆肥周期内应每天测试温度。将堆体自顶层到底层分成 4 段，自上而下测量每一段中心的温度，取最高温度；然后在整个堆体上至少选择 3 个位置，分 4 段测出每一部位的最高温度，取 3 个位置测得温度值的平均值为堆体温度。

2.2.2　秸秆粉碎。秋季水稻成熟后，采用带稻草粉碎装置的机械联合收割，收获时秸秆粉碎至 10 厘米以下，留茬高度 10～25 厘米。

2.2.3　翻压还田。土壤达到宜耕状态，采用大马力拖拉机配套水田翻地犁进行稻茬和秸秆还田作业，耕深 20～25 厘米，扣垡严实，表面外漏秸秆不超过 5%。

2.2.4　旋耕碎垡。秋季深翻作业完成 3～5 天晾晒后，用旋耕机对翻压地块进行旋耕碎垡作业。对于秋季时间紧或者土壤含水量过高无法进行秋季旋耕作业的地块，可以在春季进行旋耕作业。

2.2.5　有机肥抛撒。在春季旋耕前将已经堆沤的有机肥按照 2 米³/亩的施用量，均匀抛撒于地表。

2.2.6　旋地搅浆。春季旋地，旋耕转速宜高不宜低，便于进一步打碎秸秆并与土壤混合，旋耕深度 14～16 厘米。泡田 3～5 天后，应用平地机耙平搅浆 2～3 遍，控制秸秆漂浮，确保不影响插秧。

2.2.7　育苗移栽。选择适合本地种植的优质高产抗性好的水稻品种，采用工厂化大棚硬盘育苗。采用机插秧，插秧规格 9 寸×（4～5）寸，每穴 3～5 株，插秧深度约为 2 厘米（不漂苗即可）。

2.2.8　减少化肥施用量。根据测土配方施肥和增加有机肥使用量结果，可以减少 10% 的化肥施用量；早施返青肥促分蘖早发，合理分配氮肥、底追肥及蘖穗粒肥比例。提倡采用水稻侧深施肥技术，使用乘坐式水稻侧深施肥插秧机，肥料一次性施在稻株根侧 3 厘米、深度 5 厘米处。

第三部分

黑土地保护利用技术模式

第三积温带以北肥沃耕层构建技术模式

1. 适用范围

黑龙江第三、四、五和六积温带，土壤质地黏重的黑土和草甸土耕地。

2. 操作要点

以三年为一个轮作和耕作周期。

（1）第一年种植玉米。实施玉米秸秆一次性深混还田或者秸秆配合有机肥深混还田技术。

①秸秆粉碎。秋季玉米联合收割机收获后，采用秸秆粉碎机对散落的秸秆进行二次粉碎。

②有机肥抛撒。在需要有机肥深混还田的区域，秸秆粉碎后进行有机肥抛撒作业，施用量为每公顷45吨。

③秸秆或者秸秆配合有机肥深翻作业。采用200马力以上的机车牵引液压翻转犁进行深翻作业，翻耕深度30～35厘米。

④秸秆或者秸秆配合有机肥深混作业。晒垡3～5天降低土壤湿度，采用重耙呈对角线方向耙地2次。

⑤旋耕起垄。使用旋耕机进行起垄作业，至待播种状态。

⑥种植管理。玉米播种、施肥及田间管理与常规耕种方式相同。

（2）第二年种植大豆。实施秸秆覆盖免耕。

①秸秆覆盖。使用联合收割机进行收获，割茬高度以不留底荚为准，一般为5～6厘米。

②种植管理。大豆播种、施肥、田间管理与常规耕种方式相同。

（3）第三年免耕种植玉米。实施玉米秸秆一次性深混还田或者秸秆配合有机肥深混还田技术；翌年开始第二个玉米-大豆-玉米轮作周期。

| 玉米秸秆粉碎 | 有机肥抛撒 | 秸秆深混还田 | 重耙作业 |

| 豆茬免耕播种玉米 | 大豆收获秸秆覆盖 | 起垄作业 |

3. 注意事项

（1）该项技术适宜在秋季进行操作，避免春季整地，造成土壤跑墒等问题。

（2）灭茬过程中需选用质量好、转速快的灭茬机，尽量将秸秆破碎至10厘米左右，保证秸秆深混还田的效果。

三江平原耕层改良培肥技术模式

1. 适用范围

三江平原旱田耕地。

2. 操作要点

采用秸秆深混还田技术与增施有机肥和磷肥活化心土层技术相结合。玉米秸秆、有机肥和磷肥深翻还田一次的效果可维持 6~7 年。

（1）第一年种植玉米。实施玉米秸秆配合有机肥、磷肥深混还田技术。

①秸秆粉碎。秋季玉米联合收割机收获后，采用秸秆粉碎机对散落的秸秆进行二次粉碎。

②有机肥抛撒。在秸秆粉碎后的田块上抛撒有机肥，有机肥施用量为每公顷 45 吨。

③磷肥抛撒。磷肥抛撒在田面上，磷酸二铵施用量为每公顷 150 千克。非白浆土区域可以不进行此项作业。

④土层深翻作业。采用 200 马力以上的拖拉机配套液压翻转犁进行深翻作业，作业深度 0~35 厘米土层。

⑤秸秆、有机肥、磷酸二铵深混作业。晒垡 3~5 天降低土壤湿度，采用重耙呈对角线方向耙地 2 次。

⑥旋耕起垄。旋耕机进行起垄，镇压，至待播种状态。

⑦种植管理。玉米播种、施肥及田间管理与常规耕种方式相同。

（2）第二年种植大豆。实施秸秆旋耕还田或秸秆覆盖免耕深松。

①大豆秸秆旋耕还田或者覆盖免耕深松。收获后的大豆秸秆用旋耕机进行旋耕还田。或者将收获后的大豆秸秆覆盖免耕，翌年大豆苗期进行深松。

②种植管理。大豆播种、施肥、田间管理与常规耕种方式相同。

（3）第三年种植玉米。实施玉米秸秆一次性深混还田，除不施用有机肥外，其他技术措施均相同。开始新一轮玉米-大豆轮作。

1 秸秆粉碎	2 有机肥抛撒	3 土壤深翻
6 镇压	5 起垄	4 耙地作业

东北中南部黑土地雨养区地力保育技术模式

1. 适用范围

有效积温＞2 500℃、降水量大于450毫米的地区，玉米种植以雨养为主。要求土地平整、黑土层厚度在30厘米以上。

2. 操作要点

（1）玉米连作区。以三年为一个循环周期。

①玉米秸秆全量深翻还田（第一年）。

A. 播种。春轻耙整地、免耕平播种植（可根据土壤墒情补水播种）、选择耐密或半耐密品种。

B. 养分管理。氮肥40%与全部磷钾肥作底肥深施，60%追施。

C. 秋收整地、秸秆翻埋。玉米完熟期收获并粉碎，采用液压翻转犁将秸秆翻埋入土后并重耙地。

②玉米秸秆全量覆盖归行还田（第二、第三年）。

A. 秸秆覆盖。秸秆粉碎均匀抛撒于地表，无明显堆积、漏切。

B. 秸秆归行。专用的小型秸秆归行机械清理出地表待播种带（行）。

C. 播种环节。宽窄行免耕平播种植，采用免耕播种机一次性完成播种、施肥、覆土等环节，播后及时重镇压。养分管理同（1）①B。

D. 苗期深松。拔节前深松追肥机对休闲行深松，苗侧追施化肥。

E. 秋收。同（1）①C。

（2）米豆轮作区。以三年为一个循环周期。

①玉米秸秆深翻还田技术（第一年）。同（1）①。

②大豆秸秆覆盖还田（第二年）。包括品种选择、种子处理、播种、施肥、适时收获等。收获后，大豆茬免耕。春季免耕播种机进行播种。

③玉米秸秆全量归行覆盖还田（第三年）。同（1）②。

秸秆全量
深翻还田

1 秸秆二次粉碎　　　2 液压翻转犁田间工作　　　3 重耙地

秸秆全量覆盖
归行还田

1 秸秆粉碎　　　2 秸秆归行　　　3 宽窄行免耕施肥播种

东北中南部黑土地灌溉区补水保苗提升地力技术模式

1. 适用范围

适合吉林省西部降水量小于 400 毫米，有滴灌条件的地区。

2. 操作要点

（1）选地。选择地势平坦，有井灌条件的连片田块。

（2）材料选择。选用符合国家标准的地膜、滴灌带。底肥选常规化肥，追肥选水溶性肥料。视水源水质选配过滤器。宜选用压差式施肥罐。

（3）播种。以中晚熟、晚熟耐密型玉米杂交品种为主。种子确保没有虫霉粒、杂物，籽粒均匀一致。可在 4 月底 5 月上旬播种。密度 7.0 万～8.0 万株/公顷。膜上播种或浅埋滴灌播种。

（4）滴灌水肥一体化管理。

①基本原则。自然降雨为主、补水灌溉为辅。化肥基施与滴施结合。

②配置比例。实行总量控制、分期调控。

（5）田间管理。

①引苗。玉米第一片真叶展开后要将错位苗和土埋苗及时引出。

②去分蘖。玉米 5～6 叶期要及时去除分蘖。

③喷施化控剂。在玉米生育期间，及时喷施化控防倒制剂。

④查田、清田。要经常查看田间出苗情况，及时清除田间弱苗、杂草。

（6）收获及秸秆还田。

①收获。适时晚收，一般年份为 10 月 10 日左右。

②秸秆粉碎翻压还田。地表秸秆粉碎处理并均匀覆盖。秸秆翻耕深度 30～35 厘米，翻埋至 20～30 厘米土层。土壤旋耕耙平并重镇压。

水肥一体化管理　　　　均匀抛施有机肥等　　　　秸秆粉碎

机械重镇压　　　　旋耕耙平　　　　秸秆深翻

风沙干旱区黑土地水土保持提升地力技术模式

1. 适用范围

风沙干旱半干旱地域玉米与大豆等作物轮作种植区及玉米连作种植区，也可因地制宜地应用到其他类型区。砾石（粒径≥10毫米）偏多区慎用。

2. 操作要点

以高留茬免耕播种覆秸联合作业和深松整地为机械化技术核心。对于玉米-大豆轮作地区，大豆收获后秋季深松整地；对于玉米连作区，三年实施一次秋季深松整地。

（1）土壤耕作。建议采用"玉-玉-豆"轮作模式，依据不同作物后茬特点对应采用"免-免-松/翻/联合整地"的土壤耕作方式。

（2）免耕覆秸精量播种施肥。

①品种选择及种子处理。

A. 品种选择。通过审定的耐密、秆强、抗倒、丰产性主导品种。

B. 种子处理。应用包衣机将精选后的种子和种衣剂拌种包衣。

②免耕覆秸精量播种施肥。采用原茬地免耕覆秸精量播种机一次性完成免耕施肥、精量播种、覆土镇压、药剂喷施和覆秸作业。

（3）田间管理。

①杂草防控。机械、化学综合灭草，以封闭除草为主，茎叶除草为辅。

②中耕。采用免耕覆秸精量播种机播种的地块，视土壤墒情确定是否进行中耕；采用普通精量播种机播种地块正常中耕。

③病虫害防控。视大豆、玉米病虫害发生情况，采取物理、生物或化学防控措施。

④喷施化控剂。在玉米、大豆生育期间，及时喷施化控防倒制剂。

（4）收获作业。采用联合收获机收获玉米时，分离收割机底刀及秸秆粉碎装置的动力，保留田间秸秆高留茬状态越冬至翌年适播期，减轻秸秆造成的"冷凉效应"危害；采用专用联合收获机适时收获大豆。建议配置挠性割台。

1 深松　　2 联合整地及起垄　　3 高留茬免耕播种覆秸

7 玉米高留茬越冬　　6 中耕除草　　5 化控除草　　4 高留茬免耕播种喷药覆秸

风沙干旱区黑土地保墒增温提升地力技术模式

1. 适用范围

黑龙江、吉林、辽宁三省西部和内蒙古自治区东部风沙干旱玉米连作区。

2. 操作要点

(1) 秸秆处理。机械收获同时将秸秆粉碎抛撒于地表。

(2) 土壤耕作。采用条带整地秸秆粉碎还田方式或秸秆归行免耕方式。深松深度以打破犁底层为宜。

(3) 播种施肥。

①品种选择及种子处理

A. 品种选择。通过审定的耐密、秆强、抗倒、丰产性主导品种。

B. 种子处理。应用包衣机将精选后的种子和种衣剂拌种包衣。

②精量播种施肥。利用早春"返浆水"抢墒播种,同时施肥。对于条带整地秸秆粉碎还田地块,播种作业可以采用普通精量播种机或轻简型免耕播种机,实现保护性耕作;对于秸秆归行处理地块,采用普通免耕播种机一次性完成播种、施肥、覆土等环节。播后及时重镇压,镇压要无漏无重,抗旱保墒。

(4) 田间管理。主要包括病虫草害防控、中耕和化学调控等环节,操作要点同风沙干旱区黑土地水土保持提升地力技术模式(3)。

(5) 收获作业。选用玉米联合收获机进行玉米果穗直收或籽粒直收;采用专用联合收获机适时收获大豆。建议配置挠性割台。

垄体深松碎土整地 (1)　或　秸秆归行机种床整备 (2)　轻简型免耕播种机 (3)　或

玉米联合收获机作业 (5)　常规免耕机作业 (4)

坡耕地黑土保土提质综合技术模式

1. 适用范围

东北低山丘陵区和漫川漫岗黑土区 5°以下的坡耕地。

2. 操作要点

（1）坡面水土保持整治工程。秋收后旋耕或耙平地表，沿等高线旋耕起垄，一次性完成作业，翌年实施条带种植。消除因顺坡/斜坡垄作导致的水土流失加剧，降低垄向坡度，减小汇集于垄沟的径流流速和冲刷力，延长径流渗透时间，实现坡耕地水土保持。

（2）保土提质农艺措施。3 年为一个周期。

①第一年种植玉米。实施秸秆全量覆盖还田条耕技术。

A. 秸秆粉碎。将收获后覆于地表的碎秸秆二次粉碎，秸秆管被打碎为条片状，垄台直立茬管全部被打碎并汇集于垄沟内，垄台露出表土。

B. 条耕。利用条耕犁沿垄台实施条耕作业，创造宽深约 20 厘米的种床。

C. 种植管理。第二年春季在种床上直接播种、施种肥，免耕播种机播种，播种后喷施除草剂，无中耕，其他管理同常规农耕管理。

②第二年种植玉米或者大豆。玉米实施秸秆全量覆盖还田条耕技术，同（2）①。

③第三年种植玉米或其他作物。实施秸秆全量翻埋还田技术。

A. 秸秆粉碎。将收获后覆于地表的碎秸秆机械粉碎至长度小于 10 厘米，直立茬管也全部打碎。

B. 有机肥抛撒。增施 2 米^3/亩堆沤有机肥，均匀抛撒覆于地表。

C. 翻压还田。拖拉机配套翻转翻耕犁深翻作业，深度 25～30 厘米。

D. 重耙作业。深翻完成 3～5 天后，用圆盘耙对深翻地块重耙作业。

E. 春季整地。没有秋季作业的地块，春耕旋耕起垄，并重镇压。

F. 其他农田管理。采用当地常规作业，无特殊要求。

1 等高改垄作业	2 等高改垄后	3 条耕
5 秸秆深翻埋操作全过程	4 覆盖条耕和常规耕作	

坡耕地沟毁耕地修复提质综合技术模式

1. 适用范围

5°以下坡耕地中，面积小于21亩，平均深度小于3米的浅沟、切沟、支沟等小型沟和中型沟。

2. 操作要点

由沟道整形、暗管铺设、秸秆打捆、秸秆铺设、表层覆土、渗井修筑等8项工序组成。

（1）复垦设计。

①测量。采用无人机和差分RTK组合的天地一体化测量。

②排水量测算。计算沟道线洪峰流量，作为排水系统设计的依据。

③设计。设计沟道整形分段宽深度、暗管直径、秸秆量、渗井数量和宽度及截流埂、出口防护材料和规格。规划导排水系、水保林及道路。

（2）施工工艺。秋收后大冻前施工，秸秆宜就地打包。

①沟道整形。整形沟道线基于大弯就势小弯取直的原则，应沿复垦前的沟道自然线确定整形沟道线，分段确定整形后的沟深和沟宽。

②暗管铺设。暗管铺设于整形后沟道底部中央位置，沟底比降不应小于2%。暗管应选取抗压耐腐的带孔塑料材质螺纹管或盲管。

③秸秆打捆。利用秸秆打包机按设计要求打秸秆捆。秸秆宜选小麦和玉米秸秆，也可用水稻和大豆秸秆，打成紧实的方形捆。

④秸秆填埋。将秸秆捆均匀紧实码放于整形后侵蚀沟中下部。秸秆捆沿侵蚀沟道的一端开始铺设，最底层先横向紧挨暗管铺设。

⑤表层覆土。将沟道整形土回填到秸秆层上，覆土厚度50厘米。

⑥修筑渗井和截流埂。依据设计洪峰流量的导排水能力设定修筑截流埂和渗井的数量，数量以能够将汇流及时导入暗管中为准。

⑦出口防护。暗管需延伸到排水沟渠或自然沟道处，出口石笼加固。

（3）农艺措施。复垦区宜土壤培肥，旋耕起垄，复垦后维护。

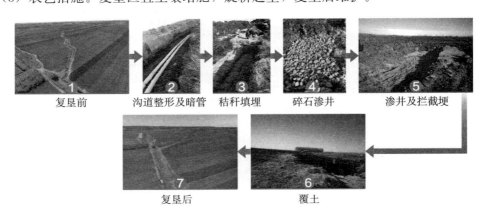

复垦前 → 沟道整形及暗管 → 秸秆填埋 → 碎石渗井 → 渗井及拦截埂

复垦后 ← 覆土

东北黑土地水田地力保育技术模式

1. 适用范围

机械化程度、地力水平高的水稻种植区。

2. 操作要点

针对高肥力水田区，实施水稻秸秆翻压、旋埋和搅浆还田。

（1）秸秆粉碎。秋季水稻成熟后，采用带稻草粉碎装置的机械联合收割，秸秆粉碎至 10 厘米以下，留茬高 10～15 厘米。

（2）秸秆促腐。按照尿素 5～10 千克/亩、有机物料腐熟剂 2 千克/亩的施用量，机械均匀地撒施于覆盖了粉碎秸秆的地表。

（3）翻压还田。土壤达到宜耕状态，采用大马力拖拉机配套水田翻地犁进行稻茬秸秆还田作业，耕深 20～25 厘米，扣垡严实，表面外漏秸秆不超过 5％。

（4）旋耕碎垡。秋季深翻作业完成 3～5 天晾晒后，用旋耕机对翻压地块进行旋耕碎垡作业。对于秋季时间紧或者土壤含水量过高无法进行秋季旋耕作业的地块，可以在春季进行旋耕作业。

（5）旋地搅浆。春季旋地，旋耕转速宜高不宜低，便于进一步打碎秸秆并与土壤混合，旋耕深度 14～16 厘米。泡田 3～5 天后，应用平地机耙平搅浆 2～3 遍，控制秸秆漂浮，减少对插秧的影响。

（6）育苗移栽。选择适合本地种植的优质高产抗性好的水稻品种，采用工厂化大棚硬盘育苗。采用机插秧，插秧规格 9 寸×（4～5）寸，每穴 3～5 株，插秧深度约为 2 厘米（不漂苗即可）。

（7）测土配方施肥。控制氮肥施用量，早施返青肥促分蘖早发，合理分配氮肥底追肥及蘖穗粒肥比例。提倡采用水稻侧深施肥技术，使用乘坐式水稻侧深施肥插秧机，肥料一次性施在稻株根侧 3 厘米、深度 5 厘米处。

水稻收割、秸秆粉碎　　　　　　　秸秆翻压还田

水稻插秧　　　　　　　　　　　　耙地搅浆

东北黑土地水田地力培肥技术模式

1. 适用范围

机械化程度高、畜禽粪便资源较为丰富的中低肥力水稻种植区。

2. 操作要点

针对中低肥力水田区，第一年、第二年实施水稻秸秆翻压还田，第三年实施秸秆与畜禽粪便堆沤还田。

（1）第一年、第二年实施水稻秸秆翻压还田。

①秸秆粉碎。水稻成熟后，采用带稻草粉碎装置的机械联合收割。

②秸秆促腐。尿素、有机物料腐熟剂机械均匀抛于粉碎秸秆上。

③翻压还田。大马力拖拉机配套水田翻地犁进行稻茬秸秆还田作业。

④旋耕碎垡。深翻完成晾晒3～5天后，对翻压地块旋耕碎垡作业。

⑤旋地搅浆。春季旋地转速宜高，打碎秸秆并与土壤混合。泡田3～5天后，用平地机耙平和搅浆2～3遍，控制秸秆漂浮，确保不影响插秧。

⑥育苗移栽。采用工厂化大棚硬盘育苗。机插秧深度约2厘米。

⑦测土配方施肥。控制氮肥用量，合理分配氮肥底追肥及蘖穗粒肥。

（2）第三年实施秸秆与畜禽粪便堆沤还田。

①畜禽粪便堆沤。堆沤点选择距离实施地点较近并且交通方便的区域。物料进行条垛发酵，利用翻抛机、铲车进行翻抛。每天测定堆体温度。

②秸秆粉碎。同（1）①。

③翻压还田。同（1）③。

④旋耕碎垡。同（1）④。

⑤有机肥抛撒。春季旋耕前将堆沤有机肥按照2米³/亩均匀抛撒地表。

⑥旋地搅浆。同（1）⑤。

⑦育苗移栽。同（1）⑥。

⑧减少化肥施用量。根据测土配方施肥，可减少10％的化肥施用量。

水稻收割、秸秆粉碎　　秸秆翻压还田

水稻插秧　　耙地与搅浆　　有机肥堆沤与抛撒

第四部分

黑土地保护利用案例

内蒙古自治区呼伦贝尔市阿荣旗黑土地
保护利用典型案例

一、基本情况

阿荣旗位于内蒙古自治区呼伦贝尔市东南部，地处大兴安岭向松嫩平原过渡的黑土带，总面积 1.36 万千米^2，总人口 32 万人。阿荣旗属于温带大陆性半湿润气候，年平均气温 1.7℃，年平均降水量 458.4 毫米，年平均风速 3.4 米/秒，主导风向为西北风。阿荣旗全境地貌呈中低山—丘陵漫岗地形。地势由西北向东南呈阶梯式下降，海拔由 1 149 米逐渐过渡到 198 米。

根据第三次国土调查，全旗耕地面积 515.7 万亩，土壤类型分为暗棕壤、黑土、草甸土、沼泽土、粗骨土 5 个土类 7 个亚类 13 个土属 44 个土种。阿荣旗是典型的粮食大旗、农业大旗，主要作物类型有玉米、大豆、高粱、水稻、小麦、杂粮、杂豆及经济作物。

二、存在的突出问题及产生原因

旱耕地面积占全旗总耕地面积的 80%，农业生产受制于水，是典型的"雨养农业"。农业基础设施不完善，抵御自然灾害能力不强，受环境和投入的影响，节水灌溉技术不能大面积推广应用。同时，耕地质量退化，水土流失面积大。由于陡坡种植，生态遭到破坏，水土流失十分严重，特别是开发年限比较早的南部乡镇和开荒到顶的北部乡镇，部分耕地基岩裸露。一家一户式经营，管理耕作粗放，重用地轻养地，有机肥施用面积小，加之水土流失和缺乏合理的轮作制度，耕地土壤肥力不断下降。

三、主要做法

（一）实施的主要技术模式

1. 低山丘陵区黑土地保护利用技术模式

根据地形地貌，在山地丘陵坡耕地选择水土流失、黑土退化严重的典型丘陵单元，结合农业综合开发、退耕还林还草、水土保持、标准粮田建设、测土配方施肥、秸秆综合利用等项目，开展丘陵顶部林草养育、鸡爪沟治理、丘陵坡面固土培肥、丘陵底部低洼易涝地综合治理等工程、生物、农艺措施，形成完善的"林草冠、生态沟、环耕地、高产田"黑土地保护利用技术模式，重点解决水土流失、土层变薄、土壤板结、犁底层变浅、有机质含量下降、黑土退化严重，丘间洼地"冷、黏、涝、旱"等水、肥、气、热不协调问题。

（1）低山区坡耕地技术模式。耕地坡度大于 5°的低山区坡耕地黑土地，田间工程治理措施主要是改长坡种植为短坡种植、等高修筑地埂，地埂种植生物篱带、地表径流严重区域改自然漫流为筑沟导流；农艺措施主要是实施秸秆覆盖还田免耕播种、测土配方施肥、退耕种植绿肥还田还牧等。重点解决水土流失严重、土层沙砾化、有机质含量低问题。

耕地坡度小于 5°的低山区坡耕地黑土地，田间工程治理措施主要是改顺坡种植为机械起垄等高横向种植；农艺措施主要是轮作、秸秆覆盖还田免耕播种、测土配方施肥、种植牧草、绿肥还田。重点解决水土流失严重、土层变薄、有机质含量下降问题。

（2）缓坡漫岗耕地技术模式。土层厚度小于 30 厘米的缓坡漫岗耕地黑土地，采取轮作、增施有机肥、种植牧草、绿肥还田、测土配方施肥、秸秆覆盖还田、免耕播种、水肥一体化措施。重点解决水土流失、土层变薄、有机质含量低、土壤板结问题。

土层厚度大于 30 厘米的缓坡漫岗耕地黑土地，采取轮作、增施有机肥、测土配方施肥、秸秆原位全量粉碎深翻深混还田、深翻深松整地、平作改垄作、小垄改大垄措施。重点解决水土流失、土层变薄、土壤板结、犁底层变浅、有机质含量下降问题。

2. 河川甸子区黑土地保护利用技术模式

河川甸子区黑土地按土层厚度分为两类，分别采取两种综合配套技术模式。

（1）土层厚度大于 30 厘米的河川区黑土地，采取轮作、增施有机肥、测土配方施肥、秸秆全量粉碎深翻深混还田、深翻深松整地、平作改垄作、小垄改大垄措施。重点解决水土流失、土层变薄、土壤板结、犁底层变浅、有机质含量下降问题。

（2）土层厚度小于 30 厘米的河川区黑土地，采取轮作、增施有机肥、种植绿肥、测土配方施肥、水肥一体化、秸秆覆盖还田、免耕播种、平作改垄作、小垄改大垄措施。重点解决水土流失、土层沙砾化、有机质含量低问题。

（二）经验做法

1. 工作统筹和政策资金集成

旗财政每年投入资金设立黑土地保护利用专项工作经费，用于黑土地保护利用的工作经费和试验示范推广经费。多方融资、引导新型农业经营主体参与黑土地保护利用。由政府牵线搭台，采取财政补助资金与农业信贷担保、银行贷款的"政银担"合作模式，引入邮储、农业银行、内蒙古银行等金融企业，为规模化流转土地承担任务的经营主体贷款，解决生产资金不足的难题。政府多方联系促成新型经营主体与岭东物流、川粮集团等企业签订大豆、高粱等订单，确保项目区规模种植经济效益。

2. 加强组织领导、明确工作责任

成立"阿荣旗黑土地保护利用工作领导小组"，由旗政府旗长、主管副旗长任正副组长，农牧业、财政、发展改革、审计、国土、建设、林业、水务及项目区所涉及乡镇的乡镇长为成员，加强统筹，强化措施，落实责任，做好组织协调、任务落实、项目管理、监督检查、绩效考核等工作，协调发展改革、农业综合开发、水利、林业、农机等部门，以项目为平台，整合高标准农田建设、耕地轮作、测土配方施肥、深松整地、秸秆综合利用、畜禽粪污资源化利用等项目，依托种养大户、家庭农场、专业合作社、龙头企业等新型农业经营主体和社会化服务组织实施东北黑土地保护利用项目，集中连片开展治理修复。项目区所涉及的乡镇成立由乡镇分管领导为组长，农技推广服务中心主任、包

片旗级技术负责人、村主要负责人为成员的工作推进小组，负责本乡镇各项目区的宣传、培训、技术指导服务、组织协调、公开公示等各项措施的落实。旗政府与农牧局、农牧局与相关乡镇及与包片人员签订责任书，任务指标实行包干责任制，包保到人，一包3年不变。乡镇农技推广服务中心主任与1名村主要负责人为本乡镇本村行政包保责任人，负责宣传培训、组织、协调、任务落实等工作；每个项目区落实1名包片技术负责人和1名技术人员为技术包保责任人，负责技术措施培训、指导、落实、试验示范、定位监测等。

3. 发挥示范引领和辐射带动作用

关键农时季节，组织专家和农技人员深入田间地头，开展技术指导和培训，指导项目区经营主体尽快掌握技术要领，及时解决工作中存在的难题。建立技术组工作责任制，每名成员包联一个项目区，每个项目区落实1名包片技术员为技术责任人，与乡镇农技推广服务中心主任及1名村主要负责人组成项目工作领导小组，负责本项目区的宣传培训、组织、协调、任务落实等工作，制定具体工作方案，明确工作目标和工作责任，确保工作有序开展，对每个项目区的耕地逐块逐户调查，摸清前茬种植作物、当年采取黑土地保护利用的措施及完成情况，建立健全详细的基础档案。

四、取得成效

（一）经济效益

玉米秸秆全量还田可节省15%～20%的养分投入，同时，秸秆还田改善了土壤理化性状，有利于玉米、大豆高产。

低山丘陵黑土地保护利用技术模式项目区平均减少化肥用量3.2千克/亩，玉米平均增产71千克/亩、大豆平均增产22千克/亩。

河川甸子区黑土地保护利用技术模式项目区平均减少化肥用量2.7千克/亩。玉米平均增产78千克/亩、大豆平均增产25千克/亩。

（二）社会效益

黑土地保护工作的实施带动了广大农民积极应用各项技术措施，全旗每年秸秆还田面积160万亩以上，增施有机肥面积120万亩以上，深翻整地面积110万亩以上，有效发挥了项目工作的辐射带动和示范作用，提高了现代农业发展水平，促进了农业增效、农民增收。畜禽粪污、秸秆曾经是随处堆放难以处理且人人厌恶的垃圾，如今成为提高地力、增产增收的好帮手。

（三）生态效益

2018—2020年通过实施综合配套技术模式，项目区耕地地力等级由实施前的2.64提升为2.11，耕地质量等级比实施前增加0.53个等级；耕作层厚度由21.9厘米提高到30.5厘米；土壤pH 6.0；土壤有机质含量由实施前的42.5克/千克提升到44.3克/千克，增加1.8克/千克，平均提高4.2%；农作物秸秆资源利用率由67%提高到90%以上；畜禽粪便等有机肥利用率达到78.81%；测土配方施肥技术覆盖率达到100%。

内蒙古自治区呼伦贝尔市
莫力达瓦达斡尔族自治旗
黑土地保护利用典型案例

一、基本情况

莫力达瓦达斡尔族自治旗（以下简称莫旗）位于呼伦贝尔市最东部，是全国三个少数民族自治旗之一，总面积1.05万千米^2，户籍人口33万人，有14个民族。

莫旗地处中温带北部，温度由北向南递升，降水由西北向东南递减。各地年平均气温1.4～2.5℃，平均降水量在400～500毫米，积温1 900～2 400℃，无霜期136～150天。境内水资源丰富，有56条河流横贯全境。自然湖、泡，遍布全旗，水质良好。

根据第三次国土调查，莫旗现有耕地面积854.06万亩，其中黑土335.08万亩、暗棕壤388.58万亩、草甸土86.75万亩、沼泽土43.65万亩，黑土地面积占全旗耕地面积的94.9%。全旗播种面积747万亩，农作物以大豆、玉米、水稻、小麦、马铃薯为主。

二、存在的主要问题及原因

莫力达瓦达斡尔族自治旗地势西北高、东北低，以低山带、丘陵漫岗为主，主要是2°～6°坡耕地，水土流失严重、有机质含量低、土壤板结。侵蚀沟（主沟）数量约1万条，沟道面积约173千米^2，沟道长度约6 800千米。

三、主要做法

（一）实施内容

为解决黑土地存在问题，莫力达瓦达斡尔族自治旗主要采取三种技术模式：控制土壤侵蚀为主的保护利用技术模式、黑土地养育培肥为主的保护利用技术模式、水田黑土养育培肥技术模式。

1. 控制土壤侵蚀为主的保护利用技术模式

选择水土流失、黑土退化严重的典型丘陵地块，开展侵蚀沟治理，一是在沟内通过一定的工程措施，拦截降雨径流，通过植树造林、防风固土，建成完善有效防止沟底下切和沟岸扩张的"生态沟"；二是采用秸秆填埋侵蚀沟复垦技术，修复沟毁耕地，保障黑土地可持续利用和现代农业的发展。

2. 黑土地养育培肥为主的保护利用技术模式

结合秸秆综合利用项目、深松整地项目、畜禽粪污资源化利用整县推进等项目，采用秸秆还田、深翻深松、施用有机肥技术，推广测土配方施肥技术，养育培肥黑土地；推广施用新型肥料，提高土壤有机质含量，活化土壤。实施以黑土养育培肥为主的综合配套技术，提高土壤有机质含量，增强黑土地保水保肥能力，以此提升地力，构建肥沃耕层，提高作物产量。

3. 水田黑土养育培肥技术模式

实施水田黑土养育培肥技术模式，改变单一种植模式，利用无土育秧基质板，替代传统育苗的黑土，以板代土，节约黑土资源；无土育秧基质板中主要原料为废弃的植物秸秆，使用无土育秧基质进行水稻育苗，提高秸秆利用率，保护环境；基质板的有机基质随秧苗插到水田中，增加土壤有机质、培肥地力。

（二）经验做法

1. 建立工作机制

建立政府主导、各部门上下联动机制，充分发挥旗政府总揽全局、协调各方的领导核心作用。构建"旗政府统筹、农科部门主抓、乡镇推进、新型经营主体落实"的机制，保障项目顺利实施。

因地制宜、精准施策、注重成效。综合考虑资源优势、技术支撑等因素，立足资源环境承载力，优化产业布局，合理确定黑土地保护利用发展方向、重点和规模，提高黑土地保护的持续性和有效性。

坚持创新驱动，鼓励科技人员深入生产一线，指导农户进行科学生产经营管理。组建黑土地保护利用技术团队，采取"指导专家＋包片技术员＋新型经营主体"的方式，推进黑土地保护利用的技术引进、试验、示范，为黑土地保护可持续发展提供有效益、能复制、可推广的生产模式和管理经验。

2. 保障措施

（1）多方协同方面。黑土地项目受到旗政府和各乡镇的高度重视，成立了黑土地保护利用试点工作领导小组，由旗政府旗长、主管副旗长任正副组长，财政、发展改革、审计、农牧和科技、林业、国土、水务、气象、电视台、记者站及试点工作项目区所涉及乡镇的乡镇长为成员，加强统筹，强化措施，落实责任，做好组织协调等工作；农牧部门成立了专家指导组，负责项目的方案审核、组织实施工作。由旗农业技术推广服务中心负责项目的具体实施和技术指导工作。加强与科研院所合作，为之后的长期合作打下基础，以期解决实际生产中具体问题，提升项目实施质量。

（2）黑土地保护利用设施运营和管护方面。项目区内所选地块均为已确权的永久耕地，通过乡镇上报符合条件的新型经营主体，重点依托种养大户、家庭农场、专业合作社、龙头企业等新型农业经营主体和社会化服务组织实施东北黑土地保护利用试点项目，集中连片开展治理修复。

（3）推广落地方面。所有旱作项目区面积均大于 5 000 亩，水稻项目区均属于自流灌区。根据土壤有机质含量、肥源情况、侵蚀沟分布、地理位置、农机动力、种植作物等因素，确定该项目所采用的技术模式。成立项目工作群，用于技术人员定期在工作群内进行技术措施培训，新型经营主体上传作业进度等，方便与工作人员及时沟通。

（4）工作统筹方面。统筹秸秆综合利用、深松整地、畜禽粪污资源化利用、化肥减量增效等资金，按照"各炒一盘菜、共做一桌席"和"既衔接配合、又避免重复"的原则，协同推进黑土地保护利用工作。

（5）技术措施创新方面。针对坡耕地发育形成的侵蚀沟，损毁耕地的同时还造成耕地支离破碎，不利于大机械作业的问题，通过沟道整形、暗管铺设、秸秆打捆、秸秆铺设、表层覆土等措施，使受损耕地得以修复，恢复生产，便于机械自由行走；通过在沟底铺设连通的暗管并间隔修筑渗井，使恢复生产后的地表径流汇入暗管排出。

四、取得成效

（一）经济效益

新增耕地面积，即侵蚀沟填埋面积。复垦恢复耕地年亩增产粮食 300 千克，增收 600 元，减少机耕投入 2 250 元，即年新增纯收益 2 850 元。

（二）生态效益

一是可以增加耕地面积，有效遏制水土流失，减少土壤流失 95% 以上，实现坡耕地可持续利用。二是使破碎的耕地修复完整，显著改善农田生态系统景观和功能。三是创建秸秆利用新模式，减少了秸秆焚烧、无序堆放等现象，对环境保护具有明显作用。

辽宁省辽阳市灯塔市黑土地
保护利用典型案例

一、基本情况

灯塔市属北温带大陆性气候，常年平均气温 8.8℃，年平均无霜期 171 天，年总降水量平均为 686.0 毫米左右。灯塔市东部属千山余脉，山区面积占全市总面积的 24%；西部为平原，平原面积占全市总面积的 55%；东部山区和西部平原的过渡地带是丘陵，耕地连片，但地形起伏较大，占全市总面积的 21%。

灯塔市现有耕地面积 96 万亩，粮食作物播种面积 70.5 万亩，其中水稻 32.41 万亩，玉米 36.71 万亩，蔬菜等其他作物播种面积 26.88 万亩，年粮食总产量 40 余万吨。农作物耕种收综合机械化水平达 92.1%。现有规模化水田家庭农场或农民专业合作社 150 余家，旱田 30 余家。通过遴选，确定 77 家实施主体，其中水田 74 家，面积 18 万亩，旱田 13 家，面积 2 万亩（其中有实施主体既实施水田又实施旱田）。

二、存在问题

多年来，由于广大农户重产量轻养护的种植理念，大量使用化肥，秸秆还田量少，多数地块几十年不施有机肥，实施机械浅旋一次性起垄作业，造成大部分耕地表层土壤有机质含量下降，耕层变浅，犁底层变硬，土壤理化性状与生态功能退化等，急需开展黑土地保护利用工作。目前灯塔市黑土地保护利用工作主要存在以下几方面问题：

1. 需要建立黑土地保护长效机制

项目实施 3 年后，还应巩固和提升黑土地保护利用效果，应建立长效机制，实行长期投入，以彻底解决黑土地"变薄、变瘦、变硬"问题。

2. 资金存在短板

灯塔市黑土地保护利用试点项目亩均投资 100 元，不能全部开展堆沤有机肥撒施等工作，大部分地块仅能开展根茬还田等技术措施，达不到黑土地保护的最佳效果，无法有效满足黑土地保护利用工作需求。同时，黑土地保护项目分散到不同部门组织实施，资金交叉重复，使用分散，使用效率相对较低。

3. 农业生产规模化程度低

灯塔市农业生产仍以一家一户的分散种植为主，1 000 亩以上集中连片的种植户相对较少，特别是玉米集中连片种植大户更少，适宜黑土地耕作的农机具配备严重不足，对于实施大面积深松作业等黑土地保护模式的推广应用尤为困难。

4. 农户意识还需提高

通过黑土地保护工作，有些农户已经认识到传统精耕细作、偏重化肥等耕作模式的弊端，能主动采用秸秆还田、撒施有机肥等技术措施，并从中受益。但很多农户的认识程度还不够，黑土地保护意识不强，积极性不高，还存在"重用轻养现象"。

三、主要做法

（一）技术措施

1. 水田区土壤保育技术模式（水稻留低茬旋耕还田＋适量畜禽粪便堆沤有机肥还田）

适用范围：地力水平较高、畜禽粪便资源丰富的水田区。

操作要点：

（1）留低茬处理。秋季水稻成熟后，采用机械联合收割或人工收获，留茬高 8～12 厘米。

（2）施用畜禽粪便堆沤肥。春播前，将堆沤好的畜禽粪肥撒施于地表，每亩施用量 500～1 000 千克。

（3）旋耕、耙地。机械旋耕，将畜禽粪便堆沤肥和稻茬一并旋到 0～20 厘米土层中，然后耙平。

2. 水田区土壤培肥技术模式（水稻留高茬旋耕还田＋高量畜禽粪便堆沤有机肥还田）

适用范围：地力水平较低、畜禽粪便资源丰富的水田区。

操作要点：

（1）留高茬处理。秋季水稻成熟后，采用机械联合收割或人工收获，留茬高 12～15 厘米。

（2）施用畜禽粪便堆沤肥。春播前，将堆沤好的畜禽粪肥撒施于地表，每亩施用量 500～1 000 千克。

（3）旋耕、耙地。机械旋耕，将畜禽粪便堆沤肥和稻茬一并旋到 0～20 厘米土层中，然后耙平。

3. 旱田区土壤培肥技术模式（中肥力地区秸秆深翻还田＋秸秆畜禽粪便堆沤有机肥还田＋深松）

适用范围：土壤肥力中等、畜禽粪便资源丰富、机械化水平高的玉米旱作区。

操作要点：

（1）第一年玉米秸秆还田技术要点。

①施肥、春播。第一年春季，根据土壤墒情确定适宜播种机具，保证播种质量。根据气象预报及土壤墒情适时进行施肥和播种。

机械收获、秸秆粉碎。秋季玉米成熟时，采用联合收获机械边收获玉米穗边将秸秆切成 10 厘米左右的小段，再用浅旋灭茬机灭茬使其均匀覆盖地表。

A. 玉米收割机必须落至地上 10～20 厘米高度，以保证秸秆充分粉碎。

B. 可结合机械收获将经活化的秸秆腐熟剂按 2～4 千克/亩喷施于地表秸秆上，加速秸秆腐熟。

②深翻起垄。机械收获及秸秆粉碎后，视土壤墒情，在便于作业的情况下，进行 30 厘米以上的机械深翻作业。深翻后 2～3 天用重耙器进行耙压，随后起垄。

（2）第二年秸秆畜禽粪便堆沤有机肥还田技术要点。

施肥、春播。第一年冬季或第二年春季，每亩施用腐熟有机肥 500～1 000 千克作底肥，并适量减少化肥用量。根据土壤墒情确定适宜播种机具，保证播种质量。

（3）第三年玉米深松技术要点。深松起垄：机械收获后，视土壤墒情，在第二年秋季或第三年春季在适宜深松的耕作区进行深松，深松作业应能打破犁底层，深度一般为25～35厘米，相邻两深松行间距不得大于2倍深松深度。深松后2～3天用重耙器进行耙压，随后起垄。

（二）主要做法

1. 成立项目实施领导小组

灯塔市成立以市长为组长，副市长为副组长，农业、财政、土地、项目所在乡镇等相关部门负责人为成员的项目领导小组，负责项目的组织实施、监督管理。

2. 成立专家指导组

聘请省教学、科研单位有关专家组成专家指导组，对项目实施及效果监测进行全程跟踪、指导和监管，确保各项措施落实到位。与技术依托单位中国科学院沈阳应用生态研究所签订技术指导服务协议，明确责任分工，确保技术指导到位。在关键农时季节，组织省专家和农技人员深入田间地头，开展技术培训，指导项目地区农民尽快掌握技术要领。

3. 成立技术指导小组

负责项目的技术培训、服务指导、试验示范、效果监测与评估等工作，对项目实施主体、实施乡镇、村组实行包片指导，总结可推广、可复制的综合技术模式。

4. 成立监督小组

根据灯塔市项目落实地点，成立3个项目监督小组。负责监督项目实施进度与工程质量，协调实施主体与中标公司撒施有机肥及秸秆还田作业等相关事宜。

5. 聘请监理公司

通过招标、询价等方式，聘请第三方监理公司，对有机肥撒施、秸秆还田作业的面积及质量进行全程监督管理，确保项目工程质量达到预期目标。

四、取得成效

通过项目实施，总结出适合本地区的"可推广、可复制、能落地、接地气"的黑土地保护综合技术模式。灯塔市形成了旱田区玉米秸秆粉碎翻压还田、农机深松和水田区水稻留茬还田、增施堆沤肥等技术模式，并创建了"下辽河平原水田种养结合黑土地保护绿色生产模式"，该技术模式获得了辽宁省土壤肥料领域科技新成果。

（一）下辽河平原水田种养结合黑土地保护绿色生产模式

该模式以提高土壤肥力、水稻品质、资源利用效率和农业生产附加值为目标，融合土壤增碳、秸秆快速腐熟、高留茬翻耕整地、养殖业废弃物资源化利用、有机肥堆沤、稻田养殖及水稻绿色生产防控等技术，有效遏制了该地区土壤退化问题，提升了土壤肥力水平，实现了黑土地健康管理，也美化了农村生态环境，对大力开发资源节约型、环境友好型技术，促进生产与生态要素协调，推动农业绿色发展起到了较好的引领作用，也可为优化东北黑土地保护和构建水稻种养结合模式提供技术支撑。

1. 品种优选

选择优质高食味、丰产稳产、耐肥抗逆、秸秆坚硬、不易倒伏、宜机械化的优良水稻品种，如：天隆 619、盐粳 419、辽粳 401 等。

2. 耕作栽培方式

配合水稻高留茬，春季采用灭茬机进行秸秆粉碎，用机械将秸秆与堆沤有机肥翻埋入 15～18 厘米土层并耙平；采用宽行密植，适当增加田边栽插密度，发挥边际优势，提高水稻产量。

3. 地力培育

采用水稻高留茬配施堆沤有机肥方式进行农田地力培育。秋季水稻机械收获时留茬 12～15 厘米，春季秸秆粉碎后喷洒（撒）秸秆腐熟剂，并撒施堆沤有机肥，用机械将两者翻埋入土，实现增碳和培肥双重目标。

4. 种养结合

水稻种植期间进行稻田河蟹生态养殖，结合优化养殖密度、适时投放、完善田间工程、测水调控、生态防病等措施，提升农业生态系统养分循环通量和土地资源利用率，提高农田生物多样性，延长产业链，增加经济与生态效益。与传统种植模式相比，高留茬配施堆沤有机肥模式不仅有利于提高水稻产量，而且稻米食味水平与售价高，水稻种植利润与产投比均优于传统种植模式。

5. 养分运筹

以平衡施肥为原则、以测土配方和变量施肥为手段、以目标产量为依据，确定化肥与堆沤有机肥用量、运筹基肥追肥配比；控制氮肥（N）总量为每亩 12～15 千克，磷肥（P_2O_5）、钾肥（K_2O）用量分别为每亩 5～6 千克和 5.5～6.5 千克，实现有机无机结合、养分均衡供给、减量化肥 10%，提高养分利用率。

6. 绿色防控

水稻生产全过程采用农艺、物理、生物、低毒与低残留农药等防控措施，形成水稻全生育期绿色防控技术体系，为绿色生产提供技术支撑。

（二）增加粮食产量，增加经济效益

通过项目实施，将秸秆还田、土壤培肥、养分运筹与全程机械化等技术相融合，攻关优化了稻秸还田方式、养分科学配比、机械化操作流程和病虫害防控配套技术，提升了作物产量。全市共实施黑土地保护利用试点项目面积 20 万亩，据测产调查，项目区水稻平均亩增产 45 千克，增产率为 7.5%，平均亩减少化肥 3 千克；玉米平均亩增产 51 千克，增产率为 7.13%，平均亩减少化肥 3 千克。肥料按 3 000 元/吨、玉米按 2.4 元/千克、水稻按 3 元/千克计算，项目区共节省化肥 1 800 吨，增产粮食 27 360 吨，总计增收节支 8 564.4 万元。

（三）提高黑土地质量，增加社会效益

通过项目实施，提高了农民对秸秆还田以及使用有机肥重要性的认识。通过专业技术人员进行测土和发布肥料配方，并在施肥方法上给广大种植户予以指导，解决了配肥

难度大、施肥不科学的问题，使他们进一步认识到科学种田及对黑土地保护的重要性。灯塔市通过实施黑土地保护利用试点项目，项目区耕地地力提高 0.5 个等级以上，土壤有机质含量提高 3％以上，有机质含量由实施前的 22.43 克/千克提升到 23.13 克/千克。灯塔市项目区旱地耕层厚度达到 30 厘米以上，水田达到 15～18 厘米。

（四）提升农作物品质，增加生态效益

通过项目的实施，秸秆得到了有效利用，显著提高了秸秆综合利用水平，减少了秸秆焚烧带来的环境污染，为雾霾治理做出了一定贡献；提高了有机肥的施用量，减少了化肥用量（堆沤有机肥施用量 1 吨的地块，化肥减施量达 10％～15％），促进了有机无机的结合，通过有机肥的广泛应用，减轻了畜禽粪便随意堆放造成的农业面源污染，净化了农村环境，为农业可持续发展和资源节约型农业提供了有力支持。由于项目的带动作用，农户种植模式和种植理念也发生了转变，灯塔市绿色水稻种植面积达到 19.6 万亩，占水稻生产总面积的 60.5％。灯塔市东古城水稻专业合作社将"下辽河模式"与绿色农产品生产技术有机结合，进一步提升了稻米品质和品牌竞争力，2020 年其生产的绿色食品"隆粳香大米"获得辽宁省百强农产品品牌荣誉称号，在第十八届中国国际农产品交易会上获得"最受欢迎农产品"荣誉称号。古城街道小东山堡村禾谷茂源农业发展有限公司也是黑土地项目实施主体，该公司通过增施有机肥、绿色生产等技术模式，生产的大米在浙江省湖州市长期设有销售网点，深受当地广大居民的欢迎和认可。

灯塔市通过实施黑土地保护利用试点项目，耕地质量得到了稳步提升，土壤保水保肥能力显著增强，农户逐步建立了黑土地保护意识，实现藏粮于技和藏粮于地，保障粮食安全，助力乡村振兴。

辽宁省铁岭市铁岭县黑土地
保护利用典型案例

一、基本情况

铁岭县位于辽宁省北部，属中温带大陆性季风气候，四季分明，光热充足，水量充沛，雨热同季，全年日照时数 2 788 小时，大于等于 10℃ 积温平均 3 375℃，年平均气温 7.3℃。年平均降水量 675 毫米，无霜期 146 天左右。全县共有 14 个乡镇，人口数量 37.5 万人。铁岭县是全国产粮大县之一，2022 年全县农作物播种面积 120.02 万亩，其中粮食作物播种面积 115.19 万亩，占农作物播种面积的 96%。在粮食作物中，玉米播种面积 92.16 万亩，水稻 18.78 万亩，大豆 2.73 万亩，薯类杂粮 1.52 万亩。域内土壤类型有棕壤、草甸土、水稻土。种植制度以玉米、水稻大豆清种为主，兼有小面积的杂粮薯类种植。

二、存在问题

铁岭县土壤存在的主要问题：一是耕地耕作层变薄，二是土壤有机质含量低。主要原因：多年连作旋耕造成土壤耕作层变薄，单施化肥、不施有机肥造成土壤有机质含量低。

三、主要做法

（一）多项目统筹安排，整合项目资金

铁岭县在项目实施过程中与农机保护性耕作项目充分结合，多项目叠加实施，在粮豆轮作、增施有机肥措施地块叠加实施保护性耕作，整合项目资金。同时结合高素质农民培育大力开展技术宣传培训工作，使老百姓充分认识到保护黑土地、提高耕地质量的重要性，掌握黑土地保护技术要点，逐渐把黑土地保护工作变成老百姓的自觉行为，减少化肥施用量，减少土壤的面源污染，创造一个良好的生态环境，为全县绿色农业发展奠定良好的土壤基础。

（二）领导重视，保驾护航

1. 加强组织领导

县政府为第一责任主体承担黑土地保护利用项目，成立以县长为组长，分管农业副县长为副组长，农业、财政、项目乡镇等相关部门负责人为成员的项目领导小组，负责项目的组织实施、监督管理和检查验收，为项目实施保驾护航。

2. 分解任务，压实责任

铁岭县将项目任务细化分解落实到乡镇，由乡镇组织合作社、家庭农场进行申报、

遴选，确定实施主体并组织实施。县、乡镇分别成立项目领导小组和技术小组，负责项目的组织实施、监督管理和技术指导等工作，并指定专人负责项目档案的管理工作。

（三）发挥专家指导作用，为项目提供技术支撑

1. 制定实施方案

铁岭县根据《辽宁省 2018 年东北黑土地保护利用试点项目实施方案》要求，选择适合本地、切实可行的试点内容，确定实施区域、技术模式、补助方式、补助标准、组织措施和进度安排等。结合农机部门作业软件使用情况，根据省农业农村厅农村合作经济指导处的测试推介意见，在继续使用哈尔滨工业大学 GPS 系统的基础上，再选用北京世纪国源科技股份有限公司的 e 惠农软件，对作业面积和质量进行监控，保质保量地完成项目任务。同时通过招标确定监理公司，对项目实施进行全程监理和验收。确保项目有条不紊按规定实施，确保在项目完成后经得起审计。

2. 因地制宜制定技术模式

省绿色农业技术中心多次组织专家对铁岭县实施方案进行评审，在省包片专家汪景宽教授、省市其他专家的指导下，结合实际，因地制宜制定了以"沤制并施用秸秆和畜禽粪污堆沤有机肥为亮点，以秸秆深翻还田、深松为辅助措施"的技术模式：

一是深翻还田＋粮豆轮作＋保护性耕作模式。三年为一个轮作周期，一年种植玉米，秸秆深翻还田；一年种植大豆；一年保护性耕作，30％以上秸秆覆盖免耕，或 30％～50％秸秆粉碎浅混地表 0～15 厘米播种。

二是隔年秸秆深翻还田模式。三年为一个周期，第一年种植玉米，采用深翻的办法，将玉米秸秆全部混入 0～30 厘米的耕层土壤中，平衡土壤有机质降解；第二年种植玉米，实施测土配方施肥；第三年种植玉米，秋季实施秸秆还田深翻。

三是深松＋堆沤秸秆有机肥＋保护性耕作模式。三年为一个周期，第一年种植玉米，秋季秸秆打捆离田并深松；第二年连作玉米，第一年秋至翌年 6 月，收集畜禽粪污集中堆沤秸秆有机肥，冬季撒施于作业区，浅混（旋耕）到 0～15 厘米土层中；第三年施入堆沤肥，种植玉米，实施保护性耕作。

四是深松＋保护性耕作＋施用畜禽粪肥模式。三年为一个周期，第一年种植玉米，秋季深松；第二年连作玉米，实施保护性耕作；第三年种植玉米，上一年冬季或春季将畜禽粪肥撒施于作业区，浅混（旋耕）到 0～15 厘米土层中。

五是水稻留茬深翻＋施用有机肥模式。作业区内，保证两年留茬深翻，一年施用有机肥。秋季水稻成熟后，采用机械收割，留 10～15 厘米高茬，依土壤情况进行深翻或旋耕。在冬季或春季将有机肥撒施于作业区，浅混（旋耕）到 0～15 厘米土层中。堆沤有机肥与畜禽粪肥要腐熟并达到标准，畜禽粪肥包含养殖户通过化粪池腐熟的粪肥和大型养殖场或有机肥厂经加工干燥的畜禽粪肥，在施用过程中可与商品有机肥混合施用。

六是水稻连续留茬深翻模式。连续三年实施水稻留茬深翻。秋季水稻成熟后，采用机械收割，留茬 10～15 厘米，依土壤情况进行深翻或旋耕。

3. 强化指导服务

与教学、科研等单位开展联合攻关，签订协议，明确任务。成立县技术小组，负责

项目的技术培训、服务指导、试验示范、效果监测与评估等工作,制定技术方案和技术指导方案,对项目实施主体、实施乡镇、村组实行包片指导,总结可推广、可复制的综合技术模式。推进与作物栽培、农机等技术的集成应用,相互促进,互为配套,切实提高技术应用效果。建立"黑土地站长"微信群、"铁岭县 2018 黑土地"工作群,通过站长群,能够及时掌握项目乡镇进展情况,下达不同时期工作任务,收集整理档案材料等,对存在的问题及时沟通并加以解决。在工作群里指导实施主体在不同农时季节需要做什么、怎么做、达到什么标准,并将做得好的合作社做法和照片发到群里,供大家参考学习。例如在有机肥堆沤过程中,存在畜禽粪污水分过多、不成形的问题,指导大家增加秸秆量,秸秆吸收水分效果好,能有效解决问题。对于秸秆量大、畜禽粪污含水量低的,指导浇水增加湿度,促进腐熟。为了保证堆沤有机肥的体积数量达标,指导实施主体,加大初期堆沤体积,按要求体积翻倍堆沤,避免腐熟后有机肥数量短缺,耽误任务完成。

4. 加强示范引领作用

建设示范区 20 个,其中旱田 13 个、水田 7 个,每个示范区面积 1 万亩,总示范面积 20 万亩。示范区以利用作物秸秆和畜禽粪污集造并施用堆沤有机肥为工作亮点,配合实施秸秆深翻还田、深松技术措施,通过深翻和深松加深耕作层,通过秸秆还田和积造并施用堆沤肥提高土壤有机质含量。在每个示范区设立示范牌,写明实施的技术模式内容,让老百姓亲眼看见项目实施效果。

(四)健全耕地质量监测网络

重点对土壤理化性状、土壤墒情、土壤肥力变化规律、土壤环境和健康状况进行监测,为黑土地质量预测预警提供科学依据。同时,在项目实施前、后,依据《黑土地耕地质量监测技术规范》,组织调查监测,开展土壤样品采集检测工作,收集数据信息,为科学评估试点成效提供基础支撑。聘请沈阳农业大学土地与环境学院对 10 个耕地质量监测点的立地条件、农业生产概况、剖面理化性状、项目实施效果等进行监测,并完成项目实施效果评价报告。

四、取得的成效

(一)经济效益

通过项目实施,取得了一定的经济效益。项目区玉米平均亩增产 40~50 千克,增产率 4%~5%;水稻平均亩增产 30~40 千克,增产率 4%~5%。

(二)社会效益

通过项目实施,加大了对保护黑土地重要性的宣传力度,提高了农民对提高耕地质量的认识,逐步将黑土地保护工作变成老百姓的自觉行为。利用秸秆和畜禽粪污堆沤有机肥,可以充分利用有机肥资源,为农作物秸秆找到去处,减少秸秆禁烧难度。

（三）生态效益

黑土地保护利用培肥了地力，提高了耕地质量，减少了化肥施用量，减少了土壤的面源污染。黑土地保护利用试点项目区土壤有机质含量提高了 3.29％，土壤耕层达到 30 厘米以上，耕地地力提高 0.81 个等级。在全县起到了很好的示范带动作用。

吉林省四平市梨树县黑土地
保护利用典型案例

一、基本情况

梨树县耕地面积为 393.8 万亩，黑土区耕地面积为 366.9 万亩，占耕地面积的 93.17%，黑土区的主要土壤类型包括白浆土、草甸土、黑钙土、黑土、新积土、水稻土、棕壤七个土类。全县现有农机、种植等农民合作社和家庭农场 2 000 余家，2019 年黑土地保护在全县铺开以来，每年黑土地保护耕地达 200 万亩以上，平均产量较常规种植增产 5% 以上。近年来，在黑土地保护利用方面涌现出了以梨树县卢伟农机农民专业合作社、梨树县梨树镇宏旺农机农民专业合作社等新型经营主体为代表的黑土地保护利用典型，黑土地保护梨树模式的推广应用，让合作社经营的耕地土壤有机质增加，地力显著提升。2020 年 7 月习近平总书记在梨树考察期间，先后来到梨树全国百万亩绿色食品原料生产基地核心示范区（梨树县梨树镇宏旺农机农民专业合作社经营）和梨树县卢伟农机农民专业合作社视察，对黑土地保护、梨树模式推广给予肯定，并指示：一定要保护好、利用好黑土地这一"耕地中的大熊猫"；一定要深入总结"梨树模式"，向更大的面积推广；一定要因地制宜探索农业合作化道路。

二、存在问题

进入 21 世纪以来，梨树县粮食连年增产，农民收入连年提高，但也面临传统耕作导致的土壤退化、农业生态环境恶化、农业经营模式粗放、农业生产现代化程度不高、秸秆焚烧造成空气污染等诸多瓶颈，严重制约着梨树农业的可持续发展。与开垦前相比，黑土耕层的有机质含量下降了 50%～60%，土壤潜在生产力下降了 20% 以上，而且仍在以年均 0.5% 的速率下降。黑土地水土流失严重，据不完全统计，吉林省黑土地水土流失面积达 2.59 万千米^2，占总面积的 26.8%，因水土流失形成的长度在 100 米以上的侵蚀沟有 3 万余条，风蚀水蚀加剧，一些坡耕地水土流失严重，黑土层每年减少 0.4～0.5 厘米。

三、主要做法

梨树县大力推广玉米秸秆条带还田保护性耕作技术模式，在项目区实施面积为 46.376 万亩，全县实施面积 120 万亩以上。

主要技术流程：

（1）秸秆还田。在玉米完全成熟时进行，一次作业完成摘穗、剥皮（脱粒）、粮食集装、秸秆粉碎工序或单独进行秸秆、根茬粉碎。籽粒损失率小于 1%，破碎率小于 3%，包皮扒净率大于 90%，秸秆粉碎长度小于 15 厘米；秸秆处理时使用收获机的秸秆还田装置，留茬高度 20～30 厘米，同时将上部秸秆粉碎还田，粉碎长度 10～30 厘米，覆盖在当年的窄行间。

（2）深松。梨树模式的深松属于间隔深松，即在宽行中作业。分苗期深松和秋季深松，深度 30 厘米以上。苗期深松是在玉米拔节前进行，如果不进行追肥，应提早进行，这样更有利于提早提高土壤温度、散发水分和寒气；秋季深松是在玉米收获后封冻前进行，有利于秋、冬季降水渗入。疏松的土壤经过冬春冻融，加速土壤熟化。在秋季进行深松，深度大于 30 厘米，耕层带动层宽度 40 厘米以上，同时压实，达到表土细碎、平整。

（3）秸秆归行。在播种前使用秸秆归行机对播种的区间进行秸秆清理，宽度为 60 厘米左右，秸秆两垄归一行，秸秆覆盖宽度 60 厘米左右，一般归行与播种同步作业。春季不易干旱且有效积温偏低的区域，在秋收后进行秸秆归行，其技术要求同上。秸秆清理净度大于 80%。

（4）条耕。进行条耕的地块：春季易干旱的区域在春季进行，归行、条耕同时进行，条耕深度 15～20 厘米、宽度 60～70 厘米，同时镇压，达到表土细碎、平整，条耕与播种同步进行；春季不易干旱且有效积温偏低的区域在秋季进行，归行与条耕同时进行。

（5）免耕播种施肥。播种时使用免耕播种机在秸秆被清理后的区间（窄行间）播种，行距 40～45 厘米。一次完成侧深施底肥、种床疏松、种床整理、播种开沟、单粒播种、施口肥、覆土、镇压等工序。底肥施肥深度 8～12 厘米，底肥距苗带 7～10 厘米；种床疏松深度 5～8 厘米，疏松宽度 3～5 厘米；播种深度应在镇压后 3 厘米左右；播种株距根据单位面积播种粒数确定；株距的均匀度误差控制在 25% 左右，单粒率达到 98% 以上，空穴率 3% 以下；口肥与种子同床，口肥施肥量控制在每公顷 50 千克左右；实行重镇压，镇压强度达到 650 克/厘米^2。

（6）药剂防治病虫草害。在播种后出苗前或出苗后玉米 3～5 叶期使用喷雾机喷洒除草剂。一般苗前封闭除草，应当选择风幕式喷药机；苗后除草，可选喷杆喷雾机或风幕式喷药机；以预防为主，在发生初期进行，使用喷雾机依照灾害发生情况确定喷洒农药。

四、取得成效

（一）经济效益

秸秆腐烂土壤有机质含量提高，有益生物增多，土壤结构得到了改善，肥料利用率提高。在这些有利因素的综合作用下，可以保持持续稳产高产，在干旱年份基本不受旱灾影响，具有明显的增产作用。梨树镇高家村 10 年的定位试验显示，平均产量比对照高出 5%～10%。

（二）生态效益

1. 改善土壤肥力

秸秆本身含有大量的有机碳、氮、磷、钾等养分，每亩施鲜玉米秸秆 1 200 千克相当于过磷酸钙 10 千克、硫酸钾 7 千克。通过秸秆还田，一年后土壤有机质含量相对提高

0.05%~0.23%，速效钾增加 0.046 8%，全磷平均提高 0.03%。秸秆还田实施 5 年的耕地，表层 0~2 厘米土壤有机质含量增加了近 40%，而耕层 0~20 厘米土壤有机质含量增加了 12.91%，地力可提高 0.5~1 个等级，减少化肥使用量 20%左右。

2. 改善土壤生物性状

秸秆覆盖减少了对土壤的扰动，最大限度地保护了土壤原本的性状，同时，耕作次数的减少，对保护土壤生物起了相当大的作用。在保护性耕作田块，每平方米蚯蚓的数量达到 120 多条，是常规垄作的 6 倍。大量蚯蚓活动，使秸秆覆盖条件下的土壤有着良好的孔隙度，土壤不至于太过坚实。从近年来的测量结果来看，表层土壤容重最高，为 1.46 克/厘米^3，5 厘米处土壤容重仅为 1.32 克/厘米^3 左右，适合玉米根系的生长。

（三）社会效益

1. 全力培育现代农业生产单元

全县培育了 13 个现代农业生产单元，每个现代农业生产单元以农民专业合作社或家庭农场等新型经营主体为实施主体，以 300 公顷相对集中连片土地为一个单元，全部实施"梨树模式"，在此规模下合理配置农机具，将农资采购、农机效率、人员配置和资金使用率发挥到最大化。通过现代农业生产单元建设，将现代农业生产过程程序化、标准化，使其具有极强的可复制性，同时，积极鼓励有条件的农民专业合作社、家庭农场开展现代农业生产单元建设。

2. 充分发挥示范基地的示范带动作用，推动新型农业经营主体的发展

在全县筛选了 100 多个黑土地保护—梨树模式示范推广经营主体，并建立梨树模式示范核心基地，充分发挥基础条件好、发展势头迅猛、带动能力强的优势，推动梨树模式的进一步推广。通过开展典型经验交流会，组织梨树模式应用模范代表，讲述他们实施梨树模式的心得体会，极大地带动了梨树模式的推广应用，同时也推动了新型农业经营主体的发展速率。

吉林省辽源市东丰县黑土地
保护利用典型案例

一、基本情况

东丰县位于吉林省中南部，耕地面积195.87万亩、从业人口26万、粮食产量82万吨、农业产值16.9亿元，是名副其实的农业大县。众泰农机种植专业合作社位于东丰县三合乡蚂蚁村十一组，成立于2008年11月，合作社累计入社农户100余户，入社耕地面积1 100余亩，每年托管作业2 500余亩，有各种耕作机械300余台套，是耕种收综合服务功能健全的全程机械化社团。

二、存在问题

由于长期存在重施化肥、不施农家肥、无秸秆还田、无深耕深松作业、玉米长期连作等问题，耕地土壤理化性状下降、土壤环境恶化。

三、主要做法

2020年以来，众泰合作社主要实施玉米秸秆碎混旋翻还田技术，操作要点在于"碎""混"。"碎"，是指将机收后的玉米秸秆用秸秆还田机打成丝状及粉末状，降低秸秆木质化程度，加快秸秆降解腐化，最好喷施一遍秸秆腐熟剂，使玉米秸秆快速降解，为下茬作物提供养分。"混"，是指将打碎后的玉米秸秆利用特制秸秆还田整地机械，混拌到25~30厘米的土壤中，使秸秆与土壤均匀混合，进入待耕状态。这样，碎末和丝状秸秆在湿润的土壤中2~3天变软，逐渐融合于土壤中，在温度适宜条件下20天左右基本变黑，到第二年5月1日左右基本全部腐化降解，使土壤松弛、保墒、不透风，既实现秸秆全量还田，又能在极大程度上保证春播质量。

四、取得成效

（一）经济效益

秸秆碎混旋翻还田技术能够有效打破犁底层，提高土壤蓄水保墒、抗旱能力，解决秸秆禁烧、土壤变"瘦"的问题。截至目前，众泰合作社累计实施碎混旋翻还田技术作业790公顷，亩产增收8%，带动4 700户农户累计增收600余万元。这项技术模式充分地调动了农民保护黑土地的积极性，提高了农民收益，循环绿色农业得到生动体现。

（二）生态效益

实施玉米秸秆碎混旋耕还田技术模式地块，亩均还田秸秆0.7吨左右，有效打破犁底层，有利于作物生长，提高土壤有机质含量和通透性，解决土壤板结、变"硬"问题，提高土壤蓄水保墒能力和抗旱能力。同时，秸秆还田解决了秸秆禁烧难问题，使生态环境得到了很好的保护。

（三）社会效益

该技术模式可以保证春播质量，不存在深沟和地界不清等问题，作业效率高，适宜地块广，很受广大农民的欢迎，促进了黑土地保护利用的推进，大型农机具的应用还推动了合作社等新型农业经营主体发展。

黑龙江省哈尔滨市巴彦县黑土地
保护利用典型案例

黑龙江省哈尔滨市巴彦县红光乡丰裕村位于黑龙江省中部偏南，松嫩平原腹地。全村有 8 个自然屯、1 545 户、4 896 口人，耕地总面积 34 521.74 亩，其中旱田 26 800 亩。2018 年丰裕村承担巴彦县 2018—2020 年黑土地保护利用试点项目 2 万亩的建设任务，2019 年开始整村推进，并取得了实际效果，被誉为"巴彦黑土地保护第一村"。其主要做法是：

一、统一思想，达成共识，让村民吃了定心丸

黑土地是最宝贵的不可再生土壤资源，被称为"耕地中的大熊猫"。加强保护，刻不容缓。一是村里由村两委成员为主组成专班，通过召开村民会议等形式宣传黑土地保护的意义、项目实施的具体内容。二是利用路边宣传牌等以村民喜闻乐见的歌谣、致村民的一封信等形式宣传黑土地保护，营造良好氛围。三是邀请县里科研部门权威人士，现场对村民的短时间内秸秆无法腐烂、影响播种或中耕作业、造成减产等问题一一解答。四是发挥村里 1 个种植专业合作社、5 位村两委成员、9 户种粮大户的带头示范作用，让村民学有榜样。五是以秸秆全量还田为突破口，村里调动大型农机具，仅用 20 天时间试点项目区 2 万亩的秸秆翻埋还田任务全部完成。六是第二年按季节组织村民到项目区参观，让村民查看作业环节、观察田间长势及秋季产量，亲眼看到黑土地保护实实在在的好处。至此村民对黑土地保护的热情高涨起来，黑土地保护整村推进顺利实施。

二、全程指导，贴心服务，让村民有了主心骨

黑土地保护科技含量高、要求严，各个环节都有自己的明确标准和操作规范，对于习惯了传统耕作模式的村民来说，也是一种考验。为此，村里从 4 个方面寻求技术支持。一是聘请省黑土地保护利用试点项目包县专家组长、黑龙江省农业科学院研究员高洪生为技术顾问，3 年时间高老师经常到村里给村两委成员、村民授课，面对面解决村民的疑难问题，从土壤有机质含量到测土配方施肥，都详细讲解，还经常深入田间进行技术指导。二是县农技推广服务中心专家进行全程全方位指导。根据丰裕村耕地实际情况，提出了一整套的黑土地保护实施办法，每年来到村里 10 多次，到田间地头和村民家中，面对面地提供技术服务，因为针对性强，又接地气，成了老百姓心中的技术大师。三是发挥种粮大户的作用。村里 9 户种植 300～1 000 亩不等的种粮大户，他们对这块土地有很深的感情和了解，从种子、肥料到农药等都了如指掌，村民们有什么问题，也很容易和他们沟通学习，形成了一种互帮互学的氛围。正是有了这些技术支撑，丰裕村的黑土地保护一直目标明确、方向正确，没出现偏差和问题。

三、三位一体，统筹推进，让黑土地保护生了根

丰裕村从全村角度长远谋划，合理布局，综合施策，提出了秸秆全量还田、绿色种养循环、有机肥抛撒还田、测土配方施肥为一体的技术模式。一是实施秸秆翻埋还田、碎混还田，打破犁底层，疏松深层土壤，补充土壤有机质含量，改善土壤理化性状，实现0～35厘米耕层立体养分补给，构建黑土地肥沃耕层。二是实施绿色种养循环、有机肥抛撒还田，将养殖户产生的畜禽粪便收集发酵，经检测部门检测合格后抛撒到田中，每亩地施用1.5米³。三是实施测土配方施肥，根据土壤养分变化和作物养分需求，实现作物精准平衡施肥。全村26 800亩旱田全部实现测土配方施肥。通过以上三项技术措施的实施，使黑土地保护真正落地生根，开花结果。

四、坚持标准，科学施策，让村民得到了真实惠

丰裕村自2018年开始实施黑土地保护利用试点项目以来，经过3年多的努力，取得了实实在在的效果，让村民尝到了甜头、乐在了心头。一是提高了村民的黑土地保护意识，改变过去只种地、不养地的习惯，实现用地养地结合，保护好黑土地成为村民的共识。二是提高了粮食产量，增加了村民收入。项目区玉米平均亩产850千克，比非项目区玉米产量高出50千克，项目区化肥农药亩均投入减少30元，老百姓每亩节省旋耕整地费30元，项目区种植的农作物高产优质，东农252蛋白质含量高达43%以上，客户以每斤高于市场价0.2元的价格签订订单，通过实施黑土地保护利用试点项目的土地，老百姓每亩收益直接增加150元以上。2019年带动全村增加收益220万元，2020年带动全村增加收益300万元，2021年带动全村增加收益320万元。三是提高了人居环境质量。将黑土地保护利用与畜禽粪污综合治理、美丽乡村建设项目相结合，将村内畜禽养殖户粪肥、草灰集中堆放堆制有机肥还田，不仅解决村屯养殖户粪污乱堆放污染环境问题，还让粪污变废为宝，使村庄街道整洁、环境清洁美丽。

黑龙江省绥化市绥棱县黑土地
保护利用典型案例

　　黑龙江省绥棱县位于小兴安岭南端西麓，黑龙江省中部，是全国生态农业示范县和全国粮食生产先进县，素有"六山一水三分田"之称，面积 4 238 千米^2。共有 11 个农村乡镇，76 个村，499 个自然屯。全县共有人口 28.4 万人，耕地面积 209 万亩，其中水田 70 万亩。主要土壤类型为黑土、草甸土两大类，其中黑土耕地占耕地总面积的 59.2%，草甸土耕地占耕地总面积的 30.1%。

　　绥棱县组织实施了 2018—2020 年东北黑土地保护利用试点项目。项目区面积 20 万亩，其中水田 17 万亩。项目结束后，项目区耕地质量比实施前的 2018 年提高了 0.55 个等级，土壤有机质含量提高了 3.5%，水田耕层平均厚度比 2018 年提高 5 厘米，旱田耕层厚度比 2018 年提高 13 厘米，水稻比 2018 年亩均增产 38.5 千克。3 年来，不但黑土地质量得到了较大提升，而且项目的辐射带动作用日益显现，特别是水稻秸秆全量还田效果更为突出，每年带动全县水稻秸秆全量还田面积达到 60 万亩，占全县水稻总面积的 85.7%。

一、创新技术模式，突破水稻秸秆还田技术难题

　　为解决全县水田耕层变薄、养分不均衡、土质结构不良、早春土温冷凉等问题，特别是种植户不懂技术，认为水稻秸秆还田费工费时费钱不愿意还田问题，绥棱县在各级专家的指导下，研究探索出"绥棱县水稻秸秆全量粉碎旋混切压还田技术模式"。主要技术路径是水稻秸秆全量粉碎抛撒—旋耕整地还田—搅浆切压搅匀—辅以相关配套技术。一是秋季秸秆全量还田。秋季水稻收获时，收割机安装粉碎抛撒设备，将秸秆粉碎至 10 厘米以下，均匀抛撒、不积堆。留茬高度 10～15 厘米。然后用 90 马力以上的拖拉机牵引旋耕机旋地，旋耕深度 18～20 厘米，把秸秆均匀混埋于 20 厘米耕层之中。二是春季搅浆整地。第二年春季，根据插秧时间提前 15～20 天放水泡田，采用花达水泡田，水深没过耕层 2～3 厘米，寸水不漏泥。然后用带有切压装置的搅浆平地机进行搅浆作业，秒平 2～3 遍，将秸秆进一步切压搅匀到 20 厘米耕层内，达到待插状态。三是增施有机肥。秸秆还田后，有条件的种植户每亩施优质农家肥 1.5 米^3，均匀施入 20 厘米耕层内。四是化肥减量替代。应用测土配方肥、有机肥、缓控肥、生物肥、水溶性肥等新型高效肥料，达到化肥减量替代效果。五是农药减量控害。推广精准施药、绿色防控等技术，应用生物农药和高效优质低毒低残留化学农药。六是节水间歇灌溉。水稻移栽后水深 3～5 厘米，返青后采用间歇灌溉（除孕穗末期和抽穗期保持适当水层外），控水 1～2 天后，灌新水 3～4 厘米，如此反复直到排水待收前，促进土壤气体交换和有害气体释放。从实践效果看，这一技术模式非常易于掌握和操作，没有增加成本工时，通过田间监测，未产生

有害气体、未出现秸秆漂浮、未发生病虫害现象，一举解决了养地培肥和秸秆禁烧难题，得到了各级领导、专家，尤其是广大农民的充分认可。

二、突出示范引带，形成星火燎原之势

为了增强示范带动作用，根据全县黑土分布区域特点，结合绥棱县三大主栽作物布局，确定了承担项目水田任务的11个农业新型经营主体，建立了黑土地保护利用试点项目示范区，让各级干部群众观摩学习。一是展示技术模式。把水稻秸秆全量粉碎旋混切压还田技术模式中的各项技术在示范区集中展示，让群众看得见摸得着。二是组织观摩学习。项目实施过程中，组织全县农业各级干部、农业新型经营主体和部分种植户召开现场会，观摩学习；在示范区和各乡镇分别召开现场会组织农户学习，教他们掌握技术模式操作方式。三是迅速普及全县。通过对技术的集中展示和组织观摩学习，水稻秸秆全量粉碎旋混切压还田技术模式迅速在全县推开，除10万亩左右的沙包地不能应用此技术模式外，其他60万亩适合应用的耕地全部应用此技术模式。农户从思想上接受了水稻秸秆全量还田技术模式，保护黑土地已经成为自觉行为。

三、强化组织推动，形成工作合力

县委、县政府高度重视黑土耕地保护工作，把有利于黑土地保护利用的各种有力措施高度集中起来，大力推进。一是强化组织领导。县里成立了黑土地保护三年行动领导小组，以主管县长任组长，农业农村局、财政局、自然资源局、环境保护局、水务局等负责同志和各项目区乡镇长为成员。负责综合协调、指导服务和组织推进，并建立了省县专家共同参与的专家指导组。构建上下联动、协同推进、组合出拳的工作机制，确保了黑土耕地保护工作落到实处、取得实效。二是加大政策扶持。将深松机械、免耕播种机、秸秆还田机械等农机购置敞开补贴，整合秸秆综合利用、耕地保护与提升、重大病虫害绿色防控、深松整地相关涉农资金，按照渠道不变、各记其功的原则，投入黑土地保护项目区。如秸秆综合利用资金就对水稻粉碎机械、水稻打浆机械等农机购置进行了补贴。三是强化队伍建设。依托黑龙江省农业科学院、东北农业大学的科技力量，为黑土耕地保护技术创新提供技术支撑。加强农技推广队伍能力提升建设，提高各级农技人员的能力，不断积累经验，提高工作能力、增强服务黑土本领，构建适应当地实际的县、乡、村三级农技推广网络。四是强化宣传引导。强化宣传意识、加大宣传力度，广泛宣传黑土地保护的经济、社会、生态效益，解读政策内容和操作方式，让黑土地保护工作在基层家喻户晓，引起社会关注，调动了各方积极性。五是强化机制创新。通过项目区辐射，形成了典型带动机制。周边的农民群众学会了秸秆粉碎还田技术，有力加快了全县秸秆还田进程，每年水田秋季秸秆全量还田达到85％以上。同时，形成了多方投入机制，不但其他项目资金投入了黑土地项目建设，也带动了农民自身的投入，尤其是种田大户等新型主体，没有政策项目也纷纷投入资金购买机械用于秸秆还田，积极性空前高涨。